검은 다리의 기적

검은 다리의 기적

The Miracle of the Black Leg

검은 다리의 기적

인종, 인체, 그리고 법 정신에 관한 노트

퍼트리샤 J. 윌리엄스 지음 | 박광호 옮김

징검돌

차례

일러두기

1. 본문의 대괄호는 옮긴이의 첨언이며, 각주 가운데 옮긴이의 첨언에는 [옮긴이] 표기를 했다.
2. 원문의 도판 가운데 다수는 저작권 관계로 번역본에 싣지 못했다.
3. 단행본, 전집, 정기간행물에는 겹낫표『』를, 논문은 큰따옴표 ""를, 시·영화·연극·TV 프로그램은 홑화살괄호〈 〉를 사용했다.

1

분리_{Detachment}

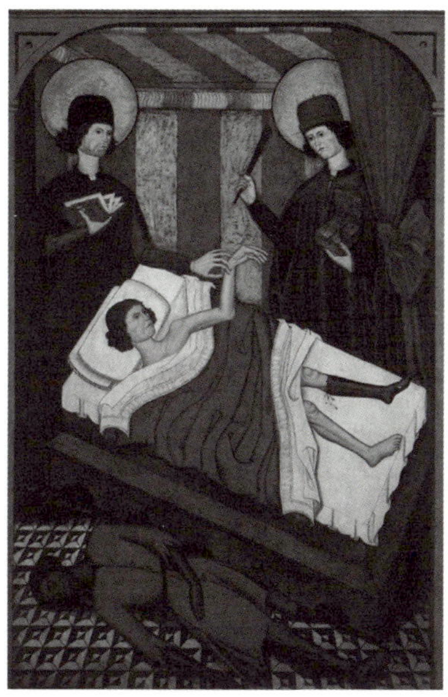

© Alamy Stock Photo

나는 이 책을, 수년간 뇌리에서 떠나지 않은 끔찍한 수술에 관한 심상을 이야기하며 시작하려 한다. 그 심상은 한 학생이 가져온 위 그림 이미지에서 비롯됐다.[1] 학생은 그 이미지의 출처에 대해 전혀 알지 못했지만 인종적 재현을 연구하는 내가 큰 흥미를

---

1 School of Castile and León, *Saints Cosmas and Damian Healing a Christian with the Leg of a Dead Moor*, 1460-1480, private collection.

보이리라 생각했던 것 같다. 그림은 후광을 지닌 두 남자가 — 성인? 성직자? 사제? — 절단 및 접합 수술을 관장하는 모습을 묘사하는데, 죽은 듯 보이는 흑인 남성에게서 다리를 떼어온 것 같다. 다리는 추측건대 아직 살아 있는 백인 남성의 몸에 이어 붙인 상태고, 사제 중 한 명은 그의 맥을 짚고 있다. 그림은 일종의 종교적 묘사로 분명 기독교적이다. 그런 전통의 느슨한 틀 안에서 자란 나는 고통을 하느님의 징벌로, 고난을 속죄로, 고뇌를 하느님의 구원으로 해석하는 신학으로 그 의미를 읽었다.

그럼에도 이 그림의 교훈은 내게 분명하지 않았다. 흑인이든 백인 남성이든 그 고통이 왜 신성화되는지 명확하지 않았다. 더욱이 그림은 선홍색, 핏빛 붉은색 줄이 수직으로 된 구도다. 그러니까 내 눈에는 액자 상단 끝에서 나오는 피의 강이 침대 위 담요 주름을 타고 급류처럼 거세게 흘러 결국 죽은 사람의 망토 아래에 고여 붉은 웅덩이를 이룬 듯 보인다.

보통 나는 순교나 십자가형을 아주 생생히 그린 그림을 — 창에 꽂힌 세례 요한의 머리 그림 같은— 봐도 움찔하지 않는다. 하지만 이 특별한 그림에는 무언가가 있었고 그것이 가슴을 두방망이질해 고통스러웠다. 그림을 평소와 달리 그렇게 곧이곧대로 보는 나 자신에게 놀랐다. **수백 년 전에 그린 그림이라고**, 내 안의 원전주의자와 엄격한 법 해석자가 푸념했다. **그러면 신뢰할 수 있는 진통제나 마취제가 나오기 한참 전이란 얘기잖아!** [또 다른] 내 마음은 그 수술에 분명 썼을 톱과 칼 생각으로 분주했다.

나는 이 그림에 관한 꿈을 꾸었고, 자주 깼다. 그리고 매번 이런 걱정이 들었다. [맹신을 뜻하기도 하는] '신앙의 도약'a leap of faith 이란 외다리로 내딛다 죽음으로 굴러떨어지는 추락인 게 분명해.

거의 1년 동안 이 그림을 붙들고 골몰했지만 오리무중이었다. 그러면서 내 마음은 서사를 지어내고 그 이야기의 간극을 채우며 인물들을 상상하고 종잡을 수 없는 설명을 만들어냈다. 바닥의 시신은 집안의 골칫덩이, 희생양, 뒤늦게 깨닫는 자 에피메테우스였다. 침대 위의 몸은 타인의 남는 [신체] 조각이라 여긴 것을 잘라 꿰맨 좀비 키메라였다. 검은 모자를 쓴 인물이 손에 쥔 책은 초기 직류 전기 요법인 갈바니즘Galvanism, 혹은 쓰다 만 신체 부위에 생명의 전기불꽃을 전달하는 법을 담은 연금술서고, 오른편 인물이 들고 있는 열린 상자는 망각의 향유로 가득 차 있다고 상상했다.

최근에 와서 다시 생각해보니 내가 느낀 고통은 노예제 폐지론자 프레더릭 더글러스Frederick Douglass가 1845년에 쓴 자서전에 대한 막연한 연상에서 기인한다. 더글러스는 노예제의 폭력성을 일종의 절단amputation으로 표현한 것으로 유명하다. 그는 자신이 소유주로부터 탈출한 행위를 경제 용어 그대로 생생히, 그러니까 자기 몸이라는 재산을 훔친 행위, "이 팔"과 "이 다리"를 떼어내는 절도로 표현했다.[2] "동산"chattel으로서 그는 자신은 전혀 관여

---

2 Frederick Douglass, *The Narrative of the Life of Frederick Douglass, An American Slave: Written by Himself*, published at the Anti-Slavery Office,

할 수 없는 재산 체계에 의해 법적으로 분해됐다. 그는 그 제도와 — 그 내부에도 — 밀접하고 불가분하게 얽혀 있었고 종속돼 있었다. 노예화된 몸들은 가족, 시민, 인간과 같은 [인간의 사회적 지위를 생산하는] 생성적 범주에서 절단됐다. 더글러스가 그 소외와 씨름했듯이 우리의 정치적 공동체body politic도 소유되고 동시에 버려지며, 근본적으로 이질적 존재로 살아가는 어두운 몸들에 관한 기이한 아포리아를 여전히 안고 살아가고 있다.

더글러스처럼 장-뤽 낭시Jean-Luc Nancy도, 심장이식을 받는 판이한 맥락이긴 하지만 자기 몸을 소유물로 느끼는 감각에 관해 성찰하게 됐다. 하지만 더글러스와 반대로 낭시가 신체 소유권을 사유하게 된 계기는 다른 사람에게서 적출한 생명 유지 필수 기관을 자기 몸에 넣은 일incorporation이었다. 그는 "이질적인"alien 심장이 자기 몸에 자리를 잡은 혼란스러움에 특히 주목했다. 자신의 첫 번째 심장이 "멈춤과 부정맥으로 반란"을 드러낸 순간들에 대해 그는 이렇게 묻는다. "만약 내 심장이 나를 포기하고 더는 지탱하지 않으려 했다면 과연 어느 정도까지 '나의 것', 내가 '소유한' 기관이라 할 수 있었나?"[3] 낭시는 그 글 제목을 '침입자'The Intruder(선집 『코르푸스』Corpus에 수록되었다)라고 짓기까지 했다.[4]

No. 25 Cornhill, Boston, 1845.

3 Jean-Luc Nancy, "The Intruder," in *Corpus* (New York: Fordham University Press, 2008).

4 Nancy, "Intruder."

물론 더글러스와 낭시의 글이 지닌 기이한 힘은 부분적으로 언어의 — 규범적 한계를 넘어서는 소유권에 대한 — 기능에 있다. 두 사람 모두 소유와 자율성이란 개념과의 이례적으로 고통스러운 조우를 전제한다. 두 사람 모두 '나'I와 [대상으로서] '나'me, 그리고 '나의 것'mine을 또렷이 말한다는 것의 의미 앞에서 동요하고 주저한다.

계약법 교수로서 나는 호모에코노미쿠스, 법인격, 사법적 자율성 우위에 관한 이론들을 가르친다. 소유물로서의 신체에 관해 생각하며, 또 우리가 서로 연결된 퍼즐 조각이 아니라 얼마나 진정 자율적인지를 궁리하는 데 많은 시간을 쓴다. 우리에게는 서로의 조각들을 빌리고, 붙이며, 기대고, 맞추며, 내맡기는 사려 깊은 돌봄의 윤리 같은 게 있을까? 하나의 몸이 끝나고 보철과 같은 복잡한 사회적 그물망이 시작되는 지점은 어디일까?

이 질문을 탐구하는 사례 가운데 특히 기이한 경우는 2004년 비행기 사고로 다리 하나를 절단한 사우스캐롤라이나의 존 우드John Wood의 이야기다(이후 일련의 사건은 웃픈 단편영화 〈파인더스 키퍼스〉Finders Keepers에 기록돼 있다).[5] 두 다리로 걷는 존재로 묻히고 싶었던 우드는 그 다리를 방부 처리한 뒤 다른 물건들과 함께 창고에 두었다.[6] 하지만 임대료가 밀려 창고 안 물건들은 경매에

---

5 *Finders Keepers*, Firefly Theater & Films, 2015.

6 다리에 대한 우드의 애착은 신체의 일부를 신성한 유물로 받들어온 오랜 역사와 맞닿아 있다. 다음을 보라. Jamie Kreiner, *The Wandering Mind: What*

넘어가 섀넌 위스넌트Shannon Whisnant에게 판매됐다. 위스넌트는
바비큐 훈연기 속 조심스레 싸여 있는 다리를 발견하고 경찰에
신고했고 경찰은 추적 끝에 그 다리가 우드의 것임을 확인했다.

우드는 분리됐든 그렇지 않든 본래 자신의 일부였기에 자기
것이라는 강한 믿음에서 다리를 돌려달라고 했다. 하지만 위스넌
트는 자신이 법에서 인정하는 '선의취득자'이기에 다리가 자신의
것이라 주장했다. 그는 공포의 집을 손수 꾸리고 그 다리를 전시
해 높은 관람료를 받고 싶어 했다. "핼러윈이 코앞이라고요." 그의
이유였다.[7]

우드 대 위스넌트 사건은 경직된 계약론의 언어 습관이 어떻
게 돌봄의 윤리를 포함한 광범위한 공익 이슈에서 불균형을 초래
할 수 있는지를 전형적으로 보여준다.[8]

사실 존 우즈의 잃어버린 다리라는 기이한 상징은 가족, 시장,
언어 자체 — 종교적 교감, 공동체, 결속을 매개하는 수단들 —
의 광범위한 딜레마들과 연결해 우화화하기에 참 매력적인 주제

Medieval Monks Tell Us About Distraction (New York: Liveright, 2023). 이 책은
성 시메온St. Simeon이 기도에 더 집중하고자 감염된 발을 스스로 잘라냈다는
이야기를 전한다. 그는 잘린 발에게 사후에 다시 만날 것이라며 안심시켰다
고 한다.

7 Melena Ryzik, "'Finders Keepers,' the Story of a Gnarled Leg and the Lives It
Altered," *New York Times*, September 18, 2015.

8 "Judge Mathis Show Scene Movieclips," https://www.youtube.com/watch?v
=XPhVzIgYjhc.

다. 그런 맥락에서 섀넌 위스넌트가 그 다리를 자신의 체화된 자산, 즉 '내 여분의 발'이라 부른 것은 합법일지는 몰라도 정서적으로는 틀린 셈이었다. 영리한 장사꾼답게 그는 훈연기와 그 내용물을 합법적 입찰로 구입했기에 자신의 재산, 지위, 프로필, 이익에 통합됐다고 강조했다. 무엇보다도 그는 스스로 '풋 맨'the Foot Man이라 홍보하며 자신의 **브랜드**를 기꺼이 받아들였다.

하지만 존 우드에게 그 다리는 자신의 일부 — 분리할 수 있는 하나의 다리가 아니라 개념적으로 자기 자신 혹은 자신의 몸에서 분리할 수 없는 것 — 였다. 우드에게 그 다리는 본질적으로 상업 거래를 할 수 없는 그 이상의 것, 절단이 신체적 상실뿐 아니라 상징적 상실도 의미하는 성스러운 영역이었다. 그 뼈만 남은 유물은 다리를 잃고 삶이 송두리째 바뀐 순간 — 아버지도 목숨을 잃은 비행기 사고 — 을 영원히 얼려둔 듯한, 손으로 만질 수 있는 기념물이었다. 한때 몸의 필수적 일부였던 그 다리는 떨어져나온 뒤 그날의 잔여물, 무덤을 표시하는 표식이 됐다.

이 상황의 잔인함이 중요한 법적 쟁점들을 가려서는 안 된다. 즉 창고 내용물의 상품적 이익이 신체의 온전성이라는 신성불가침한 속성보다 우선해야 하는가? 버려진 신체 부위는 계약상 '양도 가능한' 것인가? 아니면 헌법에 따라 '양도 불가능한' 것으로 간주하는 영역에 속하는가? 바로 이 질문은 법적 담론들이 전적으로 양립할 수 없는 참조 세계들을 만들어내는 특이한 방식을 전면에 드러낸다.

영미법학에서 계약법은 주관적 가치관에 따라 계약의 목적물에 가치를 부여하는 사적 당사자의 이익을 거의 배타적으로 중시한다. 그렇게 재산이 된 그 다리는 대상object으로서 합의된 양도 가격 외에 아무런 가치가 없다. 재산을 규정하는 속성 하나는 배제권이다. 다시 말해 물건의 소유자는 그것이 이전 소유자들 혹은 계약 당사자가 아닌 이들에게 어떤 가치가 있었든, 어떤 의미를 지녔든 관계없이 그 가치를 배제하거나 교체할 수 있다. 물건이 대상화되는 바로 그 이유는 그것에 안정적 혹은 내재적 가치가 없기 때문이다.

계약법과 달리 헌법은 정체政體, 시민 생활, 시민권의 영역에 적용된다. 독립선언문은 시민적 가치의 **내재성**을 확립함으로써 생명, 자유, 행복추구권을 공포한다. 이것은 양도 불가능한 권리 — 값을 매겨 경매대에서 팔아치울 수 없는 인간 중심적인 — 로서 법인격 개념에 담겨 있다.[9]

계약법의 의미화 체계에서 존 우드의 다리는 무생물이고 그 지위는 오직 창고 회사와 구매자만이 부여한다. 하지만 헌법의 의미론적 영역에서 그 다리는 우드가 지닌 존엄권의 연장선에 있는 것들, 즉 그의 신체의 온전성, 정신의 자율성, 그리고 일반적인 시민적 존중으로 간주될 수 있다. 이는 불완전할지라도 신체 부위에 대한 상업적 거래로부터 우리를 보호하고, 무덤 도굴과 같

---

9 The Declaration of Independence, 1776, National Archives of the United States of America.

은 약탈 행위를 법적으로 막아주는 윤리다. 또한 평등주의적 공동체를 구성하는 약속이기도 하다. 즉 우리 중 어느 누구도 타인보다 더 큰 가치를 지니지 않는다는 약속 말이다. 헌법적 시민권의 핵심 가치는 우리가 서로를 사익 추구의 대상이나 채굴하듯 착취할 먹잇감으로 바라보지 않는다는 데 있다.

헌법과 계약법 사이의 — 권리를 회복한 인간성의 생동함과 대상화에 따른 시민적 죽음 사이의 — 이런 근본적인 법리적 차이는 노예제가 남긴 복잡한 담론의 핵심이다. 현대의 계약 개념들은 재화 이전의 효율성과 투기적 신용 시장의 번성을 가능하게 했는데, 계약은 시장 가격이 쉽게 산정되는, 대체 가능한 무생물의 **사물들**things에 적용될 때 가장 잘 작동한다. 계약이 무생물의 사물들에서 가장 잘 작동하는 까닭은 계약 위반을 바로잡는 기초적인 구제책이 일반적으로 협소하기 때문이다. 즉 약속한 가치에서 실제 받은 가치를 빼는 식이다.

예를 들어 설명하면 내가 당신에게서 마법의 콩을 10달러 주고 샀는데 2달러 치만 받았다고 하자. 그러면 당신은 10달러에서 2달러 뺀 8달러의 빚이 있는 것이다. 여기에는 징벌적 손해배상이 포함되지 않는다. 계약법은 생명과 자유, 고통과 피해, 사형 집행과 구금 혹은 인도주의적 사안처럼 값을 매길 수 없는 사안들을 다루고자 고안된 게 아니다.

1857년 드레드 스콧 대 샌드포드Dred Sott v. Sandford 판결은 [인간을 규정하는 법적] 용어가 헌법적 생동함에서 계약 대상의 지위로 변환된 것을 보여주는 좋은 예다.[10] 노예제가 금지된 위스콘신주와 일리노이주에 거주했던 스콧은 그런 소재지 이력을 근거로, 노예제가 허가된 미주리주에서 소유주인 존 샌드포드가 자신을 재산으로 유지하려는 노력에 저항했다. 온전히 주체적 인간으로서의 지위를 주장한 스콧은 샌드포드가 자신을 "폭행했다"고 말했다. 형사적, 헌법적 침해를 주장하는 시민의 언어를 사용한 것이다. 반면 샌드포드는 스콧과 그 가족이 "잠시 억류됐다"가 양호한 상태로 돌려보내졌다고 주장했다. 스콧을 잘 배송된 UPS[국제 화물 운송사] 소포로 묘사하듯 위탁의 언어를 쓴 것이다.

마찬가지로 토니 모리슨의 노벨문학상 수상작인 『빌러비드』는 마거릿 가너Margaret Garner의 실화에 기초하는데, 그녀는 자신을 강간한 자이자 소유주인 아치볼드 게인스Archibald Gains에게서 탈출해 켄터키주를 넘어 자유 지역인 오하이오주 신시내티로 도망쳤다.[11] 현상금 사냥꾼들에게 포위당하자 그녀는 자녀들이 게인스의 소유가 되지 않도록 아이들을 죽이려 했다.

1856년, 재판에 회부됐을 때 노예제가 금지된 오하이오주의 폐지론자들은 그녀가 살인죄로 재판받도록 힘썼는데, 그렇게 주장해야 고의적 살인 능력을 지닌 주체적 존재로 인정될 터였다.

---

10 *Dred Scott v. Sandford*, 60 U. S. 393 (1857).

11 Matthew Salafia, "Searching for Slavery: Fugitive Slaves in the Ohio Valley Borderland, 1830-1860," *Ohio Valley History* 8, no.4 (Winter, 2008). 다음도 보라. Levi Coffin, *Reminiscences of Levi Coffin, the Reputed President of the Underground Railroad* (Cincinnati, 1876; New York: Arno Press, 1968).

얄궂게도 그래야 자유인의 지위를 요구하고 노예제의 잔혹성을 감형 사유로 주장하는 데 더 나았기 때문이다.[12] 그러나 법원은 그녀를 동산 — 달리 말해 게인스의 "적법한" 재산 — 으로 판결했고 1850년 도망노예법Fugitive Slave Act에 따라 그녀는 "밀수품"contraband으로서 켄터키주로 송환됐다.[13]

법률적 대상화의 언어를 통해 인간을 탈신체화하는 계약은 오늘날에도 구조적 유사성이 있다. 거버넌스는 없고 오직 계약이라는 화폐만이 통용되는 세계를 생각해보라. 이곳은 사실상 조던 벨포트Jordan Belfort가 끔찍한 회고록 『더 울프 오브 월스트리트』에서 묘사한 세계와 다르지 않다. 그는 인간을 벨크로 슈트를 입혀 다트판에 던지고 붙는지 확인하는 사업 계획을 말하면서 그 [도덕적] 손익 계산을 이렇게 곱씹는다.

"요컨대 핵심은 이거였다. 난쟁이를 집어 던질 수 있는 권리란 강한 전사라면 누구나 가지는 또 하나의 화폐, 말하자면 전리품에 불과했다. 한 남자가 자신의 성공을 재는 방법이 또 어디 있겠는가? 청소년 시절의 모든 판타지를, 그게 얼마나 기괴한 것이든 관계없이 실행해보는 것 외에 말이다. … 만약 너무 이른 시기에 성공한 까닭에 문제 행동을 하게 된다면 그 청년은 자신의 꼴사나운 행동 하나하나를 도덕적 대차대조표의 부채 항목에 기입했

---

12 P. S. Bassett, "A Visit to the Slave Mother Who Killed Her Child," *American Baptist*, Fairmont Theological Seminary, Cincinnati, Ohio, February 12, 1856.

13 Bassett, "Visit to the Slave Mother."

다가 미래의 어느 시점, 그러니까 나이가 들어 더 현명하고 차분해졌을 때 친절하거나 관대한 행위(말하자면 도덕적 자산)로 그것을 상쇄하면 된다."[14]

여기서 인간을 도구화하는 행위는 '비용이 얼마나 들까?'라는 질문으로 완전히 합리화된다. 가격만 맞으면 무엇이든 가능하다. 아마도 이런 비판은 경제학, 대체로 신자유주의로 설명하는 게 더 일반적이다. [그런데] 계약법을 연구하는 사람으로서 나는 인간 **존재들**을 대상화하는 것을 계약론적 문법의 잔재라고도 생각한다. 즉 신체가 법적 지정 대리인에게 소유되고 영향을 받으며, 그 운명이 무관한 타인에 의해 흥정되는 것 말이다.

이런 도구화가 더 극명한 정치적 이슈가 된 사례는 2022년 여름, 플로리다 주지사 론 드산티스Ron DeSantis가 망명을 요청한 베네수엘라인 50명을 텍사스 국경에서 기만적으로 유인해 비행기에 태운 뒤 사전 고지 없이 [매사추세츠주] 마서즈 빈야드 섬에 내려놓은 사건이었다. 이는 [그 내용과 의미가] 단순·왜곡된 비인간적인 상징적 게임으로[15] 이주자 당사자들과의 약속도, 그들의 동의도 없이 수행됐다. 외려 그것은 민주당 의원들이 더 가혹한 국경 통제책을 수용하도록 압박하는 정치적 책략이었다.

이주자들의 몸은 북과 남, 진보와 보수, 안식처 같은 도시들과

---

14 Jordan Belfort, *The Wolf of Wall Street* (New York: Bantam Press, 2008), 104.

15 "The Story Behind DeSantis's Migrant Flights to Martha's Vineyard," *New York Times*, October 4, 2022, 1.

성벽으로 둘러싸인 세계 사이의 체스 게임에서 협상 카드, 한낱 수동적인 도구로 사용됐다. 이주자들의 인간성은 말 그대로 '논외'였다. 실제로 비행기가 마서즈 빈야드에 착륙 허가를 요청했을 당시 승객 명단이 없었다고 한다. 지역 소문에 따르면 관제탑은 비행기가 화물을 싣고 있다고 들었다.

망명 신청자들이 실제로 겪는 인간적 곤경이 이민 정책의 정치적 체스에서 아무런 역할도 하지 못한다는 사실이 2022년 12월에 더욱 자명해졌다. 텍사스 주지사 그렉 애벗Greg Abbott이 국경에서 120여 명을 모아 버스에 태워 워싱턴 D.C.의 카밀라 해리스 부통령 관저 앞 도로에 내려놓은 것이다. 그 지역 역사상 가장 추운 크리스마스이브였다.[16] 기온은 영하 10도를 맴돌았다. 아주 어린 아이들을 포함해 일행은 길 위에 버려졌고 일부는 겨울옷도 없이 티셔츠 차림에 샌들만 신은 채였다. 정치적 힘겨루기라는 거래 게임에서 핵심 메시지는 전달됐다. 하지만 게임 속 불운한 인간 졸들은 그 핵심에서 멀리 떨어진 어딘가에서 떨고 있었다.

이 장의 시작을 열었던 그림으로 돌아가자. 어느 날 나는 미몽에서 깨어나 백인의 몸에 봉합된 검은 다리에 관한 오리무중의 상상을 멈추고 미술사학자인 친구에게 그 그림을 보여줬다. 그녀는 1분도 안 돼 모든 것을 풀어줬다. 그림은 "쌍둥이 성자, 거룩한

---

16 Stephanie Lai, "Buses of Migrants Arrive at Kamala Harris's Home on Christmas Eve," *New York Times*, December 25, 2022.

순교자, 무은無銀의(돈을 받지 않는) 의사 코스마와 다미안"이 행한 검은 다리의 기적을 묘사한 그림이었다. 코스마와 다미안은 3세기에 살았고 디오클레티아누스 황제에게 참수당하기 전까지 일련의 놀라운 치유를 행했다고 전해진다. 그들은 외과, 의학, 약학, 그리고 고아의 수호성인이다.[17]

쌍둥이 의사가 흔히 '검은 다리의 기적'으로 불리는, 바로 그 특별한 이식술을 수행했다는 이야기는 수백 가지로 존재한다.[18] 돈을 받지 않은 이 의사들의 출신과 기원에 관한 이야기도 많은데 그 까닭은 코스마와 다미안이 로마, 소아시아, 아라비아 교회들과 다양하게 연관돼 있기 때문이다. 백인의(혹은 '치유된') 몸이 누구의 것이냐에 대해서도 견해가 엇갈리는데, 유스티아누스 황제 혹은 주교, 부르주아의 것이라고도 한다.

판이한 신학적, 도덕적 함의를 시사하는 검은 다리의 출처, 그 검은 부속물의 힘에 관해서도 많은 논쟁이 있다. 살아 있는 사람에게서 떼어낸 것인가, 아니면 죽은 사람에게서 떼어낸 것인가? 에티오피아인인가, 혹은 무어인인가? 그리스도인인가, 무슬림인가? 희생, 구속, 부활이었나, 아니면 그저 무덤에서 꺼내 온 것인가? 그 이미지는 죽음에서 생으로서의 변모를 의도했는가, 아니

---

17 "Saints Cosmas and Damian," *Encyclopædia Britannica*, 1988.

18 Nebojša J. Jovic and Marios Theologou, "The Miracle of the Black Leg: Eastern Neglect of Western Addition to the Hagiography of Saints Cosmas and Damian," *Acta medico-historica adriatica* 13, no. 2 (2015): 329-44, 초록은 다음에서 확인. PubMed, pubmed.ncbi.nlm.nih.gov/27604202.

면 어떤 불가능한 경계 공간의 표시, 절반과 절반, 비슷한 것과 다른 것을 함께 봉합하는 것이었나? 그럼에도 그것은 여전히 … 자기 자신을 영원히 넘어서는 위반, 죄를 체현한 존재로 남는다.

나는 내 마음이 그 그림을 두고 자유롭게 떠돌도록 내버려둔 그 시간이 좋았다. 보고 또 보면서 이상한 실마리를 끌어내고 무작위의 연상을 떠올리고 역사, 시간, 장소를 거스르는 이야기들을 만들어냈다. 그 과정에서 나 자신에 관해 많이 배웠다. 내가 합리적인 해결 과정 없이 퍼즐 조각들에 우선순위와 특권을 부여하는 방식들에 관해서 말이다. 좋든 나쁘든 나는 그 조각들을 엮어 신화를 만들었다. **좋든 나쁘**든.

내 상상력은 자장가들처럼 '옛날 옛적에 그랬고 … 앞으로도 늘 그럴 거예요'라면서 설명의 고치를 지었다. 그러나 고치 속에 갇힌 생각들로 나는 때때로 엉뚱한 길로 갔고 그런 방황을 즐기기도 했다. 그리고 결국은 나 스스로 만든 가정, 기대, 허구에서 벗어나 **질문**해야 ― 그 그림의 역사에 관한 기록과 대면해야 ― 했다. 나 자신의 창의적인 사색을 포기할 필요는 없었지만 넓은 시야에서 봐야 했다. 즉 그 사색들이 나 스스로 만들어낸 것임을 인정하고, 내가 과거에 전혀 알지 못한, 종교적으로 변형된 상징적 서사라는 더 큰 상징적 세계를 함께 바라봐야 했다.

돌아보면 내 마음속에 만들어놓은 틀에서 벗어나 있던 것에 감사한다. 눈에 보이지만 말로 표현할 수 없었던 것에 대한 다른 의미를 발견했기 때문이다. 이미지란 [한순간만 포착한 단순한 시각적 이미지를 넘어 개인과 사회의 맥락을 담고 있고 그런 의미에서 이미지는 끝없이 다른 것들을 참조하거나 가리킨다는 의미에서] 참조와 맥락이 무한 회귀되는 아카이브다. 신화적 이미지의 서사를 텍스트의 서사적 구성만큼 유창하게 읽으려는 시도는 늘 도전적 과제다. 즉 서사의 전개에서 — 시간, 공간, 틀의 차원에서 — 그 경계를 어디에서 그을지 판단해야 하는 일이다.

기록documentation은 보는 권한, 상상할 권한을 부여한다. 이야기를 이어나갈 창작의 권위도 부여한다. 또한 우리가 아는 것을 어떻게 알 수 있는지, 지식 생산에서 무한히 복잡한 과정들을 — 인지적, 미적, 문화적, 법적으로 — 어떻게 깨닫게 되는지에 대한 기본적인 인식론적 문제도 제기한다.

어떤 면에서 내 정신적 방황도 큐레이터, 역사학자, 고고학자가 늘 직면하는 완성, 추가, 수정의 윤리와 관련 있었다. 즉 역사는 우리에게 조각난 채로 도달한다. 영원히 미완성으로, 언제나 파편적 형태로.[19] 한편으로 낯선 텍스트나 예술 작품을 과거와 똑

---

19 문학이론가 리아 휘팅턴Leah Whittington은 역사가 우리에게 조각난 채로, 영원히 미완성으로, 언제나 파편적 형태로 도달하는 방식을 탐구한다. 그녀의 진행 중인 프로젝트 '온전해진 고대: 완성과 르네상스 문학 문화'Antiquity Made Whole: Completions and Renaissance Literary Culture는 — 부분적으로만 — 살아남은 고대 텍스트들에 대한 "덧붙이기, 이어가기, 완성하기"의 실천들에 집중하는 한편, 훼손되거나 파편화된 작품들이 새로운 예술 창작을 자극하는 역할에 초점을 맞춘다. 다음을 보라. Leah Whittington, "The Mutilated Text," in *The Unfinished Book*, ed. Deidre Lynch and Alexandra Gillespie (Oxford: Oxford University Press, 2020), 429-443.

같이 고정되고 형식적 틀을 갖춘 일관된 전체로 이해하려는 시도와 다른 한편으로 확실성이 부족함을 인정하고 패턴, 개연성, 암시만을 파악하려는 시도 사이에는 긴장이 있다. 나는 글을 쓸 때 흔히 마거릿 애트우드Margaret Atwood의 말로 인용되는 구절을 떠올리곤 한다. "모든 유토피아는 … 동일한 문제에 직면한다. 그곳에 맞지 않는 사람들은 어떻게 할 것인가?"[20]

유토피아와 그 바깥 경계에 대한 이 질문은 — 우리의 다양한 이상화된 세계들에서 누가, 그리고 무엇이 배제되는가 — 앞으로 이어지는 장들을 구성하는 문제의식이다. 나는 우리가 인간의 몸에 관해, 특히 이 나라의 유산인 노예제와 관련해 이야기할 때 헌법적 권리와 유의미한 긴장 관계에 있는 계약 언어의 사례를 들었다. 책 전체에 걸쳐 나는 법의 렌즈를 사용해서 어떤 방식으로든 (또 여러 가지 이유로) 가치 있다고 간주되는 그 몸들을 — 전체 혹은 부분으로서의 몸, 배아, 잘린 머리, 절단된 다리 — 보존하려는 노력들, 그리고 소모품으로 간주되는 것들을 — 린치, 레드라이닝,[21] 선택 수정, 민영화, 총기 문화, 스톱 워크법[22]을 통해 — 배제하는 노

---

20 Jared Bland, "It's 'Scary' Watching Aspects of Her Fiction Come to Life, Says Margaret Atwood," *Toronto Globe and Mail*, August 24, 2013.

21 [옮긴이] redlining. 1930년대 미국의 주택대출공사HOLC가 대출 위험도를 평가하는 지도에서 흑인과 소수자 거주지를 위험 지역으로 분류해 빨간색으로 표시한 정책에서 유래한 용어. 이를 포함해 제도적으로 특정 집단을 차별, 배제하는 행위 전반을 가리키는 용어로 사용된다.

22 [옮긴이] Stop WOKE laws. '우리 아이들과 직원들에게 가해지는 잘못을 멈

력들을 탐구하고자 한다. 궁극적으로 이 책은 [우리 사회의 기준에] 맞지 않는다고 여겨지는 이들을 설명하려는 시도다.

____

추자 법'Stop Wrongs to Our Kids and Employees Act의 약칭. 2022년 론 드산티스 플로리다 주지사가 주도한 법으로 학교 및 직장에서 비판적 인종 이론, 성소수자 및 젠더 다양성 교육 등을 의무화하는 것을 제한하는 법이다. 2024년 3월, 연방 항소법원은 이 법이 미국 수정 헌법 제1조를 침해한다고 판결했다.

2

절단_{Amputation}

2002년 야구의 전설 테드 윌리엄스가 사망했을 때, 그가 자신의 시신을 극저온으로 냉동 보관해 "설령 가능성에 불과할지라도 미래에 자녀들과 함께할 수 있도록" 해달라고 요청한 사실이 밝혀졌다.[1]

당시 나는 그런 생각과 행동이 낯설게 느껴졌다. 육신의 부패를 [부패 과정의 분자 단위의 화학적 활동마저 중단되는] 분자적 침묵으로까지 늦추고 완벽한 치료를 위해 기다리고자 하는 불멸에 대한 강렬한 욕망 말이다. 그런데 더 이상한 것은 그런 추정상의 부활을 위해 수행된 절차였다. 윌리엄스의 머리는 수술로 몸에서 떼어냈고 두 부위는 따로 냉동됐다. AP통신에 따르면 "머리는 액체 질소로 채운 강철 캔에 보관됐다. 머리카락은 면도되고 머리

---

1 Richard Sandomir, "Williams Children Agree to Keep Their Father Frozen," *New York Times*, December 21, 2002.

에는 드릴로 구멍이 뚫렸으며 실수로 10군데 금이 갔다. 윌리엄스의 몸은 역시 액체 질소로 채운 9피트 높이의 원통형 강철 탱크에 똑바로 세워졌다."[2]

이 이야기가 나는 슬프다. 내가 어렸을 때 테드 윌리엄스는 살아 숨 쉬는 운동계의 아이콘이었다. 그의 얼굴은 글러브, 배트, 스포츠 유니폼에 새겨져 있었다. 그는 야구 카드로 거래되기도 하고 풍선껌 포장지에도 있었다. 그 모든 것에는 다행히도 혹은 얄궂게도 온전한 모습이 담겨 있었다.

그의 이미지는 기계적으로 재생산된 다양한 삶을 누렸지만 그의 사후 가족이 밝힌 기계적 분해와 **부활** 계획은 조악한 상품 교환에 — 계량경제학 형태의 마술적 사고에 — 지나지 않았다. 데카르트 이원론을 고려한다 해도 이 멋들어진 값비싼 도살 행위는 계약, 즉 불멸의 가능성을 얻기 위해 지불한 돈으로 구성됐다. 기술적 낙관주의를 조금만 덜어내 표현하자면 윌리엄스의 자녀들은 두 개의 대형 강철 통, 질소로 만든 절임 용액, 어설픈 노동으로 수행한 '신경 분리'에 13만 6,000달러를 지불했다.

기술은 우리에게 희망을 줄지도 모르지만 계약의 언어는 가장 부조리하고 오만한 행위조차도 합리화할 수 있다. 인체 부위의 시장화 문제는 늘 철학적 성찰의 주제였지만 최근에는 혁명적인 생식, 컴퓨터, 유전자 기술들 덕분에 그 논의가 대단히 복잡한 방

---

2 "Ted Williams Frozen in Two Pieces," *CBS News*, December 20, 2002.

식으로 변화했다. 더욱이 이 특정 시장 — 노골적으로 표현하면 육체 시장the flesh market — 은 구매력의 세속적 위계들에 더 쉽게 영향을 받게 됐다.

지금 우리 시대는 어떤 이들이 '새로운 산업혁명'이라 부르는 것 — 증기기관이 초래한 변화만큼이나 크게 컴퓨터와 유전체학으로 변형된 지구적 삶 — 일 테지만 기술의 오만을 경고하는 이야기들은 수천 년간 늘 우리와 함께했다. 프로메테우스는 올림푸스에서 불을 훔쳐 인간에게 준 대담성 때문에 벌을 받았다. 분노한 제우스는 그를 바위에 사슬로 묶고 낮이면 독수리가 그의 간을 먹어치우게 했다. 매일 밤 간은 재생됐지만 다음 날에도, 그다음 날에도 영원히 먹힐 뿐이었다.

하지만 제우스는 프로메테우스에게만 화가 난 것이 아니었다. 불이라는 기술의 선물을 받아들인 인간에게도 화가 났다. 그래서 제우스는 최초의 여성인 판도라에게 봉인된 작은 상자, 즉 지참금 상자를 절대 열지 말라는 지시를 내리고 지상으로 내려보냈다. 그러나 그녀 역시 불완전성과 호기심을 타고난 필사의 인간이었다. 상자를 열지 않고는 견딜 수 없었고 결국 그 상자에서 모든 죄와 악이 세상으로 흘러나왔다. 모든 것 가운데 작은 정령 하나만 예외였는데 바로 희망이었다. 희망은 안에 남아 있었다.

나는 슬픔에 잠긴 가족들에게 죽음의 부패를 되돌릴 수 있다는, 지금 당장의 희망을 판매하는 인체 냉동 보존 회사의 윤리를 생각할 때마다 판도라를 떠올린다. 그리고 경솔하게도 생명을 되살리는 신의 힘을 빌리려는 테드 윌리엄스 가족 같은 이들의 윤리도 곱씹어본다. 그러나 우리는 필사의 존재다. 불길에 심하게 데일지라도 횃불을 움켜쥐고 싶은 충동은 억누르기 어렵다. 우리 인간들은 인체 냉동 보존술 외에도 다른 모든 기술들의 은총을 통해 영생을 꿈꾼다. 우리는 크리스퍼CRISPR 같은 유전자 편집 기술로 미래의 자손을 조작하는 마법의 힘을 행사하고자 한다.

어떤 이들은 자궁 내 피임기구나 사후피임약 같은 피임 도구들을 금지해 태어나지 않은pre-born 생명을 이상적 형태로 구출하기를 꿈꾸며, 수정된 난자는 착상된 그 순간부터 독립적인 분자이자 완전한 인격체라는 영적인 관념을 불러낸다. 어떤 이들은 자신을 데이터 신체로 코딩해 생물학적 수명을 뛰어넘는 꿈을 꾼다. 어떤 이들은 인간의 정신을, 매혹적이고 수다스럽지만 [정보와 데이터를 뽑아내는] 채굴적인 컴퓨팅 로봇과 결합하고 그 산출물을 '인공' 혹은 '초' 지능으로 경배하는 꿈을 꾼다.

또 어떤 이들은 사랑한 사람을 잃은 뒤 디지털 기념비를 세운다. 문자, 이메일, 이미지, 음성 메시지를 모아 네트워크화된 기억의 몸, 생기 있는 묘소, 아바타가 있는 전자 무덤을 만들고, 이를 통해 고인의 몸에 일종의 사후 세계를 제공한다고 느낀다. 그런 영원성, 자기 보존 혹은 자기 개선에 대한 생각 안에는 염원과 애도의 감정이 뒤섞여 있다. 미디어 인류학자 브라이언 마이클 머피Brian Michael Murphy가 『우리, 죽은 자들: 세상의 종말에서 데이터를 보존하다』We the Dead: Preserving Data at the End of the World에서 썼듯이, 그런 시도에는 "데이터가 복합체 — 인간의 몸과 마음 — 를 통해 순환하며 궁극적으로 자기 자신을 위해 작동하는" 기술발생technogenesis 체계로 이어질 수 있다는 오만한 열망의 위험도 존재한다.[3]

하지만 디스토피아적 특이점이 본격적으로 도래하지 않는 한, 데이터의 내세는 대체로 그저 구식으로 폭리를 취하는 일을 위해 유통된다. 우리의 갈망, 애도, 결핍감은 흔히 뱀 오일 같은 가짜 약의 상업적, 기술적 판본의 먹이가 된다. 유의미한 규제가 전반적으로 부재한 상황에서 미국인의 취약성은 메드베드medbeds 같은 터무니없는 공상물에 의해 달래진다.[4] 메드베드는 몹시 지치고 피곤한 이들에게 "순수한 생체광자 생명 에너지"를 주입하는 시스템에 연결된, 평범한 구식 침대일 뿐이다.

그런 업체 중 한 곳은 건강 회복을 위한 '가정용 발전기'로 표시된 밀폐용기를 거의 2만 달러에 판매한다. 용기 안에 무엇이 들어 있는지 설명이나 데이터가 전혀 표시되지 않았는데(어쩌면 여전히 [판도라의 상자 속에] 자리를 지키고 있는, 결코 잡히지 않는 희망이?) 또 다른 회사는 내용물을 "과학적 증거가 있는 양자 파동 의약품"이라고 설명한다. 광고에는 원형의 역장力場이 희미하게 빛

---

3 Brian Michael Murphy, *We the Dead: Preserving Data at the End of the World* (Chapel Hill: University of North Carolina Press, 2022).

4 "The Truth About 'Medbeds'—a Miracle Cure That Doesn't Exist," *BBC News*, December 26, 2022.

을 발하는 침대 이미지가 나온다. 그런데 메드베드가 일반적인 소비자 사기를 넘어서는 까닭은 정치적 사기 선동과도 겹치고 큐어넌[5]과도 관련 있기 때문이다. BBC에 따르면 "음모론에는 외계의 기술에 대한 추측, 존 F. 케네디 주니어가 여전히 살아 있으며 메드베드에 묶여 있다는 해괴한 주장 등이 포함된다."[6]

허위 광고와 의심스러운 장사꾼의 주장은 단순히 불리한 거래로 돈을 잃을 수 있는 개별 소비자를 속이는 데 그치지 않는다. 그런 관행은 시장에서 신뢰를 떨어뜨리고 공공 거버넌스와 정치를 포함해 다른 영역에도 의심과 냉소주의를 불러일으킨다. 날조가 비일비재해 신뢰할 수 있는 게 거의 없다면 우리는 "보이는 게 다가 아냐. 아무것도 믿지 마", "모두가 우리를 노리고 있어"라고 느끼며 시민적 공간으로부터 물러나게 된다.

현재 세상은 너무도 퇴색하고 암울한 곳이다. 그러니 나조차도 잘생기고 세련된 존 F. 케네디 주니어와 매력 넘치는 부인 캐롤린 베셋 케네디가 살아서 손을 맞잡고 우리를 카멜롯으로 인도하기

---

5 [옮긴이] QAnon. 2017년 미국의 극우 온라인 커뮤니티에서 시작된 음모론이다. 'Q'라는 익명의 인물이 미국 정부 내부 고위직이라고 주장하며 인터넷 게시판에 글을 올린 것이 발단이었다. 이 음모론은 도널드 트럼프 대통령이 딥 스테이트Deep State(비밀리에 권력을 장악한 집단)와 싸우고 있다는 서사를 중심으로 확산됐으며, 정치인·연예인 등이 아동 성 착취 조직의 일원이라는 터무니없는 주장도 펼쳤다. 미국 사회에서는 이러한 큐어넌의 믿음을 공유하는 사람들이 선거, 시위, 폭동 등에 영향을 미친 바 있으며, 대표적으로 2021년 1월 6일 미국 의사당 난입 사건과도 관련이 있다.

6 "The Truth About 'Medbeds.'"

위해 기다리고 있다는 생각을 믿고 싶을 정도다. 지구상에서 가장 과로하는 나라의 시민으로서 나도 8시간 수면의 생명 에너지를 재생해주는 데서 — 솔직히 어떤 종류의 침대에서라도 — 기댈 곳을 찾고 싶다. 그런데 생체광자가 반짝이는 작은 캐노피의 약속은 정말 근사하게 들린다.

그러나 메드베드란 이름이 의학적 특성을 암시하며 이를 입증하는 과학적 데이터가 부재한 상황에서 연방거래위원회Federal Trade Commission는 이 상품을 허위 광고로 판매를 금지해야 마땅하다. 치료 효과에 대한 막연한 기분 좋은 약속은 공중보건 및 검증 과학의 개념에 부합하지 않는다. 불행하게도 소비자 감시 기관들은 1980년 이후 현저히 약화됐다. 레이거노믹스 이후 모든 거버넌스, 특히 뉴딜의 규제 구조를 축소하려는 움직임 이후, 그리고 아인 랜드Ayn Rand의 극단적 자유지상주의가 미국의 보수주의를 휩쓸어 반反 세금 운동가 그로버 노퀴스트Grover Norquist가 묘사한, 그러니까 욕조에 넣어 익사시킬 수 있을 정도로 정부를 축소하는 공약으로 나아간 이래 말이다.

우리는 [20세기 석유왕 같은] 강도 대부호 — 최근엔 독점적 테크노 왕들로 갱신된 — 시대의 많은 자유방임 정책으로 되돌아왔다. 그런 정책들은 가장 공허한 약속들조차 계약의 자유, 즉 상상할 수 있는 그 어떤 허구적 혹은 비양심적 가치와도 거래할 자유, 대개 위험 경고 원칙에 제한받지 않는 거래의 자유라 부를 수 있는 시대로 우리를 내몰았다. 법에 이미 광범위하게 규정된 행위자와 사업의 개념은 이제 심드렁한 자유지상주의의 어깨 으쓱거림과 다를 바 없다. "어리석은 짓을 금지하는 법은 없다." "모든 것은 네 책임이다." 사람들이 새로운 생명을 마치 상품처럼 구매할 수 있는 능력을 필사적으로 믿는다면 … 과연 누가 막을 수 있을까?

요점은 계약법이 모든 것을 다루는 유일한 틀이어서는 안 된다는 것이다. 영미 법학에서 계약은 두 가지 고대 영국의 소장, 즉 계약이행청구소송assumpsit과 채무소송debt에서 유래했다. assumpsit은 라틴어로 '그가 떠맡는다' 혹은 어떤 일에 대한 책임을 지는 것을 의미한다. 채무소송은 그 행위에 대한 대가로 지불금을 부과하는 소장이다. 이 둘이 합쳐져 두 당사자가 전적으로 **자발적인** 합의를 맺는다.

담론적 틀로서 계약은 양 당사자가 조건을 정의하고 이에 동의한 범위에서만 강제력이 있다고 가정된다. 이것을 담론적이라고 한 이유는 오늘날 계약법학의 현실에서는 협상이나 흥정, 실제 제안이나 협의 수락이 거의 없기 때문이다. 오히려 일방적 약관adhension 조건이 오늘날 대다수의 계약을 지배한다. 즉 당신은 그런 계약을 강요당한다. 소비자 거래는 대부분 온라인에서 이루어진다. '동의', '승낙', '제출'이라고 쓰인 작은 버튼은 좀처럼 읽지 않는 무척 긴 약관을 말하고 실제로 가장 꼼꼼한 변호사가 아니라면 읽어내는 것조차 **가능하지** 않다. 설령 읽고 이해할 수 있어도 협상은 불가능하다. '동의하지 않지만 아무튼 진행하고 싶다'

는 버튼은 없다. 따라서 계약의 본체는 대기업에 종속된 자동 수탁 관계에 더 가깝게 변형되었다.

양 당사자가 실제로 만나는 경우에서도 계약법이 대상을 재산으로 환원하는 구조적 힘이 여전히 분명하고 또 분명히 문제가 있다. 허니라인 하이데만 대 제이슨 하이데만 소송Honeyhline Heidemann v. Jason Heidemann을 보면 한 여성과 전남편이 그들의 유전물질이 포함된 "냉동 보존 인간 배아"의 처분을 두고 분쟁이 일어났다.[7] 전남편은 인간 배아가 "고유하고 대체할 수 없는 것"이어서 시장 가치로 값을 매기기에 적절한 대상이 아니라는 이유를 들어 재산으로 취급하는 것은 불법이라고 주장했다. "상품이나 동산"이 아니라는 것이었다.[8]

그러나 버지니아주 순회판사 리처드 E. 가디너Richard E. Gardiner는 2023년 2월 8일자 의견서에서 인간 배아의 매매를 금지하는 법이 없으므로 개인 재산으로 처분할 수 있다는 결론을 내렸다. 이 결론에 도달하면서 가디너는 "모든 흑인과 혼혈 노예들은 개인의 재산으로 소유, 취급, 판단되어야 한다"는 1819년 버지니아법의 논리를 인용했다. 그 법은 1819년 이래 여러 차례 개정됐지만 가디너는 개인 재산에 대한 일반적 용어가 오늘날에도 거의

---

7 Christine Hauser, "Judge Cites 1849 Slavery Law in Ruling Embryos Can Be Considered Property," *New York Times*, March 16, 2023.

8 Opinion Letter, *Honeyhline Heidemann v. Jason Heidemann*, CL2021-0015372, Nineteenth Judicial Circuit of Virginia, February 8, 2023.

동일하기에 선례로서 유용하다고 결론에 도달했다. "인간 배아 판매에 금지 규정이 없는 이상, 가치를 평가하여 판매할 수 있으며, 따라서 법전이 규정하는 의미에서 '상품 혹은 동산'으로 간주할 수 있다."[9]

가디너 판사의 판단이 그럴지라도, 계약을 수단으로 인간 혹은 인간의 일부 부위를 거래하는 것은 까다로운 문제다. 현대 계약법은 대체로 효율적 위반efficient breach[계약 취소처럼 계약 이행보다 위반이 이익이 큰 경우 그런 선택이 자원 배분에 더 효율적이라고 판단하는 논리]과 관련해 기업의 이익을 극대화하고 거래비용이나 외부효과를 가능한 최소화하도록 고안된 틀이기 때문이다.

계약법은 협상력의 불균형이나 사고, 과실, 고의적 범죄를 해결하는 데 가장 알맞은 수단이 아니다. 계약법은 인간의 필요, [공중이 이용하는 시설에 누구나 차별 없이 접근할 수 있는] 공적 수용, 시민의 자유, 비상시 주민에 대한 보살핌과 관련한 광범위한 이해를 다루도록 고안되지도 않았다. 불법행위에 관한 법, 노동법, 형법, 헌법, 공중보건법을 비롯해 다른 법적 구조가 그런 사태를 다룬다. 계약이 우리 자신이나 우리의 정체政體를 다스리는 기본 틀이 되어서는 안 된다.

물론 하이데만 판결이 생명이 언제 시작되는가에 대한 지속적인 논쟁에서 논란의 불씨가 된 것은 두말할 나위도 없다. 이 판결

---

9 Opinion Letter, *Heidemann*.

은 분명 노예제 구조가 여전히 살아남아 작동하고 있다는 사실에 의존하고 있다.

2014년 9월, 제니퍼 크램블렛Jennifer Cramblett이라는 백인 어머니가 유전물질을 말 그대로 재산으로 간주하는 소송을 제기했다.[10] 『시카고 트리뷴』Chicago Tribune에 따르면 크램블렛은 오하이오주의 한 정자은행을 상대로 소송을 제기했다. 자신의 난자를 아프리카계 미국인 기증자의 정자로 잘못 수정시켜 "자신과 동성 파트너가 두 살 난 딸(페이튼Payton)을 백인 지역사회에서 키우는 데 어려움을 겪고 있다"는 것이었다.[11]

크램블렛은 수정에 사용된 정자 바이알병을 잘못 취급했다는 부주의 과실을 주장할 수 있었는데, 이는 유전물질 취급에서 주의 의무를 다하지 못해 기대한 결과를 얻지 못한 경우 법에서 일반적으로 인정되기 때문이다. 그런데 크램블렛 소송이 논쟁적이면서도 불편한 점은 또 다른 주장에 있다. 그녀는 보증 위반과 함께 "잘못된 출생"wrongful birth이 낳은 정서적, 경제적 손실에 대해 소송을 제기했다. 법원 문서에 따르면 이 주장의 명시적 근거는 그녀가 구매했다고 생각한 특성인 백인성의 박탈이었다.

다행히도 그 잘못된 출산 소송은 1년 후인 2015년 9월, 듀페이지 카운티의 로널드 서터Ronald Sutter 판사에 의해 기각됐다. 이

---

10 Clifford Ward, "Judge Dismisses Lawsuit over Downers Grove Sperm Bank Mistake," *Chicago Tribune*, July 21, 2016.

11 Ward, "Downers Grove Sperm Bank Mistake."

이야기가 한창 뉴스에 오르내릴 당시 미디어는 엄청난 사회적 불안을 반영했다. 아마도 가장 극적인 순간은 NBC 뉴스가 크램블렛과 한 인터뷰였을 것이다. "우리는 딸을 사랑해요. 그 아이 때문에 지금의 우리가 있어요." 그녀는 와락 울음을 터뜨렸다. "하지만." 그녀는 이를 악물고 말을 이어갔다. "가만히 있지 않을 겁니다. 누구에게도 이런 일이 다시 일어나지 않도록요."[12]

그 이접 접속사, 즉 크램블렛의 절망을 담은 '하지만'은 법원 문서 전반에서 반복됐다. "아름다운" 외모에도 불구하고 페이튼은 "분명히 혼혈mixed-race"이었다. 크램블렛은 그 어린 소녀와 "쉽게" 유대감을 쌓았다고 했지만 "매일 두려움, 불안, 불확실성을 안고 살고 있"었다. 그녀는 "인종적으로 편협한" 지역사회에 살고 있을 뿐 아니라 자신도 대학에 입학하기 전까지 아프리카계 미국인을 한 명도 만난 적이 없어서 "아프리카계 미국인에 관한 문화적 역량이 제한적"이다. 그리고 "모두 백인인" 크램블렛의 가족은 그녀가 동성애자라는 사실을 간신히 견뎠는데…, 맙소사, 이제 이런 일까지?

크램블렛은 가족들 사이에서 성정체성을 "억눌러야 한다"고 느꼈지만 "페이튼의 차이는 억누를 수 없는 것"이라고 소송에서 말했다. "제니퍼(크램블렛)의 스트레스와 불안은 페이튼이 전교생

---

12 "Jennifer Cramblett: I Can't Let Them Do This to Another Family," *NBC News*, October 1, 2014.

이 백인인 학교에 들어가는 모습을 상상하면 심해진다."[13]

그럼에도 어린아이인 페이튼이 크램블렛과 파트너를 "지금의 우리"로 만든 것은 아니었다. 그들은 페이튼이 태어나기 전부터 편협하고 비참할 정도로 억압적인 삶을 살았고 아이가 태어나서 야 그런 삶에 직면하게 된 것이다. 더 마땅한 질문은 과거 그들은 어떻게 자신들의 삶에 만족하며 살아올 수 있었는가다.

크램블렛이 자신이 사는 오하이오 마을이 "모두 백인"이라고 주장했을 때 — 결코 그렇지 않은 주, 나라, 세계 속에서 — 대체 어떻게 그럴 수 있는지 의문을 품지 않을 수 없다. 미국에서 주택 분리의 슬픈 역사는 우리가 아무리 부정하려 해도 오래전 이야 기가 아니다. 2014년 폭스 뉴스Fox News의 빌 오라일리Bill O'Reilly와 [미국 케이블 채널인] 〈코미디 센트럴〉Comedy Central의 존 스튜어트 Jon Stewart의 만남이 큰 화제가 됐는데 거기서 그 두 남자는 "백인 특권"을 논의했다.[14]

오라일리는 자신의 성취가 인종과 거의 관련 없고 모든 것이 고된 노력 때문에 가능했다고 주장했다. 그러나 스튜어트의 지 적에 따르면 오라일리가 자란 뉴욕주 레빗타운은 제2차 세계대 전 후 연방 및 지방 정부가 막대한 주택 융자 보조금과 다른 공적

---

13 "Cramblett: I Can't Let Them." 다음도 보라. Nicole Chung, "The Family Who Tried to End Racism Through Adoption," *The Atlantic*, April 2023.

14 "The Daily Show Extended Interview with Bill O'Reilly," YouTube, Comedy Central, October 16, 2014.

혜택을 제공한 — 흑인 거주는 금지한 — 롱아일랜드의 계획도 시셨다. 따라서 오라일리는 정부가 주도한 막대하고 인종적으로 배타적인 부의 이전 혜택을 얻은 셈이었다. 법학자 셰릴 해리스Cheryl Harris는 1993년 『하버드 법학 리뷰』Harvard Law Review에 기고한 글에서 이렇게 말했다. "법은 백인성에 실제 재산상의 이익을 부여하고 보호해왔다." 그 가치는 법에 대한 전적인 믿음과 신뢰에 달려 있었는데, 일시적이지만 중대한 결과를 낳는다.[15]

오라일리가 살던 레빗타운의 인종 제한은 오직 개발자가 그렇게 선택했기 때문만은 아니었다. 인종 분리는 제대군인원호법G.I.Bill 시행 과정에서 연방정부의 금융정책과 시행 지침에 따라 이루어졌다. 전후 레빗타운뿐 아니라 미국 전역이 흑인이 거주하는 지역에 담보 대출을 거부하는 레드라이닝 관행 때문에 도심 지역inner cities과 백인 교외 지역으로 양분됐다. 제대군인원호법에 따른 전체 주택 융자의 98퍼센트가 백인에게 제공됐고 유색인종에게는 2퍼센트만 주어졌다.

게다가 레빗타운은 주택 소유주에게 다음과 같은 제한적 계약 조항을 부과했다. "부동산 보유자는 백인 이외의 다른 사람이 해당 주택을 사용하거나 점유하는 것을 허용하지 않는 데 동의한다. 단 백인 이외의 가사도우미를 고용해 쓰는 것은 허용된다."[16]

---

15 Cheryl Harris, "Whiteness as Property," *Harvard Law Review* 106, no. 8(June 1993): 1707-91.

16 Rachelle Blidner, "Legacy of Exclusion Is Tough to Shed," *Newsday*, November

조슈아 러프Joshua Ruff는 "레빗타운: 교외 도시 개발의 원형"에서 이렇게 기록한다.

어떤 면에서 레빗타운은 제2차 세계대전 당시 군대의 민족 구성과 닮았다. 유대계, 이탈리아계, 아일랜드계, 폴란드계가 나란히 모여 살았다. 그러나 대부분의 군대와 마찬가지로 아프리카계 미국인은 이 용광로에 들어갈 수 없었다. 당시 많은 주택건설업자와 마찬가지로 윌리엄 레빗William Levitt도 재정 후원자, 즉 전국적인 인종차별 약관과 인종이 혼합된 지역사회에 대한 레드라이닝 — 평가절하 — 을 지지한 연방주택관리국FHA의 요구에 의문을 제기하지 않았다. 모든 레빗타운 임대차 및 주택 소유 계약서는 '백인종 구성원이 아닌' 이들을 차단했다.[17]

윌리엄 레빗은 첫 입주민들이 레빗타운에 들어온 지 한참이 지난 후에도 주거 제한을 옹호했다. 그러나 그는 당시의 사회적 관행을 따랐을 뿐이라고 주장했다. "이건 그들의(백인 고객들의) 태도이지, 우리의 것이 아니다." 또 그는 이렇게 썼다. "회사로서 우리의 입장은 간단하다. 즉 우리는 주택 문제를 해결할 수 있거

17, 2019.

17 Joshua Ruff, "Levittown: The Archetype for Suburban Development," *American History Magazine*, December 2007. 다음도 보라. David Kushner and Tavia Gilbert, *Levittown: Two Families, One Tycoon, and the Fight for Civil Rights in America's Legendary Suburb* (Walker Books, 2009).

나 인종 문제 해결을 위해 노력할 수 있다. 그러나 두 가지를 병행
할 수는 없다."[18]

1948년 연방 대법원이 셸리 대 크래머Shelley v. Kraemer 판결에서
인종 제한 약관을 위헌으로 결정한 후에도[19] 연방주택관리국은
계속해서 백인 거주 지역에서만 대출을 승인했다. 레빗은 임대차
계약서에서 제한적 문구를 삭제했지만 실제로는 그 정책을 유지
했고 그 후 수년간 법원의 판결에 맞서 싸웠다. "그 조항을 삭제했
는데 아무런 변화가 없었다"고 그는 1949년 『레빗타운 트리뷴』
Levittown Tribune에서 공언했다.

1958년 레빗의 세 번째 계획도시 윌링버로가 뉴저지에 건설되
던 중에 차별을 이유로 소송이 제기됐다. 1960년 그 사건에 대한
공청회를 피하려고 그는 윌링버로의 인종차별 철폐에 동의했지
만 흑인에 대한 주택 분양은 상당히 통제되고 조율된 것이었다.
인종차별 조항이 명시적으로 불법화된 것은 1968년 민권법의 일
부로 제정된 공정주거권리법Fair Housing Act이 연방 수준의 집행 절
차들을 마련하면서부터였다.

롱아일랜드의 레빗타운은 차별적인 주택 대출 보증 정책이 장기
적으로 흑인과 백인 간 부의 격차를 어떻게 왜곡했는지를 보여주
는 가장 잘 기록된 사례 중 하나다. 흑인들은 동일한 부동산 자산
축적 기회에서 그들을 배제한 공공정책 때문에 주택 소유자의 땅

---

18 Kushner and Gilbert, *Levittown*.

19 *Shelley v. Kraemer*, 334 US 1 (1948).

에서 세입자가 되었다. 설령 집을 살 수 있었다 하더라도 피부색이 다르다는 사실 자체로 집값이 떨어졌다. 주변으로 바로 큰 레드라인이 쳐졌기 때문이다.

2002년 한 연구에 따르면 레빗타운이 위치한 롱아일랜드는 미국에서 가장 인종적으로 분리된 교외 지역이다.[20] 이후에도 상황은 크게 변하지 않았다. 2023년 현재, 흑인은 미국 인구의 13.1퍼센트, 뉴욕주 인구의 거의 17퍼센트를 차지하지만 레빗타운에서 흑인 혹은 아프리카계 미국인의 인구는 여전히 1.68퍼센트에 머물러 있다.[21]

제니퍼 크램블렛은 빌 오라일리와 마찬가지로 이런 정치사에 대한 인식이 전혀 없었다. 만약 그녀와 파트너가 "사적인" 고통을 처리하는 비용에 소송을 제기하는 대신 주변에 만연한 인종차별에 관심을 가졌다고 상상해보라. 이를 시민권 의제의 틀로 다시 바라본다면 그들은 자기들이 직면한 상황이 미국에서 흑인 가족이라면 누구나 직면하는 현실과 하등 다를 바 없음을 깨달을 수도 있었을 것이다.[22] 그러면 그들은 개인적인 경제적 손해배상 요

---

20 Bruce Lambert, "Study Calls L.I. Most Segregated Suburb," *New York Times*, July 5, 2002.

21 "Levittown, New York," *World Population Review*, 2023. 다음도 보라. "Levittown CDP, New York," United States Census Bureau, 2022.

22 Camille Gear Rich, "Contracting Our Way to Inequality: Race, Reproductive Freedom, and the Quest for the Perfect Child," *Minnesota Law Review* 104 (2020): 2375-2469.

구를 [고용, 교육 기회 등에서 소수자에게 기회를 더 제공하는] 적극적 우대 조치affirmative action와 인종적 낙인에 대한 거부와 더 연관해 고려할지도 모른다. 어쩌면 공정한 주거 운동에 참여하거나, '흑인의 생명은 소중하다'Black Lives Matter 시위에 동참하거나, 아니면 정치 지형뿐 아니라 가족 구성원들 가운데도 있는 동성애 혐오와 인종차별에 직접 맞서면서 새로운 공동체와 지원을 찾을 수 있을 것이다.

그러나 크램블렛은 다른 아이들의 몸을 위험에 빠뜨려온 바로 그 인종적 패닉에 사로잡힌 듯 보였다. 어린 페이튼은 더 자격 있고 더 욕망하는 백인 후보의 자리에 하자품으로 불쑥 튀어나와서 — 가족은 실망하고 동네는 더럽혀졌다 — 엄마에게 박탈을 안긴 셈이었다. 온라인 혐오 발언에 따르면 "신의 처벌"이었고 법원 서류에 따르면 "실수"였다. 그 유독한 불신의 지형은 우리 모두를 가둔다. 극단적으로 감옥 벽에 갇혀 있든, 외부인 출입이 제한된 지역사회에 갇혀 있든 말이다. 우리는 깨진 거울의 가장 작은 파편으로 우리 자신을 비추고, 전체로서의 사회를 알지 못하는 분열된 사회에 남겨졌다.

그런 상황을 좀 더 복잡하게 살펴보자. 2007년 3월 22일자 『뉴욕 포스트』New York Post 1면에는 우리 문화의 모순에 대한 대단히 흥미로운 연구가 실렸다.[23]

---

23 Cover, *New York Post*, March 22, 2007.

1면 상단 절반에는 안젤리나 졸리가 최근에 입양한 어린 아들 팩스Pax, 『뉴욕 포스트』의 표현에 따르면 그녀의 "베트남 사내"Viet man와 함께 있는 "눈부신 모자 사진"이 대문짝만 하게 실렸다. [그리고 이렇게 덧붙여져 있었다.] "6면Page Six을 보시오." 이 기사의 하단에는 선정적인 표제(아기 대실수: 백인들의 흑인 아이)와 함께 소란스러운 기사가 실렸다. "파크 애비뉴의 한 인공수정 병원의 실수로 한 가족이 엄청난 충격에 빠졌다. 히스패닉 여성과 그녀의 백인 남편에게 흑인 아기가 태어난 이후 … 6면의 '베이비'BABY를 보시오."

더 자세한 내용을 알고 싶어 6면으로 넘겼다. 알고 보니 『뉴욕 포스트』에는 따로 운영되는 숫자의 우주가 있는데 거기서는 유명인들이 우상화되기도, 이상화되기도, 악마화되기도, 혹은 술에 취해 있기도 하며 그렇게 제멋대로 활보한다. 무지개 같은 다인종 대가족에 대한 졸리의 마법 같은 양육 기사는 상표처럼 굳어진 '6면'에 실렸다. 이 페이지는 가십과 거짓으로 가득한 평행우주로서, 실제로는 14면쯤에 위치했다.

한편 그 아기 대실수 기사는 지구평면설처럼 원시적인 고대의 손가락, 발가락 세기 방식으로 정해진 '6면'에 실려 있었다. 이 동굴에는 무지개 같은 마법이 없었다. 뉴요커 낸시와 톰 앤드루스 부부는 첫딸을 낳은 후 임신이 잘 되지 않았다. 그들은 체외수정법을 이용했고 제시카가 태어났다. 제시카는 앤드루스 부부보다 피부가 어두웠는데, 산부의과 의사는 이를 두고 처음에는 "이상"abnormaility이라 표현했다. 그 좋은 의사에 따르면 그녀는 "밝아질" 터였다. 이후 친자 확인 검사 결과 낸시의 난자는 톰의 정자가 아닌 다른 정자에 의해 수정된 것으로 밝혀졌다. 부부는 병원을 상대로 불특정 손해들에 대해 소송을 제기했다.[24]

만약 이것이 일어난 일의 전부라면 그 이야기는 단순히 난자 분실, 정관 수술 실패, 망친 양수검사 등 이른바 '잘못된 출생' 소송으로 이어지는, 기술적 실수 및 혼란의 선례에 속할 것이다. 그런데 이 비교적 새로운 생명윤리 영역이 아무리 복잡한 문제를 안고 있을지라도 유전 물질을 다룰 때는 표준적인 주의 기준을 지켜야 한다는, 법적으로 인정되는 일반적 기대가 있다. 특히 손해배상액을 산정하는 문제를 비롯해 이런 사건들에 하나같이 있는 명백한 윤리적 난제들에도 불구하고 말이다. 무엇보다도 건강한 아이의 출생을 '잘못된'이라고 표현하는 것은 꽤 난감한 일이다.

따라서 법원은 금전적 보상금을 산정할 때 보수적인 경향이 있다. 즉 계획하지 않은 아이 혹은 건강 문제가 있는 아이의 양육비를 산정하는 것은 '원치 않은'이란 꼬리표가 붙은 아이 양육의 '고통과 고생'에 대한 피해 산정보다 분명 덜 곤란하다. 아기의 출생에 대한 부모의 '실망'을 어떻게 달러나 공공정책 비용으로 산정할 수 있겠는가? 실제로 앤드루스 부부 사건에서 판사는 의

---

24 Todd Venezia, "Black Baby Is Born to White Pair," *New York Post*, March 22, 2007, p. 6.

료과실 청구 심사는 용인했지만 정신적 고통에 대한 청구는 기각했다.

그런데 앤드루스 부부 사건은 아버지의 [자식을 낳아] 대를 잇는 생식적 이익의 상실로 계산된 보상을 넘어서는 문제를 일으켰다. 앤드루스 부부는 (결국 또 기각됐지만) 아기 제시카가 흑인성과 비참이라는 섬에서 고립된 채 살아야 한다는 고통과 고생에 대해서도 손해배상을 청구했다. 판결문이 인용한 표현에 따르면 앤드루스 부부는 제시카가 "부모와 형제와 같은 인종이 아니어서 신체적, 정서적 질병을 겪을 수도 있다"고 우려했다. 그들은 제시카가 "자신들과 같은 인종, 민족, 피부색도 아닌 것"을 고려하면 가족 관계에서 어떤 영향을 미칠지 "심란해"했다.

그들은 제시카 임신을 "상상할 수 없는" "작은 사고"로 묘사하며 많은 친척에게 "그 상황"을 이야기하지 않았다(타블로이드 신문에는 그 모든 것을 털어놓기가 더 쉬웠던 것일까?). "우리는 딸이 학교에서나 성장 과정에서 다른 아이들에게 경멸과 조롱의 대상이 될까 두려워요. 제시카는 아프리카 또는 아프리카계 미국인 혈통에 나타나는 전형적인 특징이 더 있으니까요. 그래서 우리 아기 제시카를 친자식처럼 사랑하지만 볼 때마다 이 끔찍한 실수가 떠올라요. 도저히 무시할 수 없어요. … 우리가 딸과 함께 사람들 앞에 나설 때마다 매번요."[25]

---

25 Venezia, "Black Baby."

이제 충분히 이해할 나이가 된 제시카에게 이 사건의 구성이 어떤 영향을 미치는지, 또 그런 식으로 소송을 밀어붙인 변호사의 사고방식에 대해, 그리고 미디어는 왜 제시카의 실명 보도를 자제하지 못하는지에 대해 할 말들은 무척 많다. 그런데 정말 흥미로운 부분은 여기에 있다. 『뉴욕 포스트』 기사를 읽은 뒤 나는 다른 언론의 기사들을 살펴봤고 『뉴욕 데일리 뉴스』New York Daily News가 가족사진 — 2006년 연하장에 실린 — 을 기사와 함께 실은 것을 알게 됐다.[26]

제시카가 엄마보다 피부가 약간 어둡고 자매보다 머리카락이 다소 곱슬인 것은 사실이지만 내 학생 한 명이 말했듯 외려 아버지의 창백한 피부가 아버지를 "다른" 사람으로 보이게 했다.

무엇보다도 그 사진은 이 소송에 내포된 문화적 특이함, 그러니까 우리가 경계를 확인하고 친밀감을 확장하며 다름을 명명하는 방식에 대한 보이지 않게 변화하는 관념들을 분명히 보여주었다. 『뉴욕 포스트』에 따르면 앤드루스 부인은 "히스패닉"이고, 히스패닉 여성에 "백인" 남성을 더하면 "백인 부부"라는 공식이 성립하는 듯하다. 다른 보도들에서는 어머니는 "피부가 밝은 도미니카인"으로 묘사했고, "백인"은 아닐지라도 "흑인"은 분명 아니라는 순위를 매기는 듯했다.

어느 쪽이든 그 서사는 올바른 정자를 사용했다면 앤드루스

---

26 J. Martinez, "What a Mess, Baby," *New York Daily News*, March 22, 2007.

부부가 피부가 밝은 아이를 여하튼 **보장**받았으리라는 것을 시사한다. 하지만 도미니카인 대다수의 조상을 따라가 보면 아프리카 노예, 섬 원주민, 유럽 정착민들이 섞여 살았고 어두운 피부색이 우성형질임을 고려할 때 유전적으로 그렇게 말할 수 없다. 달리 말해 제시카는 톰 앤드루스의 정자를 사용했더라도 어머니보다 더 어두운 피부로 태어났을 수 있다.

그런데 인공수정에서 다른 정자가 사용된 것이 분명하더라도, 제시카가 어머니나 자매보다 피부가 더 밝게, 혹은 아버지보다 더 금발로 태어났다면 가족이 굳이 소송을 제기했을지도 의문이다. 친자 여부와 관계없이 그런 결과가 잘못된 출생이라고 격렬히 주장할 정도로 '원치 않은 것'으로 받아들여졌을까?

이러한 가능성들은 이 아이를 가두는 언어 상자에는 전혀 없다. 제시카는 부모와 피부색이 다를 뿐 아니라 인종적으로도 먼, 심지어 국적nationality까지도 다른 존재로 간주된다. 후자는 시민권 자체를 순혈주의적 혈통 개념으로 보는 가장 충격적인 발상이다.

누가 알겠는가. 내 걱정이 지나친 것일지도. 사실 최근 법률 논쟁, 그러니까 이 사건이 논의된 전략 세미나에 참여하지 않았더라면 이 모든 것을 타블로이드 돈벌이의 선정적 본성으로 치부했을지도 모른다. 정치 성향과 관계없이 고학력 법률가들은 부모의 주장에 아무런 문제가 없고 자신들과 "비슷한" 가족을 꾸리려 한 사적 선택이라고 주장했다. 또한 이 사회에서 흑인으로 존재하는 것은 경험적으로 더 어렵기에 소녀의 "트라우마"에 대한 보상을 좀 받으면 안 되냐고 역설했다.

나는 이 입장을 주장하는 사람들 가운데 적지 않은 수가, 우리 사회가 [인종차별 없는] 색맹color-blind 사회라며 적극적 우대 조치에 반대해온 바로 그 사람들임에 주목하지 않을 수 없었다. 더 중요한 것은 이런 논리가 문화 전반의 반영이라면 단순히 가족 선택뿐 아니라 시민권 운동 전체를 사사화私事化하는 신호로 보인다는 것이다.

그런 계산법에 따르면 차별은 우리 모두와 우리의 제도가 애정이 없거나 포용력이 전혀 없음을 시사하는 사회문제가 더는 아니다. 차이에 대한 낙인은 우리가 집단으로 씨름해야 할 문제를 벗어난 것으로 — 결국 '그들의 선택'으로 — 자리매김한다. 곧 차이는 운명, 생물학적 결함, 우생학적 불행으로 전락한다.

이른바 색맹 시대라고들 하는 이 시대는 아이러니로 가득 차 있다. 누구도 법적으로 노예로 정의되진 않지만 우리 모두가 시장에서 점점 더 물건이 되어가는 시대에 '니그로'의 특징이, 얼마나 제멋대로 인식되든 엉터리로 묘사되든 간에, 여전히 인간의 상품 가치와 품위를 떨어뜨린다고 여기는 것은 슬프고도 충격적이다. 이는 우리 모두에게, 심지어 사람들이 가장 동경하는 가족에서 자란 이에게도 상처를 주는 문화적 인식의 분열이다.

매튜 프랫 구터럴Matthew Pratt Guterl은 회고록 『스킨포크』Skinfolk에서 1970년대 뉴저지주에서 양육된 경험을 묘사했다. 그는 친자였고 이상주의자였던 백인 부모는 베트남, 한국, [뉴욕시의 취약 지구인] 사우스 브롱크스 출신의 네 아이를 입양했다. "핵폭탄, 인종 폭동, 전쟁의 시대에 대비해 방주"에서 "모든 인종에서 두 명씩" 키우려는 의도적인 시도였다.[27] 그런데 그들이 이 실험을 시작한 곳은 모두가 백인인 지역사회였다.

부모의 선한 의도에도 불구하고 구터럴은 어린 시절에 대해 이렇게 말했다. "합주단 같은 우리, 다양한 피부색이 전시된 우리에 대한 대중의 감시가 괴로웠다. 우리가 울타리 친 앞마당에서 놀고 있을 때 지나가는 차들 속 사람들은 넓은 무지개 세계를 보기 위해 고개를 잽싸게 우리 쪽으로 돌리곤 했다. 캐치볼 놀이, 미식축구공 던지기, 위플볼 게임을 하려고 팀을 짜는 그 장면에 흑인성이 더해지면서 우리가 연출하는 예의 있고 조화로운 모습은 그 이상의 의미를 갖게 됐다."[28]

부모가 단호히 부과한 색맹 담론은 침묵의 깊은 골, 트라우마적 사건에 대한 지독한 묵살, 그리고 편협한 세계에서 아이가 흔히 직면하는 상이한 도전들에 대한 노골적인 부정으로 이어졌다. "인종차별을 해체하기 위한 가족의 자녀로서 우리는 인종을 배우기를 — 또 잊기를 — 요구받았다. 서로를 형제자매로 보라, 피

---

27 Matthew Guterl, *Skinfolk: A Memoir* (New York: Liveright, 2023). 다음도 보라. Nicole Chung, "The Family Who Tried to End Racism Through Adoption," *The Atlantic*, April 2023.

28 Guterl, *Skinfolk*; and Chung, "The Family Who Tried."

부색 너머를 보라, 하지만 그와 동시에 서로를 피부색으로 구분해보라는 아이러니한 요구들. … 이 평행을 달리는 교훈들은 결국 하나로 봉합하는 것이 불가능하다."[29]

이는 『뉴욕 포스트』의 상하단으로 분할된 1면에서 간명히 포착된 미국인 삶의 특징이다. 즉 새로운/이중적/포스트/혼종적 인종차별의 혼란에 관한 불안한 문화적 이중화법이다. 즉 베트남 태생 팩스, 캄보디아 태생 매덕스, 에티오피아 태생 자하라가 모두 안젤리나 졸리의 우아한 향기 나는 품에 안겨 있는 모습과 그에 반해 현실의 지역사회에서는 '참사'로 묘사된 제시카의 출생이 나란히 배치된 것이다.

---

29 Guterl, *Skinfolk*; and Chung, "The Family Who Tried."

3

론 레인저_{Lone Ranger}

1970년부터 2020년 8월까지 호주의 괴짜 농부 레너드 캐슬리 Leonard Casley는 허트 리버 공국Principality of Hutt River을 세우고 스스로 군주가 되었다. 정부의 밀 가격 정책 관련 분쟁으로 분노가 치밀어 오른 그는 자신과 자신의 1만 8,000에이커의 땅을 호주로부터 독립시켜 자체 국기를 게양하고 자체 우체국과 자체 여권, 비자, 화폐를 운영하며 자체 군대를 육성하는 독립국가를 만들겠다고 선언했다.[1]

호주 정부는 장기 미납 세금 징수에 미온적으로 대응했고(최근 레너드 공이 사망한 후 정부가 일부 토지 매각 대금을 기습적으로 강제 징수하기 전까지는) 그사이 캐슬리의 기획은 일종의 오랜 웃음거리가 — 번창하는 관광 명소도 — 됐다.[2]

---

1 McGinnis, "'Prince' Leonard."

2 McGinnis, "'Prince' Leonard."

여기서 이 이상한 이야기를 꺼내는 이유는 이것이 미국에서 다시금 거세게 출현한 듯 보이는 열렬한 카우보이식 혹은 '프런티어'적 개인주의의 부드럽고 재밌는 판본이기 때문이다. 이런 이데올로기적 시대정신 속에서 모든 사람은 — 대개는 남성이다 — 자신만의 내전을 벌이고 주권을 선언하며 모든 정부주도론으로부터의 독립을 선언한다.

이는 자유에 관한 하나의 사고방식이지만 시민권법에 따른 공적 수용과 평등 개념에 쉽게 부합하지 않는다. 정확히 말하면 이들은 완전히 무법적으로 행동하거나 스스로 법을 만들 권리를 주장한다. 실제로 이들은 정당방위의 맥락에서 "자신이 서 있는 곳을 고수할"stand your ground 권리를 주장할 뿐 아니라 자신이 서 있다는 이유만으로 땅을 점유했다고 주장하고는 거기에 상비군을 둘 개인적 권리까지 주장한다. 실제로 스탠드 유어 그라운드 법[3]과 마찬가지로 이 주장의 결함은 먼저 총을 쏘고 나중에 질문하는 자의 책임이, 무엇이 치명적 위협인지에 대한 [자칭] 작은 군주 한 사람의 주관적 느낌에 따라 면책된다는 데 있다.

____

3 [옮긴이] stand-your-ground laws. '네가 서 있는 곳에서 물러서지 마라'라는 뜻으로, 사적 영역을 넘어 공공장소에서도 생명의 위협을 느낄 경우 총을 쏠 수 있는 자기방어 확대 법률이다. 2005년 플로리다주에서 처음 입법화해 2025년 현재 30개 주 이상이 유사 법안을 채택했다. 2012년 트레이본 마틴Trayvon Martin 총격 사건의 가해자가 이 법의 영향을 받은 법적 환경 속에서 무죄를 받았고, 결국 인종차별적 적용 논란이 확산되어 '흑인의 생명은 소중하다' 운동으로 이어졌다.

수행적 실천으로서 그런 주권적 인간은 카우보이 복장을 한 채 우주 식민지 개척에 나서는 제프 베이조스Jeff Bezos부터 이를 패러디한 릴 나스 엑스Lil Nas X까지, 어디에나 있다.

끝없는 과시적 몸짓, [미국에서 가장 유명한 군인 모양 완구인] 지 아이조 군인 코스프레, 일어서기, 물러서기, 쉬어 자세 등 이런 유형의 자유지상주의는 모순되게도 집단적 규범에 의존한다. 즉 인종, 표현형, 계급, 총기 문화, 계층, 대인 관계 맥락과 관련된 질퍽하고도 정동적인 권력 관계에 얽혀 있다.

백인 남성이 주 의회나 지역 교육청을 상대로 한 시위에서 군사용 무기를 들고 근육을 뽐내도 흑인 남성이 잔뜩 무장하고 비슷한 자세를 취할 때보다 훨씬 더 용인된다는 것은 유감스럽게도 두말하면 잔소리다. 게다가 장총과 기관총의 '공개 휴대'는 더 긴 그림자를 드리우는데, 이는 광범위하게 배분된 자경주의 권력과 관련 있다.

대개 남부에서는 민간인들에게 현상금을 걸고 도망자들을 '사냥'하도록 허가했는데, 이런 관행은 도망노예법과 거의 동일하다. 도망노예법은 노예를 잡기 위해 현지 당국이 "행인이나 해당 카운티의 민병대를 소집하여 도움을 요청할 경우 … 모든 선량한 시민은 이 법의 신속하고 효율적인 집행을 돕고 협조할 것을 명령한다"라고 규정함으로써 당국에 비용 보상 권한을 부여했다.[4]

---

4 Fugitive Slave Act of 1850, Library of Congress.

비슷한 방식에서 플로리다주의 스톱 워크법은 단순히 "불편한" 책을 금지하는 게 아니다.[5] 이 법은 통일되지 않은 다수의 부모에게 강제력을 분배하여 교육을 비전문화한다. 즉 동성애자나 트랜스젠더의 존재와 관련된 것을 가르치거나 여전히 명확한 정의 없이 모호하게 '비판적 인종 이론'critical race theory으로 지정된 것을 가르치는 경우 학부모가 학군 당국을 고소할 수 있는 권한을 부여한다. 학부모는 금전적 배상과 변호사 비용을 청구할 수도 있다.

또한 텍사스주의 낙태금지법인 SB8은 낙태를 범죄화할 뿐 아니라 민간인에게 법 집행을 위임하여 누구라도 낙태를 돕거나 방조한 사람을 민사 법원에 소송을 제기할 수 있도록 허용한다.[6] 그런 소송에 최대 1만 달러의 민사 보상을 약속하는 법은 위탁 감시 활동과 시민 체포에 재정적 유인도 제공한다.[7]

그런 포상금 제도에 이의를 제기하는 소송이 줄을 잇고 있지만, [현상금 사냥꾼이 범죄자를 추적하는 리얼리티쇼] 〈독 더 바운티 헌터〉Dog the Bounty Hunter부터 [극우 민병대 조직인] 오스 키퍼스Oath

---

5 개인의 자유법Individual Freedom Act, 일반적으로 '우리 아이들과 직원들에게 가해지는 잘못을 멈추자 법'이라고 불리는, 플로리다주 하원 법안 제7호 (2022).

6 "An Act Relating to Abortion, Including Abortions After Detection of anUnborn Child's Heartbeat; Authorizing a Private Civil Right of Action," Texas House Bill 8, 2021.

7 "An Act Relating to Abortion."

Keepers까지 사실상 민영화된 수많은 상비군에게 거버넌스를 내주는 경향이 다시금 나타나고 있다. 교육위원회, 투표 집계기, 국립 보건원NIH, 인문학, 총기 규제, 그리고 [최소한의 상식적 행동인] '말하기 전에 생각하기'에도 반대하는 아무 말 대잔치의 개인적 내전과 작은 혁명들이 매일 선언되고 있다. 이 모든 것은 훈련받은 법 집행관, 교사, 의사와 간호사, 과학자, 외교관의 전문성을 흔든다. 검증된 모범 사례에 대한 믿음의 전례 없는 대규모 붕괴 — 교육에서 의료, 정치적 행동 강령에 이르기까지 모든 분야에서 — 는 우리 모두를 위험에 빠뜨린다.

사과할 필요 없는 극단적 단일성의 권력은 매우 특이한 종류의 특권이다. 그 누구도 아닌 단독의 존재가 된다는 것은 당신과 같은 다른 모든 사람을 대표하지 않아도 된다는 뜻이다. 당신은 자연히 고독한 늑대, 자연히 유일무이한, 자연히 익명의 존재로 정의되기 때문이다.

그렇게 되면 자연히 그 주권자는 스스로 규칙을 만든다. 자연히 그의 영토에 들어가는 모든 이는 주권자가 허락해야만 들어올 수 있다. 홀로 간다는 그 이미지가 불러오는 상상의 풍경은 다수의 타자가 성벽 밖, 해자 너머, 경계 밖에만 존재하도록 배제하는 공간이다. 그런 풍경에서 타자로 찍힌 이들은 우연히 마주치는 낯선 이들에게 가장 두려운 대상으로 인식되고 대상화되는, 권리 없고 불안정한 상태 속에서 살아남아야 한다.

군사적으로 무장한 우리 문화에서, 또 [첨단 인터넷] 기술적으로 흥분된 순간에는 두려운 게 많다. 타자 또는 낯선 이로 찍힌 이들은 — 트윗이나 인스타그램 스토리 하나로 — 한순간에 즉시 달라질 수 있다. 그 초점은 방탄 소재 케블라를 입고 레이저 빔을 쫓는 새끼 고양이처럼 여기저기로 튄다. 어느 순간에는 [총기 규제, 인종 문제로 극우의 공격을 받은] 랠프 노덤이나 [코로나 방역 정책 때문에 공격 받은] 그레첸 휘트머 같은 '진보주의적 주지사'liberal governors가 표적이 됐다가 다음 순간에는 실제로는 존재하지도 않는 피자가게 지하실에서 피 빨아먹는 소아성애자, 그다음에는 [코로나 바이러스를 만들었다는 음모론의 표적이 된 감염병 전문가인] 파우치 박사, 혹은 낸시 펠로시, 그리고 낸시 펠로시 남편의 숨은 (순전히 허구의) 게이 연인으로 옮겨 간다.[8]

근거 없는 두려움이 그렇게 무장화로 연결된 적은 없었다. 미국인들은 마치 외상후스트레스장애가 있는 듯 사소한 바스락거림에도 마치 폭발이 일어난 듯 반응한다. 사실 어쩌면 우리는 모두 상식을 발휘할 능력을 넘어설 만큼 깊게 트라우마를 입었는지도 모른다.

한편 일반적으로 장기적인 관점에서 보면 역설과 패턴이 공존한다. 즉 개념적으로 '고독한' 주권적 시민은 종종 실제의 적이 아니라 고정관념화된 몸들에 대한 전쟁을 벌인다. 오늘날 미국에서 통계적으로 억제되지 않는 그들theys 혹은 저들thems로 대상화될

---

8 Jordan Liles, "False Rumor Claims Paul Pelosi Brought Attacker Home from Gay Bar," Snopes, October 31, 2022.

공산이 가장 큰 이들은 여성, 유색인종, 유대인과 무슬림 같은 종교적 소수자, 이주민이다.

'그들'이란 낙인은 [한 무슬림 개인이 테러와 무관해도 무슬림 전체를 테러리스트로 낙인찍듯] 하나의 몸을 다수의 상징으로 특징짓는다. ['저놈들'처럼, 그렇게 낙인찍힌 집단의 구체적 대상으로서] 그런 '저들'은 음울하게, 은밀히 복제되고, 미지의 위험을 상징하며, 과도한 부정적 의미로 폭발적으로 부풀려진다. … [그러니] 안정적으로 단일한 존재로 자리매김한 고독한 늑대형 시민-군인, 즉 홀로 용맹한 1인 군대가 로켓 발사기가 필요하다고 생각하더라도 전혀 놀랄 일이 아니다.

얄궂게도 어떤 형태로든 '저들'이 된다는 것은 수많은 단독 주권자들의 표적이 된다는 뜻이다. 그 주권자들은 스스로를 군주라 칭하거나 ([2021년 플로리다주에서 지역 감시 활동가를 자처하며 비무장 흑인 청소년을 사살한] 조지 짐머맨George Zimmerman처럼) 보안요원을 자임하는 수백만의 사람들이다. 그들은 매일 '저들'을 대상으로 수천 개의 자칭 검문소를 설치하는데, 문턱마다 제멋대로인 규칙, 변덕, 치명적 두려움이 지배한다. 그런 경계 짓기의 권력은 늘 변화하고, 실제로 세계 전체가 변덕스러운 곳이 된다.

전형적이고 슬픈 예를 들면, 캘리포니아 산불 당시 방화범과 약탈자들이 [극우와 파시즘에 반대하는 좌파 활동가들인] 안티파antifa라는 근거 없는 인터넷 소문 탓에 일부 주권 시민들과 민병대원들이 가정과 사업장을 보호하겠다고 무리 지어 모인 적이 있었다. 경찰서와 소방서에서 그들에게 기습적 공격 행동으로 혼란을 가중하지 말라고 간청했지만 일부 열성적 주권 시민들은 스스로 공적 역할을 떠맡아 서로를 적으로 오인하며 추적했다. 그들은 연기 자욱하고 황폐한 풍경 속으로 뛰어 들어간 동시에 스스로 만들어낸 가상 현실, 상상 속의 지옥으로도 뛰어든 셈이었다.[9]

이런 급진적 형태의 개인주의는 공동체 공간을 개별 소왕국들의 디스토피아로 바꿔버린다. 각자 긴장된 작은 전쟁터를 꾸리고, 자기만의 방어된 영역을 지니며, 예고 없이 폭발할 수 있는 상태에 있다. 이렇게 자유를 궁극의 통제로 투영하는 사고에는 자신은 어떤 결과에도 책임이 없고 영향을 받지 않는다는 — 군주로서 어떤 영향도 받지 않는다는 — 상상의 자아상이 따라붙는다. 이런 개인의 영지들은 **생래적으로 [자기 외에 누구도] 다스릴 수 없는 영역**으로 정의되기 때문이다.

이런 극단적 형태의 자유지상주의는 스스로 유일무이한 존재, 절대적 단독자로 합리화한다. 우리 모두가 눈에 보이지 않고 불가역적으로 얽혀 있는 — 제도적으로도 생물학적으로도 — 삶의 그물망에 직면해 있음에도 말이다. 그리고 이는 연방주의나 주들의 연합 같은 모든 것을 약화한다.

이 집합하기 어려운 개인들의 집합은 다르게 통치된다. 위로부터 내려오는 권력은 거의 기체와 같다. 즉 제안되지만 조정되지

---

9 Kate Conger, Davey Alba, and Mike Baker, "False Rumors That Activists Set Fires Exasperate Officials," *New York Times*, September 10, 2020.

않고, 구상되지만 제도화되지 않으며, 넌지시 암시되지만 좀처럼 언명되지 않는다. 그 결과 어떤 개인이나 기관에도 쉽게 책임을 물을 수 없다.

게다가 헌법적 담론 영역이었던 사안들이 사적 계약의 영역 및 담론 속으로 축소되고 외주화되며 밀려났다. 이를테면 사립학교 교육, 민영 교도소, 소방서와 공원을 포함해 한때 공공재, 공공시설, 공적 공간으로 생각했던 것들에 대한 유료화 말이다. 그런 종류의 궁극적 거래주의는 계약에서 교환되는 것들의 본질과 헌법상 자율적 주체인 '우리'의 본질, 이 모두를 변화시킨다.

존 우드의 다리가 사적 계약의 규범이 아니라 헌법적 담론의 지배를 받을 때 그 본질이 어떻게 달라지는지 다시 한번 떠올려보라. 그 다리는 상품화된 물건에서 그의 인간성을 증언하는 유물, 즉 우리가 영적이라 부를 수도 있을 만큼 존중의 범위를 확장하는 것으로 변화한다. 헌법적 권리는 우리가 서로에게 제공하는 존엄한 공간을 만들어낸다. 이는 헌법적 가치의 문제로서 우리가 침해하지 않는 개인의 신체에 관한 통제 영역이며, 비용 편익 가치라는 계약상의 제한된 계산법 같은 것이 아니다. 다리는 일반적인 가격을 초월하는, 상품도 동산도 아닌 대체 불가능한 것으로 자리매김한다.

다리에 대한 존 우드의 주장도 냉동 배아에 대한 제이슨 하이데만의 주장과 마찬가지로 법적 구별의 핵심에 놓인 실존적 질문을 보여준다. 즉 우리의 인간성 및 집단적 번영과 관련된 이익과,

대체 가능하고 거래할 수 있으며 감각이 없는 재산과 관련된 이익을 어떻게 나눌 것인가 하는 문제다. 이런 심의는 신체, 신체의 일부, 신체와 관련된 이해관계가 시장에 진입할 때 아주 까다롭다. 이를테면 노동, 성매매, 영리 목적의 무덤 도굴, 대리모 계약, 일부 비의료적 성형 수술, 맞춤형 아기designer babies란 제품을 생산하는 유전자 편집 등과 관련해 말이다.

신체 또는 그 일부의 판매는 일반적으로 어떤 형태의 분리, 즉 우리가 생각하는 신체의 온전성과 자율성에 대한 타협을 수반한다. 따라서 물리적 혹은 개념적으로 분리된 것이 얼마나 친밀한 것인지에 따라 존엄성 혹은 시민적 존중의 문제를 불러일으킬 수 있다. 예를 들어 어떤 사람의 머리카락을 시장의 물건으로 판매하는 것은 신장처럼 대체 불가능한 것을 판매하는 것보다 우려가 덜하다.

어떤 이들은 2011년, 아이패드와 아이폰4를 구입하려고 자신의 신장을 판 가난한 17세 중국 소년 왕샹쿤의 이야기를 떠올릴 것이다. "왜 신장이 두 개 필요해요? 하나면 충분해요." 그는 꽤 자신만만하게 말했다고 한다.[10] 하지만 그런 시장 거래가 보편적으로 불법인 이유는 필수 기관은 정말로 필수적 — 대체 불가능하고 교체할 수 없으며 통상의 가격을 넘는다 — 이기 때문이다. 그래서 그 수술을 집도한 의사들은 암시장에서 장기 밀매한 혐의로

---

10 Gavin Butler, "Teen Who Sold a Kidney for an iPhone Is Now Bedridden for Life," *Vice*, January 28, 2019.

체포돼 기소됐다. 게다가 얼마 지나지 않아 왕은 심각한 수술 후 감염 및 신부전증을 앓았다. 얄궂게도 신장 기증자를 찾지 못하면 남은 평생 투석을 받아야 한다.[11]

여러 해 전, 서구에서 여성 해방 운동women's lib이 한창일 때 철의 장막에서 탈주한 사람이 완벽한 성평등을 성취했다는 구소련의 주장을 비웃었던 게 기억난다. "여성이 공장에서 승진하려면 미인대회 후에나 가능하지요."

그 이야기가 꾸며낸 것일 수도 있겠지만 나는 랠프 엘리슨Ralph Ellison의 위대한 소설 『보이지 않는 인간』을 떠올렸다. 거기서 흑인 화자는 웅변술로 대학 장학금을 받는다. 그런데 상을 받으려면 먼저 옷을 벗고 배틀 로열 형식의 권투 시합에 참가해야 했고, 그러고는 뿌려진 금박 토큰을 쫓아 전기가 통하는 카펫 위를 내달려야 했다. 모든 과정을 통과하고 마침내 두루마리 형태의 장학금 증서를 받은 그는 자신의 존엄성과 무엇을 맞바꾼 것인지 반성한다. 그리고 장학금 증서에 이렇게 쓰여 있을 거라고 상상한다. "관계자에게, 이 깜둥이 소년을 계속 뛰게 하시오."

이 전리품 혹은 권투 시합이라는 야만적인 생존 경제는 몇 해 전 래퍼 쥬시 제이Juicy J가 "[몸을 낮추고 엉덩이를 흔들며 추는 춤인] 트워킹을 가장 잘할 수 있는 계집"에게 5만 달러의 대학 장학금을 주겠다고 한 제안도 떠올리게 한다. [그런데] 선정적인 묘사

---

11 Butler, "Teen Who Sold a Kidney."

에도 불구하고 제이의 이런 제안은 미스 유니버스 참가자들이 그와 비슷한 상을 받으려고 비키니 몸매를 뽐내는 것과 다를 바 없다는 생각이 든다. (더 불편한 것은 어느 쪽일까? 자기 자산의 환율을 정하는 사람이 쥬시 제이일 때인가? 아니면 도널드 트럼프일 때인가?)

이런 사례를 언급하는 까닭은 신체 판매의 타당성을 논쟁하려는 게 아니라 — 미해결의 열린 문제다 — 그것이 필요하다고 여기는 상황을 살펴보기 위해서다. 노동시장이 긴축되고 등록금이 천정부지로 치솟으면서 중산층 사이에서, 특히 신분 상승을 열망하는 젊은 여성들 사이에서 새로운 육체 시장이 급성장하고 있다. 나는 내 학생들 가운데 다수가 부유한 여성들에게 '아이비리그' 난자를 기증한 이야기를 쓴 바 있다. 그 여성들은 학생들이 키, 몸무게, 눈 색깔, 운동 능력, SAT의 특정 기준을 충족하면 한 번 난자를 채취할 때마다 5만 달러 이상을 지불한다.[12] 난자 채취는 위험하고 몸에 칼을 대야 하지만 맥도날드에서 일하는 것보다 더 쉽게 학교에 다니는 방법이라고 한다.

같은 맥락에서 '상호이익이 되는 관계'를 위해 나이 많고 부유한 남성과 젊은 여성 — '슈가 베이비' — 을 짝지어주는 사이트 씨킹닷컴[13]의 주장에 따르면 평균적인 슈가 베이비는 한 달에 3,000달러를 받으며, 미국 내 이용자의 44퍼센트가 대학생이고

---

12 Patricia J. Williams, "Babies, Bodies, and Buyers," *Columbia Journal of Gender and Law* 33, no. 1 (2016): 11-24.

13 Seeking.com(과거의 SeekingArrangement.com). https://www.seeking.com.

그중 적잖은 소수가 싱글맘이다. 그리고 애리조나 주립대학교의 여학생 900명 중 68퍼센트가 그런 서비스를 이용할 의향이 있다고 답했다.[14]

실제로 한 유튜브 동영상을 보면 학생들이 '나는 슈가 대디가 필요합니다'라는 팻말을 들고 행진한다. 장황한 요구 사항에는 책, 등록금, 로스쿨 학비가 포함됐다. 일부는 명품 의류나 가슴 성형 같은 더 경박한 것들을 원하기도 했다. 학생들이 키득거리며 장난스럽게 보이긴 했지만 내 눈에는 대공황 시기 [실업자들이 모여 살던 임시 빈민촌인] 후버빌에서 보이던 **'밥만 주신다면 일하겠습니다'**라는 골판지 팻말이 떠올랐다.[15]

그런 '럭셔리' 데이트 사이트들은 매춘 알선을 부인하지만 스폰의 정의를 각 커플에게 맡긴다는 애매한 규칙에는 섹스를 암시하는 묵인의 요소가 있다. 섹스는 결코 언급되지 않지만 젊은 여성들이 장난기 어리게 유혹하는 자세와 홍등가 창문에서 매춘부들이 보이는 과하게 연습한 미소를 명확히 구분하기란 어렵다.

그런 사이트들이 아직 비교적 새로운 현상이었을 때 필 박사Dr. Phil가 슈가 베이비들을 자신의 토크쇼에 패널로 초대했는데, 이들은 스스로를 자유 계약자로 묘사하고 "합의된 관계"에 "반드시"

---

14 Miriam Wasser, "Sugar Daddies Pay Tuition for Hundreds of ASU Students," *Phoenix New Times*, January 14, 2016.

15 "ASU Students Explain Why They Want Sugar Daddies," *Phoenix New Times*, September 11, 2013.

성관계가 포함되는 것은 아니며 성노동은 길모퉁이에서나 일어나는 일이라고 말했다.[16]

여기서 나는 이것이 성적 자유의 건전한 표현인지, 아니면 돈앞에 굴복하는 새로운 저점인지를 판단하려 하는 것이 아니다. 하지만 순전히 '합리적, 경제적 선택'으로 인정하더라도 대부분의 여성은 낯선 사람과의 변덕스러운 교제를 충족시키지 않고도 교육을 받거나 생계를 유지하는 것을 솔직히 선호하지 않을까 하는 의문이 든다. 이런 의미에서 딜레마는 매춘이나 상호 계약 형식의 문제뿐 아니라 광범위하게 젠더화, 계급화, 인종화된, 본질적으로 시장화된 다양한 교환 행위 — 결혼조차도 — 에 관한 것이기도 하다(특히 길모퉁이에서 일하는 이들도 포함한다면).

모델 출신이자 모델얼라이언스의 창립자 사라 지프의 이야기는 시사하는 바가 크다. 열네 살에 최고의 에이전시에 캐스팅된 그녀는 사람들 대부분이 화려하다고 상상하는 직업의 어두운 면, 즉 장시간 노동, 성적 착취, 고깃덩어리로 취급받는 것을 묘사해왔다.[17] 지프는 모델이 연평균 고작 2만 7,000달러를 받는 사실에 초점을 두고 투쟁해왔지만 그녀가 가장 분노하는 지점은 그 어떤 금액으로도 충분하지 않은 수모, 즉 들으면 기절초풍할 괴롭힘

---

16 "Dr. Phil: Sugar Baby Students," https: //www.youtube.com/watch?v=Mn IuEOeZXUc.

17 Tyler McCall, "Sara Ziff Has Spent the Last Decade Changing the Fashion Industry—and She's Just Getting Started," *Fashionista*, February 14, 2022.

혹은 그보다 훨씬 심한 행위도 서슴지 않는 업계 남성들과의 만남이다.[18] 지프는 모델이 겪는 비하가 자유로운 선택이라는 담론에 갇혀 공정하다고 — 심지어 행운이라고 — 합리화되는 방식에 대해 염려한다. 결국 (어떤 젊은 여성이 필 박사에게 묘사했듯) 여성이 판매할 수 있을 정도로 '핫함'hotness이 충분하다면 착취라고 불평하는 것은 배은망덕이 아니냐는 것이다.

1970년대에 매러블 모건Marabel Morgan은 복음주의적 결혼 지침서 『완전한 여성』The Total Woman을 출간했다. 이 책은 남편에 대한 아내의 완벽한 복종을 옹호했고 남편이 아내를 내버려두지 않도록 하는 조언들도 제시했다(랩으로만 몸을 감싸고 마티니 쟁반을 든 채 신랑을 맞이하라는 조언도 있다). 여성들이 빈곤에서 벗어나고자 종종 남성들에게 의존한다는 것은 미국의 광범위한 상황을 보여준다. 2022년 현재, 자녀를 18세까지 양육하는 비용은 31만 달러를 넘었고[19] 등록금이 꾸준히 상승하는 동안 대학에 대한 연방 및 주 정부의 보조금은 동결되거나 대폭 삭감됐다.[20]

---

18 Laia Garcia-Furtado, "Model Alliance Founder Sara Ziff Accuses Former Miramax Head of Rape," *Vogue*, April 7, 2023.

19 Abha Bhattarai, Dan Keating, and Stephanie Hays, "What Does It Cost to Raise a Child?" *Washington Post*, October 13, 2022.

20 "Two Decades of Change in Federal and State Higher Education Funding," Pew Research Fund, October 15, 2019. 다음도 보라. Emma Kerr and Sarah Wood, "See the Average College Tuition in 2022-2023," *U.S. News & World Report*, September 12, 2022.

우리는 부의 격차가 커지고 사회 안전망이 갈가리 찢기는 상
황에서 이 모든 것을 대수롭지 않게 여기고 '자기 착취 개론'이 기
댈 수 있는 최고의 기술이라고 결론내릴 수도 있다. 하지만 보이
지 않는 여성들이 — 그리고 보이지 않는 적잖은 소수자, 이민자,
빈민들이 — 부유하고 대개 남성인 금권정치가들의 프라이빗 클
럽이 던져준 대본을 몸을 날려 붙잡는 세계에서 교육, 도덕, 시민
권의 비용은 어떻게 될까?

시민권에 대한 그런 비용은 참여민주주의 자체가 경매대에 올
려지고 시민의 권리들이 사유화된 선택으로 거래될 때 더 분명해
질 것이다. 켄터키주 랜드 폴Rand Paul 상원의원(아버지 론 폴Ron Paul
상원의원이 개인주의적 에고이스트 아인 랜드의 이름을 따서 지었다)
은 그런 거래를 잘 보여주었다. 그는 "자유로운 사회에서는 비공
식적이고 사적인 차별을 용인할 것인데, 증오로 가득 찬 사람들
이 피부색에 따라 사람들을 배제하는 경우도 그렇다"면서 공정주
거권리법이 틀렸다는 믿음을 언명한 것이다.[21]

마찬가지로 텍사스주 공화당 집행위원회 위원 존 쿡John Cook도
텍사스 하원 같은 공적 기관조차 사유화하려는 욕망을 드러냈는
데, 유대인인 공화당 조 스트라우스Joe Straus를 텍사스주 하원의
장 자리에서 교체해야 한다고 시사한 것이다. "우리는 기독교적

---

21 Ben Smith, "In 2002 Letter, Paul Wrote of Freedom, Discrimination,"
Politico, May 20, 2010, https://www.politico.com/blogs/ben-smith/2010/05/in-
2002-letter-paul-wrote-of-freedom-discrimination-027138.

이고 보수적인 가치로 하원을 선출했다. 이제는 참으로 기독교적 보수주의자가 하원을 운영하길 원한다"가 그 이유였다.[22]

티 파티 네이션Tea Party Nation의 창립자인 저드슨 필립스Judson Phillips는 선거권을 토지 소유 시민에게만 주었던 [건국 당시 입헌의] "원래 의도"를 지지했는데, "부동산 소유주라면 지역사회에서 실제로 이해관계가 있기 때문"이라는 것이다.[23] 과거 최남동부 지역에서 흑인과 유대인과 가난한 백인들의 이동, 정치적 지위, 부동산 및 재산 접근을 통제해 경제적 우위를 유지하고자 했던 정책들이 다시금 되풀이되는 듯하다.

이런 통제 정책들의 한 가지 생생한 흔적은 테네시주 오비온 카운티에 거주하는, 휠체어에 의지하는 고령의 백인 진 크래닉의 운명에서 볼 수 있다. 2010년 10월, 뒷마당 쓰레기통의 불이 집으로 번지자 그는 소방서에 전화했다. 소방관들이 도착해 집 앞에 주차했지만 그들은 차에 기대어 크래닉의 집이 — 농가 내 동물들도 — 전소하는 것을 지켜보기만 했다.[24] 하지만 양옆 이웃집들에는 호스로 물을 뿌렸다.

왜 그랬을까? 진 크래닉의 집은 시외, 그러니까 카운티에 편입

---

22 Abby Rapoport, "SREC Member: 'I Got Into Politics to Put Christian Conservatives into Office,'" *Texas Observer*, December 3. 2010.

23 Chris Kromm, "Tea Party Leader: Denying Vote to Those Without Property 'Makes a Lot of Sense,'" *Huffington Post*, December 1, 2010.

24 "No Pay, No Spray: Firefighters Let Home Burn," *NBC News*, October 5, 2010, https://www.nbcnews.com/id/wbna39516346.

되지 않은 지역으로, 거기서는 이른바 '유료 살포' 제도가 시행 중이었다. 그 지역에서는 소방 서비스 가입 여부를 선택해야 했다. 즉 개인의 선호와 자유로운 선택을 존중하는 구독 신청opt-in 시스템이었다. 연간 75달러를 지불하면 소방 서비스를 받을 수 있고 내지 않으면 아무것도 받을 수 없다. 크래닉의 이웃들은 75달러를 냈다. 그러나 크래닉은 그해 납부를 깜박했다. 소방서는 대금을 납부한 이웃들만 살폈고, 대금을 납부하지 않은 또 다른 이웃의 땅으로 불이 번지자 그 땅이 불타는 것도 지켜만 보았다.[25]

크래닉은 진화에 드는 실제 비용을 지불하겠다고 했지만 소방서장은 크래닉이 '무임승차자'라면서 그렇게 하면 다른 사람들이 나쁜 경제적 선택을 할 유인이 된다며 서비스 제공을 거부했다.[26] 도덕적 해이가 물리적 해이를 압도한 셈이다. 그래서 소방서는 불이 제멋대로 번지도록 내버려두었고, 불은 결국 사적 계약으로는 통제할 수 없는, [제도적으로] 통치 불가능한 상태로 치달았다. 불은 자체 역학에 따라 작동하는 힘이다. 개인의 선택과 선호로 가둘 수 있는 것이 아니다.

이 사건이 널리 알려지자 언론 분석가들이 의견을 내놓았다.

---

25 "Why Firemen Let That House Burn," editorial, *New York Times*, October 6, 2010. 다음도 보라. "Transcript of the Tuesday Show," NBC News, October 5, 2010, https://www.nbcnews.com/id/wbna39536373.

26 "Why Firemen Let That House Burn"; and "Transcript of the Tuesday Show." 다음도 보라. Armstrong Williams, "Who Is to Blame?" *The Hill*, October 15, 2010.

진보적 평론가 키스 올버먼Keith Olbermann은 MSNBC에서 공공 정신의 부재와 공화국res publica 윤리의 결핍이라고 매도했다.[27] 그에 반해 보수적인 라디오 진행자 글렌 벡Glenn Beck과『내셔널 리뷰』National Review는 파레토 최적과 무임승차자 문제에 대한 복잡한 분석을 들먹이며 유료 살포 시스템을 열렬히 옹호했다. 벡은 진 크래닉을 동정하는 이들을 간단명료하게 조롱했다.[28] "연민, 연민, 연민! 이건 연민에 관한 게 아니야! 문제는 75달러야!"[29]

이 경합하는 서사들은 비교 담론에 관한 매우 흥미로운 사례를 보여주었다. 즉 계약 언어의 협소한 시장 논리에서 화재는 제한적인 것으로, 단일 행위자의 의사결정 합리성으로 억제될 수 있는 결과로 설정됐다. 그리고 대금 납부가 중심적 도덕 가치로 자리 잡았다. 그러나 헌법적 시민의식의 틀에서 화재는 인간의 경계들을 무시할 수 있는 공동의 위협, 공적 피해로 간주되며 여기서 야기되는 위험은 공동의 선을 위해 자원을 모아 대처해야 하는 것이다. 공중 보건과 안전이 중심적 도덕 가치가 된다.

진 크래닉의 지위가 이 지형도에서 그가 있는 위치에 따라 달라진다는 점도 주목하라. 왜 어떤 마을이나 지자체 혹은 정부 체

---

27 Keith Olberman, "Transcript of the Tuesday Show," *NBC News*, October 5, 2010.

28 Daniel Foster, "Pay-to-Spray Firefighters Watch as Home Burns," *National Review*, October 4, 2010.

29 Bill Press, "Burning Question for the Tea Partyers," *Newsday*, October 10, 2010.

제가 화재를 이런 식으로 취급하는지 궁금하다면 그 까닭은 이렇다. 구독 신청 시스템은 역사적으로 온전한 시민으로 취급받지 못한 사람들을 위한 지역, 공공서비스 확대에 드는 금전적 비용이 인간의 가치나 사회적 이해를 초과한다고 간주하는 지역에 거의 배타적으로 존재하기 때문이다.

이는 도덕적 위계의 발현이다. 곧 극도의 사생활 보호와 개인적 통제의 영역에 있는 것은 타인의 관심을 전혀 끌지 못하는 것으로 간주된다. 그 좁디좁은 영역에 존재하는 이들의 운명은 "남이 알 바 아닌 일"이다. 그것은 개인 선호라는 폐쇄된 왕국이다.

역설적으로 그런 환경은 기업이나 폐쇄적 주거단지 또는 홀로 부유한 사람들 — 예를 들면 밀폐된 테라리엄에서 번성하고, 복잡하게 상호 연결된 우리 세계에서 생존하는 데 아무런 도움도 필요 없는 사람들 — 에게 큰 이익이 될지도 모른다. 하지만 사적 선택이 도덕적 거버넌스의 유일한 척도로 쓰인다면 그런 반사회적인 태도는 도로 및 하수도 유지보수, 쓰레기 수거, 전력망, 도서관, 학교, 통신 인프라를 포함해 공동 시설, 공유 자원, 공동 관리 인프라에 더 크게 의존해야 하는 이들에게 큰 타격이 된다.

진 크래닉은 백인이었지만 나는 보험통계적 관점에서 그를 흑인으로 생각한다. 역사적으로 흑인 거주 지역과 관련돼 서비스가 제한된 비편입 지역에 사는 불운을 겪었기 때문이다. 짐 크로 시대에는 소방, 하수도, 경찰 서비스 같은 공공 편의시설이 분리선을 기준으로 마을 가장자리에서 멈추는 경우가 많았다.

역사학자 리처드 클루거Richard Kluger는 저서 『단순한 정의』 Simple Justice에서 1950년대에 민권 운동가 조지프 드레인Joseph DeLaine의 사우스캐롤라이나 집이 방화범들의 표적이 된 일을 이야기한다. 드레인의 목조주택이 전소되는 동안 서머턴 소방서 대원들(모두 백인이었다)은 도울 수 있는 상황이었지만 드레인의 집이 마을 경계선을 벗어났다는 이유로 불을 끄려는 노력을 전혀 하지 않았다고 한다. 그리고 실제로 그랬다. 그들은 딱 100피트[약 30미터] 떨어져 있었다.[30]

이렇게 인종차별화된 공공시설들은 오늘날까지도 흑인 거주지의 지형도, 특히 노예주였던 남부에 상처를 남긴다. 이런 시스템은 편견과 그에 따른 폐해의 풍경을 나타내는데, 거기서는 공적 보호가 중단되고 그 자리를 사적 비용 시스템이 차지했다. 주민들은 모든 종류의 특권을 개별적으로 구독해야 하고 이는 [보편적 권리를 구매해야 한다는 점에서] 역설적으로 자유 열차에 오르기 위한 일종의 승차권이다.

이런 인구통계적 패턴은 과거 플랜테이션 지도 흔적과 거의 정확히 겹쳐질 것이다. 이런 까닭에 남부 밖 많은 지역에는 구독신청형 소방 서비스가 존재하지 않는다. 시민의 운명이란 개념을 공유한 곳에서 자란 이들은 '사적인' 화재 발생이라는 생각 자체를 전혀 이해하지 못할지도 모른다.

---

30 Richard Kluger, *Simple Justice: The History of Brown v. Board of Education and Black America's Struggle for Equality* (New York: Vintage, 2004), 11-25.

이처럼 계약화된 사고 체계에서는 보이지 않는 역사들이 지속된다. 순전히 예산상의 선택일 때도 있지만 역사적으로 궁핍했던 다른 지역에서 '경계를 넘은' 삶이 의미한 바를 반복한다. 이를테면 영국의 아일랜드 지배나 제정 러시아의 유대인 정착지 시행처럼 말이다. 미국인의 삶에서 가장 두드러진 인종 격차 가운데 대부분은 누구의 삶이 중요하고 그렇지 않은지, 누구는 소속되고 누구는 그렇지 않은지, 누구는 돈을 '낼'pay 수 있고 누구는 [돈을 못 내] '놀'play 수 없는지에 관한, 세대를 이어온 사고 습관의 조용한 발자취를 품고 있다.

예를 들어 공립학교에서 사실상의 분리는 학군 간 경계 넘기를 금지하는, 표면적으로 인종 중립적인 법에 의해 '네' 세금이 아니라 '내' 세금이라는 순진한 언어로 포장된 채 시행되는 경우가 흔하다. 미국의 독특한 지방세 기반 학교 기금 시스템의 가장 슬픈 결과 중 하나는 가난하고 거의 늘 흑인인 학부모가 (거의 늘 백인인) 이웃 동네에 있는 자원이 풍부한 학교에 자녀를 보내려고 위장전입하다 고소되거나 투옥되는 사례다. 그 혐의는 '교육 절도'라고 한다.

켈리 윌리엄스-볼라Kelley Williams-Bolar의 사례를 생각해보자. 그녀는 자녀들을 오하이오주 교육 기준 26개 가운데 네 개만 충족하는 애크론시의 다 허물어져 가는 학교에서, 모든 기준을 충족하고도 남는 학교로 옮기기 위해 아버지의 주소를 사용했다. 학교는 조사관들을 고용해 그녀를 미행했고 아이들이 일주일에 닷

새 동안만 할아버지와 지내고 주말에는 어머니한테 돌아간다는
것을 알아냈다. 2011년, 윌리엄스-볼라와 그녀의 아버지는 문서
위조와 공교육 절도라는 중범죄 혐의로 기소됐다. 그녀는 5년형
두 건에 집행유예 2년을 선고받았다가 결국 구치소에서 9일간 복
역한 뒤 보호 관찰 3년, 사회봉사 80시간을 처분받았다.[31]

똑같은 불행한 논리가 미시간주 플린트에 재난을 일으켰다. 전
체 주민(절반 이상이 흑인이다)이 고농도 납에 장기간 노출된 것이
다. 플린트 공공 상수도 시스템의 전환은 비용 절감에만 관심 있
는 릭 스나이더Rick Snyder 주지사가 시행했다. 그는 물이 썩고 오염
된 것을 항의하는 대규모 시위에도 불구하고 새 시스템의 감독을
외주로 돌려 간소화했다. 그가 대부분 공화당인 선거구민에게 한
약속은 모든 공기관이 기업처럼 운영되고, 공공서비스를 대폭 축
소하면 아무튼 공공에 이익이 된다는 것이었다. 비용 절감은 절
차 절감, 곧 '대충 대충'으로 이어졌다.

그 결과 플린트 전체 인구가 고농도의 납에 장기간 노출됐고
어린이들은 영구적으로 발달상의 손상을 입었다.[32] 그런데 주민

---

31 Timothy Williams, "Jailed for Switching Her Daughters' School District,"
New York Times, September 26, 2011. 다음도 보라. "Story of Mother Sentenced
to Jail for Enrolling Child in Different District Resurfaced Amid College
Scandal," *The Hill*, March 14, 2019; and Annie Lowry, "Her Only Crime Was
Helping Her Kids," *The Atlantic*, September 13, 2019. 다음도 보라. "Where
School BoundaryHopping Can Mean Time in Jail," Al Jazeera America, January
21, 2014.

32 Mona Hanna-Attisha, *What the Eyes Don't See: A Story of Crisis, Resistance and*

들의 건강 수치가 급락하는 동안 장부는 균형을 이뤘고 군살 하
나 없는 예산은 인스타그램에서 뽐내는 거식증 환자처럼 치켜세
워졌다. 글렌 벡이 진 크래닉의 손실에 대해 말했듯 "문제는 75달
러!"였다.

<hr>

Hope in an American City (New York: One World, 2018).

4

예방 Prophylaxis

2020년 3월 중순, 코로나19 바이러스가 기하급수적으로 확산되면서 세계가 뒤집어졌다.[1] 친구들이 죽기 시작했고 사회는 '나 혼자 사는 삶'을 장려했다. 전 세계에 도덕적 공황과 전염병이 "들불처럼 퍼져나갔다."[2]

진 크래닉의 주택 화재 사건이 시사하듯 대규모 재난은 개인적 선택 이론을 적용하기에 가장 효과적인 영역이 아닐지도 모른다. 집단행동을 촉구하는 더 유용한 지침은 "도와주세요, 도와주세요!"라는 외침으로 보인다. 즉 집단적 대응을 요구하는 외침, 불을 끄기 위해 나란히 서서 물 양동이를 전달해달라는 요청, "모두

---

1 Mia Ives-Rublee, "As the US Reaches 1 Million Deaths, Congress Still Has Work Ahead," *The Hill*, April 5, 2022.

2 Dean Lueck and Jonathan Yoder, "Spreading like Wildfire," *Regulation*, Health & Medicine, Cato Institute, Winter 2020-2021, pp. 36-42.

손을 모아 도와달라"는 요청 말이다. "도와주세요!" 이 외침이야말로 2020년 초, 구급차 사이렌이 밤낮으로 울리는 동안 내가 기도하듯 바라던 말이었다.

코로나가 맹렬히 확산하던 초기, 극심한 공포가 세계를 사로잡았을 때 나는 가망 없는 희망을 품었다. 이 거대한 역병이야말로 우리가 모두가 똑같이 취약하다는 인식을 갖게 해줄지도 모른다고 말이다. 모든 인간은 살아 있는 유기체로서 이런 질병의 포식성에 취약하기 때문에, 모든 권력자가 백기를 들고 덜 중요한 문제들은 제쳐둘 것이라고, 우리는 결연히 단결해 이 대화재에 맞서 싸우고 인류가 살아남도록 함께 뭉쳐서 지식 공유의 꽃을 피우리라고 생각했다.

나는 미생물학자 조너스 소크Jonas Salk가 개발한 소아마비 백신의 혜택을 본 첫 세대고, 그래서 그 백신에 특허권을 신청하지 않기로 한 소크의 비타산적 윤리를 너무 쉽게 당연시했는지도 모른다. 소아마비 백신은 신속하고 저렴하게 대량생산됐고 모든 사람이 사용할 수 있게 됐다. 나는 확고한 낙관주의자였다. 에이즈가 대유행하는 동안 제약회사들은 끔찍한 인명 손실에도 불구하고 전 세계가 완화제를 쉽게 구하기 위한 특허 포기를 거부했다. 하지만 그때도 나는 에이즈가 우리에게 교훈을 주었다는 믿음을 굳건히 붙들고 있었다.

아아, 희망과 현실은 서로 다른 세계에 살고 있다. 코로나19 발병 1년 만에 나는 물었다. 지구에 재앙이 닥쳤는데도 왜 백신 개발에서 사유 재산을 주장하는 특허 경쟁이 벌어지고 있을까? 왜 이 참사를 목도하고도 이윤을 얻으려는 생각 없이 연구 성과를 전 세계적으로 공유하지 않을까? 왜 이렇게 이해관계가 얽혀 있고, 이름을 짓고 소유권을 주장하기 위해 경쟁적으로 투쟁할까? 왜 식민지를 자랑하듯 깃발을 세우려 할까? 발병 후 거의 4년이 된 지금, 모더나가 백신 가격을 곧 인상해 가난한 나라들의 백신 구입이 위축될 가능성이 있다는 뉴스가 들려온다.[3]

소아마비는 모든 곳에서 대부분 퇴치됐다. 그리고 코로나19 백신도 계속 개선을 거듭해 퇴치까지는 아니지만 통제가 가능해졌다. 그러나 일부 사람들이 여전히 백신 접종을 거부하고 마스크 착용도 반대하면서 새로운 코로나 변종들이 등장했다. 또한 반백신 정서에 이념적 부채질이 더해지면서 홍역, 볼거리, 소아마비 같은 다른 전염성 질병들이 다시 유행하게 됐다.

2023년 1월 현재, 미국 성인 가운데 18퍼센트만이 2가 주사 또는 다가 추가 접종을 받았다.[4] 일부 이윤을 추구하는 대형 제약사가 보인 불투명한 행태와 영향력 행사가 식품의약국FDA 승인 절차의 신뢰를 약화한 것도 문제였다.[5] 그래서 우리는 예방할 수 있

---

3 Dareh Gregorian, "Moderna CEO Grilled over Plan to Raise Covid Vaccine Price at Senate Hearing," *NBC News*, March 22, 2023.

4 "COVID-19 Vaccinations in the United States," Centers for Disease Control, Covid Data Tracker, https://covid.cdc.gov/covid-data-tracker/#vaccinations_vacc-people-booster-percent-pop5.

5 Ethan Cohen and Naomi Thomas, "FDA Vaccine Advisers 'Disappointed' and

는 아픔과 죽음을 감당할 수 없는 높은 비율로 여전히 겪고 있다. 조너스 소크와 같은 공적 부분의 전문성이 추앙받던 이 지구에서 대체 무슨 일이 벌어진 것일까?

과거에는 서로 얽힌 사회적 행동으로 간주되던 것들이 점점 더 개인적 결정으로 재구성되면서, 수정헌법 제1조를 철저히 개인주의적으로 해석해 공공장소에서 살인 협박을 외치거나 군용 무기를 휘두르는 것이 언제 어디서나 보호받아야 하는가를 두고 논쟁이 촉발됐다. 그런 행동은 많은 사람이 모인 극장에서 [장난으로] "불이야!" 하고 외치는 것처럼 표현의 자유를 보장받지 못하는 행위 아닌가?

두려움을 확산시킴으로써 타인의 정치적 자유를 제약하는 표현을 제한할 수 있는가라는 질문도 코로나19 방역 지침의 맥락에서 제기됐다. 만약 내가 코로나19에 감염된 것을 알고도 마스크를 착용하지 않고 혼잡한 전철에서 거칠게 기침을 한다면 — 선택의 자유를 표현하겠다는 명목으로 — 정말로 '남이 알 바 아닌 일', 그러니까 나만의 일일까? 그리고 공공의 문제라면 격리나 감금까지는 아니더라도 우리 모두를 보호하는 할 수 있는 다른 조치는 없을까?

팬데믹 초기부터 현재까지 미국에서 코로나19 정책에 대한 논의는 개인의 자제력에 대한 거의 광신적 숭배가 그 특징이었다.

'Angry' That Early Data About New Covid-19 Booster Shot Wasn't Presented for Review Last Year," CNN, January 11, 2023.

예를 들면 이런 것들이다. 의지가 강한 사람들은 이겨낼 것이다, 강한 몸은 적의 힘, 심지어 그 존재 자체를 부정함으로써 적과 싸울 것이다…. 이런 논의들 아래에는 아픈 것은 의지박약이라는 인과응보와 우생학적 판단의 기류가 흐르고 있다. 즉 적자생존이 도덕적 명제가 된 것이다.

이런 비유적 표현들은 흔히 생물학적 몸의 현실과 맞지 않은 특성들로 꾸며진다. 즉 슈퍼맨의 몸, 말보로맨의 몸, 강철로 포장된 존재처럼 신화화되고 심지어 불멸화된 관념들이 인간의 전염병 대응 체제보다 훨씬 중요한 것으로 간주됐다.

물론 우리 인간은 은유 기계다. 우린 모두 어느 정도 상상의 몸을 믿고 그로부터 힘을 얻곤 한다. 법률가로서 나는 법체法體, the corpus of law에 부여된 위엄을 이해한다. 애국자로서 나는 전시에 병사들이 목숨을 바칠 만큼 국가적 가치가 체화된 상징적 권력을 존중한다.

그러나 여기서 명백히 잘못된 것이 있다. 즉 끔찍한 일이 계속해서 벌어지던 2020년, 미국은 급기야 마스크를 쓰지 않는 죽음의 춤판을 벌였다. 이는 죽음에 오만방자하게 계속 추파를 던지는 행동이었고 과학적 한계, 논리적 한계, 윤리적 한계를 밀어붙이는 행위였다.

텍사스주 부지사 댄 패트릭Dan Patrick은 통계적으로도 면역학적으로도 코로나19 감염에 더 취약한 노인들에 대해 말하면서 경제, 사업적 우선순위, 아메리칸드림을 죽음의 위험보다 우선시했다.

"살아 있는 것보다 중요한 것들이 있습니다. 내 자녀와 손주들을 위해 이 나라를 구하는 것입니다."[6]

만약 "나라"가 [미국 헌법 서문에 나오는] "우리, 국민"과 동의어라고 믿는다면 그런 논리는 전혀 이치에 맞지 않는다. 희생되고 있는 생명들은 저기에 있는 외부의 적이 아니라 우리 **안**에서 퍼지는 전염병 때문에 죽어가고 있기 때문이다. 그 매개체는 **바로** 우리 자신이다.

이렇게 나라를 국민과 분리하고, 국민을 전염성이 강한 질병과 분리하여 사고하는 방식은 미국 정체성의 중요한 개념적 전환을 시사했다. 경제 혹은 자본주의를 우리 국가 정체성의 영원한 생명줄로 불멸화하는 것은 깨지기 쉬운 위태로운 꿈처럼 보인다. 코로나19로 인한 사망으로 미국인의 전체 기대 수명은 약 3년 줄었고 그중 아프리카계 미국인과 원주민의 감소 폭이 더 컸다.

우리는 시장 그 이상의 존재다. 전염병이 퍼지고 있는데 무분별하게 어울리면 경제가 망가지는 것 이상의 위험을 초래한다. 그런데 살아 있는 사람들의 몸이 나라 혹은 경제의 건강보다 부차적이거나 도덕적으로 덜 중요하다면 아마도 그 문제는 신, 나라, 경제가 시민보다 더 체화되고, 더 젠더화되고, 더 생생하게 여겨지게 된 것과 관련 있을 것이다. 경제에 대한 이런 숭배는 기업의 법인격에 대한 질문을 제기한다.

---

6 Alex Samuels, "Dan Patrick Says 'There Are More Important Things Than Living and That's Saving This Country,'" *Texas Tribune*, April 20, 2020.

1976년 대법원은 버클리 대 발레오Buckley v. Valeo 사건에서 금전 지출은 수정헌법 제1조에 의해 보호받는 표현의 자유의 한 유형이라고 판결했다.[7] 그 사건의 결과는 2010년 시티즌스 유나이티드 대 연방선거관리위원회Citizens United v. Federal Elections Commission 판결에서 불행과 부조리의 정점에 이르렀다.[8] 버클리 판결은 개인이 정치적 목적을 위해 무제한으로 지출하는 것을 허용하는데 시티즌스 유나이티드 판결은 기업에도 똑같은 관대함을, 나아가 그 이상을 허용한다. 이로써 이상한 종류의 법리가 만들어졌다.

한편으로 기업은 직원이나 자사의 관할 아래 있는 관계자들의 표현을 제한하는 경우가 많다. 이를테면 직원들이 무엇을 입을 수 있는지, 직원 티셔츠 문구를 무엇으로 할지, 사무실 벽에 어떤 정치적 메시지를 게시할 수 있는지 말이다. 다른 한편으로 무생물인 기업 자체는 이제 논쟁의 원칙이나 정치적 내용에 제한받지 않고 수정헌법의 표현의 자유를 누릴 수 있고, [매스미디어, 알고리즘 홍보, 빅데이터 타깃 광고 같은] 기술에 기초한 확성기로, 그게 무엇이든, 다른 모든 사람을 집어삼킬 최대의 기회를 이용할 때 오직 자금 규모에 따른 제약만 받을 뿐이다.

그래서 많이 사람이 궁금해하는 질문은 이렇다. 왜 (표현의) 자유가 (금전) 지출과 똑같이 기능하게 되었는가? 도대체 왜 기업이 애초에 사람으로 간주되는가?

---

7 *Buckley v. Valeo*, 424 U.S. 1 (1976).

8 *Citizens United v. Federal Elections Commission*, 558 U.S. 310 (2010).

버클리 판결은 금전 지출을 표현의 자유의 하위 범주로 인정해서, 내려진 순간부터 논란이 됐다. 다만 그 권한은 살아 있는 개인에게만 적용됐다. 그에 반해 기업은 인간이 아닐뿐더러 그 자체가 재산이다. 기업은 자연 수명이 없고 투표도 하지 않으며 다수가 다국적이다. 기업은, 심지어 비영리법인이라 할지라도 필연적으로 배타적이고 존재 자체가 손익 계산, 경쟁적 권력 장악, 브랜드화, 자기 홍보를 위한 탐색에 기반한다.

기업은 정관상 본질적으로 설립 목적 외 그 무엇도 추구할 수 없다. 기업은 변덕을 부릴 마음도 없고 연민의 반응을 보이지 않으며 공감하지도 않는다. 만약 그렇다면 내부 구조, 존재 이유를 위반할 위험이 있다. 따라서 시티즌스 유나이티드의 다수 의견이 그토록 태평하게 권장하는 '법인의 시민권'은 참정권을 가진 개인들의 연합체에 토대하고 공동체의 이상, 사회의 평등주의, 국가라는 상호적 쉼터에 충성하는 연합된 영혼들, 즉 유권자를 전제하는 시민권과는 판이한 괴물 같은 것이다.

100년이 넘는 기간 동안 기업과 같은 특정한 무생물체는 제한된 목적을 위한 가상의 인격체라는 지위를 부여받았다. 기업의 불멸성이란 개념은 어떤 인간 경영자의 사망에도 불구하고 사업체는 계속 존재해야 한다는 필요성에서 비롯됐다. 법인 설립은 사업체에 자산을 관리하고 부채를 청산할 수 있는 법적 지위를 부여한다. 예를 들어 회사가 결함 있는 제품을 제조해 판매한 경우 소비자는 회사를 상대로 ― 임원 또는 관리자 개인이나 담당

직원이 아니라 — 소송을 제기한다(리처드 새클러Richard Sackler가 자사의 중독성 제품 옥시콘틴을 밀어붙인 사례처럼 극단적인 월권, 범법 행위는 예외다).[9]

달리 말해 회사는 소송을 제기하거나 피소될 수 있고, 계약을 체결하며, 채권을 회수할 수 있는 권한이 있는 일종의 법적 대리인이다. 이러한 지위는 계약법과 재산법의 효율성 논리에 뿌리를 두고 있으며 기존의 사업체만이 아니라 지자체, 대학교, 로펌 파트너십 등 같은 형태에도 확대됐다.

그럼에도 이러한 계약권의 제한적 부여로부터, 기업이 실제로 완전한 권리를 가진 인간(즉 헌법의 "우리, 국민들")과 동일하게 모든 시민적 권리와 존엄한 권리를 누릴 자격이 있다고 결론짓는 것은 극히 어리석거나 극히 냉소적인 사고방식에서나 가능한 일이다. 시티즌스 유나이티드 판결의 다수 의견은 기업이 후보자에게 후원하는 방식으로 대주주의 정치적 의견을 표현할 수 있도록 기업에게 인간적 특성을 부여하는 기술적이고도 아슬아슬한 언어유희를 보여주었다.

결국 이 의견은 큰 질문을 제기한다. 우리의 권리장전이 누구를 위한 것인가? 기업은 정말 '누구'인가? 혹은 '무엇'인가? 과거에는 [하원의원 수 확보와 직접세 징수와 관련해 노예에 대한] 정치적 대표성 계산을 '5분의 3 인간'으로 낮춰 계산했는데 이 판결은 [인

---

9 *Commonwealth of Massachusetts v. Purdue Pharma*, Superior Court C.A. No. 1884-cv-01808 (BLS2), January 31, 2019.

간의] 보철물 같은 조직인 기업에 대해서는 외려 확대해 계산하는 것은 아닐까? 이 판결은 영향력의 한계가 오직 이윤에만 제한되는 인격의 힘을 강화했다.

1935년 위대한 현실주의 법철학자 펠릭스 코언Felix Cohen은 놀라운 혜안이 담긴 글 "초월적 넌센스"에서 (적어도 당대 사람들에게) 기업을 문자 그대로 사람으로 보는 개념을 논박했다.[10] 코언은 뉴욕 항소법원의 재판 관할지 결정의 논거에 이의를 제기했다. 이 소송은 뉴욕주에서 펜실베이니아주 기업인 서스케하나 석탄회사를 상대로 제기됐다. 펜실베이니아가 아닌 뉴욕에서 소송을 제기하는 것이 적절한지 판단하기 위해 항소법원은 사건의 방향을 결정하는 중요한 질문으로 물리적 위치 문제를 제기했다.

"그 법인은 어디에 있습니까?" 코언은 지적했다. "법인이란 것을 본 사람은 여태껏 아무도 없습니다. … 천사의 존재를 믿지 않는다면 무슨 권리로 법인의 존재를 믿어야 합니까? 확실히 우리 중 일부는 법인의 자금, 법인의 거래 등을 본 적은 있습니다(우리 중 일부가 천사의 일, 천사의 얼굴 등을 본 적 있듯이). 하지만 그렇다고 해서 그것이 인간처럼 주에서 주로 이동할 권리가 있다고 가정할 권리가 생기는 건 아닙니다."

코언은 그런 사고가 본질적으로 '초자연적'이라고 맹비난했다. 그는 법학자들에게 기업은 실제로 단 하나의 머리만 붙은 몸이

---

10 Felix Cohen, "Transcendental Nonsense and the Functional Approach," *Columbia Law Review* 35, no. 6 (June 1935): 809-49.

아님을 — 기업은 여러 주에 동시에 여러 직원들을 둘 수 있음을 — 상기시켰다.

전통 법학의 생생한 허구적 표현과 은유를 판단을 표현하는 시적 혹은 연상적 장치가 아니라 판단의 이유로 간주할 때, 그 의견 혹은 주장을 작성한 사람뿐 아니라 읽는 사람도 법을 형성하는 사회적 힘과, 법을 판단하는 기준인 사회적 이상을 잊기 쉽다. 따라서 미국에서 가장 지적인 판사들조차도 절차법과 기업 책임의 구체적이고 실제적인 문제와 관련한 경제, 사회, 윤리적 이슈에 무지한 상태로 그 문제를 다룰 수 있다.[11]

시티즌스 유나이티드 판결에서 로버츠가 이끄는 대법원은 바로 그러한 상상적이고 의인화하는 시적 장치, 곧 추상적 실체에 발언권을 부여하는 비유적 표현인 의인법을 사용했다.[12] 예를 들면 [시리얼 브랜드 켈로그의 마스코트로 시리얼이 우유에 담길 때 나는 소리를 의인화한] 스냅, 크랙클, 팝 같은 것 말이다. [보험회사 캐릭터인] 게코 도마뱀도 있다. 그렇게 물질적 실체가 없는 형상에 단어를 붙여 생명을 부여하는 행위는 인간의 마음이 흔히 수행하는 상상적 시도다.

---

11 Cohen, "Transcendental Nonsense."

12 Barbara Johnson, "Anthropomorphism in Lyric and Law," *Yale Journal of Law and Humanities* 10 (1998): 549-74, at 549.

그런데 그렇게 표현력을 그런 존재에게 전이하는 일은 항상 매우 구체적이고 실제적인 목적에 봉사하는 허구에 추동된다는 사실을 반드시 인식해야 한다. 실제적 목적에 뿌리박고 있지 않으면 우리는 [유대교 전설에서 인간이 창조한 무생물적 존재인] 골렘을 인간화한다. 미스터 클린[다국적기업 P&G의 마스코트]이 우리에게 실시간으로 말을 건넨다고 생각한다. 환각에 빠지는것이다.

비교적 흔한 언어적 제스처를 통해 우리가 발명해낸 관념적 신체에 주의를 기울이고 가시화하는 것이 필요하다. 팬데믹이 우리 모두를 충격에 빠뜨린 이후 몇 년 동안, 절박한 형상의 흐릿한 무리들이 마치 방향을 상실한 우리의 공간을 채우려는 듯 나타났다. 시티즌스 유나이티드 대법원 판결과 흡사하게 댄 패트릭과 글렌 벡 같은 평론가들은 본질적으로 경제를 하나의 골렘으로 만들었다. 우리의 두려움과 종말론적 전투를 벌이고자 [경제에] 신화적 몸체를 부여한 것이다.

코로나19는 자체가 눈에 보이지 않고 통제할 수 없는 무정형이기에 어떤 물질적 형태가 있는, 물리칠 수 있는 적으로 보고 싶은 유혹을 떨치기 어렵다. 통제에 대한 열망은 바이러스의 살인적 탐욕에 맞설 다양한 상상의 대항군, 자애로운 유령을 떠올리게 한다.

어느 순간 어떤 이들에게는 미국-멕시코 장벽이 상징적 치료제가 됐다. 마치 강철 방벽이 생사의 자욱한 안개를 막을 수 있기라도 한 것처럼 말이다. 우리 중 일부는 백신 접종이란 날개 달린 승리의 여신에게 기도했다. 또 어떤 이들은 타고난 활력의 발키리에게 절을 올렸다(북유럽 신화에서 발키리는 '전사자를 고르는 자'라는 뜻으로, 안장도 없이 거대한 늑대를 타고 맹렬히 달리면서 발할라로 승천할 전사를 선택하는 여신이다. 적자생존을 허용하는 무자비한 자유주의자로서 발키리의 이미지는 저울을 든 정의의 여신이나 자유의 여신과 같은, 관대한 품위를 지닌 우리의 다른 시민적 여신들의 자리를 점차 대체해온 듯하다).

무엇보다 면역력 자체가 어떤 이들에게는 파괴적인 개인주의 — 대체로 방탄조끼와 군용 무기로 무장하고, 아쉽게도 마스크는 안 쓴 용맹한 근육질 남성 — 로 대체되었다. 2020년 마이크 펜스 부통령은 이런 유형의 전사를 흉내 내듯 메이요 의료원에서 의사들을 위압하며 힘뿐 아니라 축축한 숨도 내뿜었다.[13] 유감스럽게도 그것은 의도했든 아니든 식민지적 태도이기도 했다. 즉 마스크가 자신만이 아니라 타인도 보호함을 인정한다면 이는 의연한 모습이 아니라 타인에 대한 무모한 태도다.[14]

펜스는 나중에 사람들을 "눈으로" 살피고 싶어서 마스크를 쓰지 않았다고 말했다.[15] 마스크가 눈을 가리지 않는다는 점을 고려

---

13 Annie Karni, "Pence Tours Mayo Clinic and Flouts Its Rule That All Visitors Wear a Mask," *New York Times*, April 28, 2020.

14 Benjamin Swasey, "Pence: 'I Should Have Worn a Mask' When Visiting Mayo Clinic," NPR, May 30, 2020.

15 Swasey, "Pence: 'I Should Have Worn a Mask.'"

할 때 "눈으로"는 시각 이상을 의미한 게 분명하다. 이는 미학적 관점, 곧 절제된 정치가의 시선을 의미한다. 굳게 다문 입술과 조각상처럼 돌출된 턱과 연관해 읽어야 하며 이 모든 것은 강인한 결단력을 상징한다. 코, 입술, 턱의 윤곽을 마스크로 가리면 눈은 홀로 얼굴의 나머지 부분의 개성 표현에서 분리돼 익명성의 직사각형 종이 위에서 애원하는 듯 취약해진다.

'눈을 마주 본다'는 남성성의 비유, 달리 말해 넌지시 드러내는 느낌, 전투에 직면해 맨몸으로 서 있는 강한 지도자의 판타지다. 물론 전투에 뛰어들어 총알을 피하고 무사히 살아남는다는 생각은 주술적 사고이기도 하다. 이는 신화 만들기, 기적을 행하는 방법이다. 코로나19 바이러스, 썩 물러가라![라는 식의 연기다.]

질병, 일탈, 혐오에 대한 인식은 오래된 최면 같은 방식으로 체화된 차이를 만들어내는 데 사용됐다. 『뉴요커』The New Yorker는 아주 통찰력 있는 저자인 키앙가야마타 테일러KeeangaYahmahtta Taylor가 코로나19에 관한 쓴 글에 '흑사병'The Black Plague이란 제목을 붙였는데 이에 대해 일부 반발과 재고가 뒤따랐다.[16] 그 제목이 봄방학을 맞아 플로리다 해변에서 피부를 맞대고 춤추며 파티하는 백인 청년들에게 코로나19가 실제로 영향을 미치지 않는다는 생각을 품게 한 안타까운 결정이라는 것이었다.

도널드 트럼프는 (여전히!) 코로나19를 "중국 바이러스"라고 부

---

16 Keeanga Yamahtta-Taylor, "The Black Plague," *New Yorker*, April 16, 2020.

르며 그 질병에 인종과 장소를 부여한다. 이뿐 아니라 자신의 거대한 식민주의적 상상에 충실하게도 거리를 둔다. 코로나19는 여기가 아니라 '저기'에 있는 것이며 '우리'가 감염될 수 있다는 개념에서 완전히 벗어나 있다. [그런 사고에서는] 우리가 병에 걸리면, 우리를 쇠약하게 하는 것은 질병뿐 아니라 저들에게 침범당했다는 분노이기도 하다.

이렇게 전가된 적의는 반이민 정서와 인종적 폭력을 자극한다. 전례도 있다. 1800년대 샌프란시스코 차이나타운에서 천연두가 발생하자 반아시아 감정이 확산됐다. 이는 1882년 중국인배척법으로 최고조에 이르렀다.[17]

반유대적 반이민주의는 1892년 발진티푸스 사태 이후 유대인을 겨냥했다.[18] 메리 말론Mary Mallon, 즉 '장티푸스 메리'는 장티푸스 무증상보균자였다. 1907년 그녀가 공중보건 혐의로 체포된 사건은 뉴욕시에서 반아일랜드 정서에 불을 지폈고 아일랜드인들은 비위생적이고 게으른 습관을 들여온 이민자로 묘사됐다.[19]

1980년대 에이즈가 처음 급속히 확산하기 시작했을 때 어떤 사람들은 편의적으로 에이즈를 동성애자 남성의 몸에만 국한된

---

17 Chinese Exclusion Act of May 6, 1882, Public Law 47-126, Stat. 58, Chap. 126, National Archives.

18 Priscilla Wald, *Contagious: Cultures, Carriers, and the Outbreak Narrative* (Durham, NC: Duke University Press, 2007).

19 Wald, *Contagious*.

질병으로 믿으려 했다. 지카 바이러스가 기후변화의 파도를 탄 모기를 통해 적도 지역으로부터 옮겨왔을 때도 뉴욕시 보건 당국은 그 성가신 모기들을 간단히 레드라이닝해 차단할 수 있다고 보고 우편번호별로 ([유색인종이 다수 거주하는 저소득층 지역인] 이스트 플랫부시, 베드포드—스타이브센트, 크라운 하이츠, 브라운스빌, 그리고 맨해튼 북부의 스패니시 할렘으로 알려진 지역을 중심으로) 살충제를 뿌렸다.[20]

우리는 공통된 취약성을 중심으로 연대하는 대신 병원균을 대신할 희생양을 만들어왔다. [병원균에] 내재된 독성, 살인적 탐욕, 기생적 성격에 대한 우리의 두려움을 이끄는, 분열을 조장하는 악마들 말이다. 아시아인, 외부인, 마스크를 쓴 사람들, 마스크를 쓰지 않은 사람들.

평화로운 시위대는 '코로나 폭력'의 상징이 됐다. 트럼프 전 대통령의 2020년 선거 캠페인 광고가 교외에 거주하는 백인 주부를 겨냥한 것은 우연이 아니다. 그 광고는 인종, 폭동, 질병을 봉합해 우리 모두 넘어가기 쉬운 실존적 두려움을 다른 곳으로 돌리는 방법으로 사용했다. '저들'을 우리 동네에 오지 못하게 할 수 있다면 모든 게 괜찮아질 거라는 메시지를 보낸 것이다.

---

20 "NYC Health Department to Spray Pesticides in Certain Neighborhoods," *ABC Eyewitness News*, August 16, 2016. 다음도 보라. Hannah Frishberg, "Eleven Brooklyn Zip Codes to Be Sprayed for Zika and West Nile Viruses Tonight," *Bklyner*, September 21, 2016.

전체적으로 미국인들은 이제 우리가 공통의 운명으로 얽혀 있음을 믿지 않으려는 것 같다. 공중보건이라는 개념 자체가 뿌리 깊은 개인주의의 양상들에 의해 훼손됐는데 전염병조차도 '선택', '자유', '개인 책임'이라는 어휘로 공식적으로 규제될 정도다. 많은 사람이 관념상의 벽이 [실제] 벽으로 쉽게 둘러쌓을 수 없는 것들로부터 우리를 지켜주리라는 믿음의 거품 속에서 산다. 총이 평화를 가져올 것이다, 주거 차별이 [자녀 양육에 열중하는 교외 주부인] 싸커맘에게 더없는 행복을 가져다줄 것이다, 분리된 학교가 안정적 천재들을[21] 내놓을 것이다, 플로리다 키스 제도에 섬을 사면 [그래서 고립되면] 아동 성추행범, 마피아 두목, 가정 폭력을 차단할 수 있을 것이다….

아래의 위안하는 말들은 질병이 눈에 보이는 방식으로 몸에 흔적을 남긴다는 순진한 믿음을 갖게 한다.

"분명 나타나기 전에 보면 알 수 있을 거야."

"열이 없으면 괜찮아."

"기침하지 않으면 옮기지 않아."

"무증상이면 전염시키지 않아."

팬데믹이 발생하기 훨씬 전부터 우리는 사유화된 벙커의 벽에

---

21 [옮긴이] stable geniuses. 2018년 1월 6일, 트럼프는 자신의 정신 건강과 자질을 의심하는 보도가 이어지자 트윗에서 자신은 안정적 천재, 그러니까 괴짜 천재가 아니라 제정신에 똑똑하다는 자기과시적 표현을 썼다. 즉 이를 비꼰 표현이다.

갇혀 있었다. 그럼에도 재난이 "저기에" 들이닥치고 "내 뒷마당에는 닥치지 않을 거야"라고 가정하는 특권 의식은 결국 잘못된 방향으로 자원을 배분하고 상대적 격차를 심화해 결국 우리 모두가 고통받는 결과를 초래할 것이다.

도덕적 공황 시대에 가장 어려운 도전 하나는 그렇게 복잡하게 뒤섞인 용어의 혼란을 풀어내는 것이다. 이 문제의 진정한 차원을 이해하려면 2020년 대부분의 기간 연방정부의 코로나 정책 이면의 사고를 가장 간결하게 포착하는 문서, 즉 그레이트 배링턴 선언을 살펴보는 게 좋다.[22] 선언은 그해 10월이 되어서야 공식 발표되었는데, 스콧 아틀라스Scott Atlas 박사와 당시 보건복지부 장관 알렉스 아자르Alex Azar를 포함해 대부분 초자유주의적인 트럼프 행정부 참모들의 사고가 요약돼 있다.

이들은 전염병 전문가 및 의사로 구성된 느슨한 집단으로, 이들이 '집중보호'Foucused Protection라 부르는 전략의 지지자였다. 그들은 "현재의 봉쇄 정책"이 "돌이킬 수 없는 피해"를, 특히 "사회적 약자층에 불균형적으로 큰 해"를 입히고 있다고 역설했다. 이런 현실관에 주목할 점은 그런 피해를 더 적극적으로 유발하는 요인이 실제 바이러스가 아니라 '록다운', 즉 봉쇄라는 것이다.

---

22 "The Great Barrington Declaration," Open Letter of the American Institute for Economic Research, October 5, 2020. 이와 대조적인 것으로 다음도 보라. "The John Snow Memorandum," published in N. A. Alwan et al., "Scientific Consensus on the COVID-19 Pandemic: We Need to Act Now," *The Lancet* 396, no 10260 (October 15, 2020), at e71-e72.

그들이 표명한 목표는 모든 것을 열어젖히고 — 그야말로 **전면 개방** — 꿋꿋이 견딤으로써 "집단면역에 도달하는 것"이었다. 그들에 따르면 말 그대로 지역사회 확산을 장려하면 "사망 위험이 최소인 사람들은 평소대로 생활하면서 자연 감염을 통해 그 바이러스에 대한 면역력을 키우는 한편 위험이 가장 큰 사람들을 더 잘 보호할 수 있을 것"이었다.

주 저자 중 한 명인 수네트라 굽타Sunetra Gupta는 『더 데일리 텔레그래프』The Daily Telegraph에서 이렇게 말했다. "우린 그 병원체가 인구 전체를 휩쓸고 지나가는 데 걸리는 3개월 동안만 이렇게 하자고 말했어요."[23] 또 다른 주 저자 마틴 쿨도프Martin Kulldorff는 캐나다의 『내셔널 포스트』National Post에 구상을 밝혔다. "교사든, 버스 운전수든, 경비원이든 60세 이상은 누구도 일을 하면 안 된다고 생각합니다. 재택근무를 할 수 없다면 지역사회의 모든 사람을 보호할 집단면역력이 생기기 전까지 (사회보장제도의 지원을 받아) 3개월, 4개월, 몇 개월이든 휴직할 수 있어야 합니다."[24]

그런 명제, 특히 인류가 면역력을 쌓아가는 행복한 상태에 근접했다는 입증되지 않은 명제에는 무수한 윤리적 의문이 제기된다. 전염성이 더 강한 새로운 변종의 출현과 확산은 전혀 고려하

---

23 Laura Donnely, "Scientists Argue Against Lockdown," *The Telegraph*, October 6, 2020.

24 Sharon Kirkey, "New Declaration Calls for 'Focused Protection' to Achieve COVID-19 Herd Immunity. Critics Say It Would Be Deadly," *National Post*, Toronto, Canada. October 8, 2020.

지 않은 듯하다. 코로나19가 초래하는 장기적 후유증도 심각하게 과소평가됐다. 또한 고위험군에 "더 나은 보호"가 무엇인지에 대해서도 경솔하고 서툴게 서술했다. "요양원은 면역력을 획득한 직원을 써야 한다." 마치 면역력이 공식 입증된 노동자가 고용을 바라며 대기하고 있다는 듯 말이다.

백신의 큰 효과가 입증됐음에도 초기에 출시가 느리고 혼란스러워 불신이 생겼고, 그 선언에 장악된 정책 입안자들은 [마스크 같은] 충분한 개인 보호 장비는 말할 것도 없고 '면역 획득'이 실제 백신의 대량 생산과 배포보다 저렴한 선택지일 거라는 가정에 사로잡혔다.

선언문은 "자택에 거주하는 은퇴자들은 식료품과 기타 생필품을 자택으로 배달받아야 한다"고도 주장했다. "가능한 한 집 안이 아니라 밖에서 가족을 만나야 한다."[25] 마치 은퇴한 사람들이 은퇴하지 않은 가족과 떨어져 별도의 집에서 깔끔하게 분리되어 살고 있는 세상이 있는 것처럼 말이다. 더욱이 [노인이라 표현하지 않고] '은퇴자'라는 용어를 나이를 가리키는 암호처럼 사용하는 것도 더는 경제에 기여하지 않는 이들에게 초점을 맞춘 것으로 보였다. 팬데믹이 발생하기 전부터 65세 이상의 많은 사람이 사회 보장만으로 생계비를 감당하지 못해 계속 일해야 하는 상황을 회피한 것이다.

---

25 "The Great Barrington Declaration," Open Letter of the American Institute for Economic Research, October 5, 2020.

그 선언에서 가장 끔찍한 측면 하나는 실제로 '지역사회 확산'을 주장하면서도 이를 '집단면역'이란 용어로 바꿔치기한 것이었다. 집단면역은 정확히 말하면 광범위한 백신 프로그램을 통한 면역 상태를 — 보통 인구의 60퍼센트와 80퍼센트 사이의 백신 접종률을 — 가리킨다.[26] 결국 집단면역은 안정적이고 상당 기간 면역을 보장하며 과학적으로 효과적인 백신의 존재에 달려 있다. 반면 '지역사회 확산'이란 용어는 가차 없이 격렬히 확산하는 전염병의 속성을 드러낸다.[27] 우리에게 집단면역이(혹은 트럼프가 잘못 말했듯이 "군중심리"herd mentality가) 생겼을지도 모르지만[28] 확실히 전염병은 더 크게 확산했다. 하지만 면역에는 전혀 도달하지 못한 상태다.

더욱이 감염이 면역을 보장하는지, 또 얼마나 지속되는지는 명확하지 않다. 파티를 즐기는 대학생과 프로 운동선수들 사이에서 감염자가 끝없이 급증하는 사례에서 보듯 젊은 층과 몸짱들도 그레이트 배링턴 선언에서 주장한 것보다 취약하다. 비록 그들이

---

26 세계보건기구에 따르면 '집단면역'은 '인구면역'이라고도 하며, 예방접종 또는 이전 감염으로 얻은 면역으로 전염병으로부터 간접적으로 보호받는 것을 뜻한다. 세계보건기구는 백신을 통한 집단면역을 지지한다. 이는 인구 내 특정 집단을 통해 질병을 확산시키는 방식이 아닌데, 그러면 불필요한 감염자와 사망자를 초래하기 때문이다. 다음을 보라. "Herd Immunity, Lockdowns and COVID-19," World Health Organization Report, December 31, 2020.

27 "Herd Immunity," WHO.

28 Bruce Y. Lee, "Trump Says with 'A Herd Mentality' Covid-19 Coronavirus Will Go Away," *Forbes*, September 16, 2020.

코로나19 사망자 중 적은 비율을 차지하는 듯 보이더라도 불균형적으로 다수가 장기간 심폐증후군과 장애를 초래하는 혈관장애로 고통받을 수도 있다.[29]

가장 치명적인 것은 그레이트 배링턴 선언이 가시적인 증상이 없는 이들에 의해 코로나19가 확산될 수 있다는 사실을 무시한다는 것이다. 저자들은 무증상자에 대한 광범위하고 반복적이며 신뢰할 수 있는 검사의 필요성을 일언반구도 하지 않는다.

이런 혼란스럽게 압축된 정의에 따르면 집단면역은 특정 인구의 60~80퍼센트가 노출될 뿐 아니라 항체가 형성될 만큼 충분히 회복해야 한다. 미국의 경우 약 2억 명이다(2021년 3월 기준, 2020년 3월 발병 이후 미국 내 확진자는 약 3,000만 명으로 미국 인구의 10퍼센트 미만이다). 그 정도 수준이 돼야만 집단면역을 통해 백신 미접종 취약 계층이 보호될 희망이 있다.

다시 말하지만 그레이트 배링턴 선언은 백신 접종을 통한 집단면역을 제안하지 않았다. 이 선언에서 제시하는 그런 수준을 "자연적으로" 획득하는 사람은 말로 다할 수 없는 재앙 이후에도 살아남은 이들을 말한다. 첫째, 노출됐지만 죽지 않고, 둘째, 충분히 회복해 지속적 항체를 형성하며, 셋째, 장기적 혹은 영구적 장애가 남지 않아야 한다. 백신 없이 그런 지점에 도달한다는 것은 중대하고 장기적인 질병 발생률이 불안정하게 극히 증가할 위험

---

29 Killian Meara, "Young Adults with COVID-19 May Have Long-Term Impacts on Blood Vessels, Heart Health," *Contagion Live*, May 13, 2021.

은 말할 것도 없고 더 많은 사망자를 감수한다는 뜻이다. 의도적 정책으로서 이는 적자조차 생존하기 어렵게 한다. 아니, 의도적으로 유도된 학살에 가깝다.

게다가 이런 치명적 혼란의 확산에는 저마다 자기가 진실이라고 주장하는 상충하는 출처의 난무와 주장의 권위, 신뢰도에 대한 논란도 한몫했다. 그레이트 배링턴 선언은 의료 전문가 수만 명의 지지를 받았다고 주장했지만 서명자에 대한 검증이 엄격하지 않았다(그래서 저명한 권위자들의 지지 서명에는 조니 버내너즈 Johnny Bananas 박사, 퍼슨 페이크네임Person Fakename 박사 같은 [존재하지도 않는 명백한 가짜] 이름도 포함됐다).[30]

요컨대 그 선언문은 미국 경제연구소American Institute of Economic Research가 후원하는 대중참여형 이데올로기 홍보물이다. 이 기관은 매사추세츠주 그레이트 배링턴에 위치한 자유지상주의의 우산 격인 단체로, 오스트리아학파의 방법론적 개인주의의 경제 개념을 고수한다. 주요 후원에는 찰스 코크Charles Koch와 브래들리 J. 매든 재단Bradley J. Madden Foundation이 있는데, 이 재단은 신약 및 백신 승인 시 보건 및 안전을 보장하고자 고안된 식품의약국의 규제 메커니즘과 절차를 회피하고 훼손하는 데 힘써왔다.

---

30 "Herd Immunity Letter Signed by Fake Experts Including 'Dr Johnny Bananas,'" *The Guardian*, October 9, 2020. See also: "Dr. Johnny Bananas and Dr. Person Fakename Among Medical Signatories on Herd Immunity Open Letter," *Sky News*, October 9, 2020.

그 연구소의 다른 후원 소책자에는 '브라질은 열대우림을 계속 벌목해야 한다' 같은 제목의 글이 있다. 소속 연구원 존 탬니John Tamny(리얼클리어마켓스닷컴RealClearMarket.com의 편집자이기도 한)가 연구소 웹사이트에 올린 '바이러스가 발견된 적 없다고 상상해보라'는 이렇게 주장한다.

코로나19 바이러스는 부자의 바이러스다. … 사람들은 오늘날 더 오래 산다. 그 까닭은 부의 창출로 탄생한 주요한 의료 진보로 장수가 가능해졌기 때문이다. 우리는 100년 전이었다면 이 바이러스를 알아차리지 못했을 것이다. 우리는 충분히 부유하지 않았다. … 노인에게 아주 치명적인 것은 젊은이들에게 별로 주목받지 않는다. 급속히 확산하는 바이러스는 정치인들이 불필요하게 문제로 만들기 전까지는 중요한 요인으로 보이지 않았다. … 바이러스는 2020년 3월에 급속히 확산된 것이 아니었는데 그렇게 보인 것은 정치인들이 그렇게 결정했기 때문이다. 더 가능성 있는 시작 시기는 2019년이다. 2020년 초일 수도 있다. 바이러스가 전 세계로 퍼져나갈 때 삶은 매우 정상이었다. 정치인들이 비정상으로 만들었다. 정치인들이 '무언가를 할' 이유들을 찾을 때 일어날 수 있는 소름 끼치는 대학살을 잊지 말자.[31]

---

31 John Tamny, "Imagine If the Virus Had Never Been Detected," American Institute for Economic Research, February 4, 2020.

이 게시물이 2021년 2월 4일, 그러니까 미국에서만 코로나19로 인한 주간 사망자가 2만 1,000명이 발생한 기간에 작성됐음을 강조하고 싶다.[32] 전 세계적으로 2021년은 팬데믹이 가장 치명적이었던 해로 코로나19가 대부분의 나라에서 주요 사망 원인으로 부상하며 390만 명이 사망한 해였다.[33]

아니나 다를까, 그레이트 배링턴 선언의 번지르르하고 자유방임적인 권고안은 공중보건 전문가들의 압도적인 합의로 거부됐다. 이 전문가 집단에는 국립보건원, 질병통제예방센터, 세계보건기구, 메이요 클리닉, 존스홉킨스 의과대학교뿐 아니라 앤서니 파우치Anthony Fauci, 프랜시스 콜린스Francis Collins 박사를 포함해 세계적 과학자들도 포함됐다.

종합하면 그레이트 배링턴 선언은 어두운 현실이 됐는데, 자유시장 전략이 미국 정부 및 재계의 고위층에서 받아들여졌기 때문이다. 이는 담배 및 납 페인트 산업같이 과거 다른 강력한 로비 관계에서 일어난 일과 비슷했다. 이런 입장은 아인 랜드의 초자유지상주의와 어깨를 나란히 할 뿐 아니라 주권적 시민 운동 — 전투적인 반 마스크 지지자, 재택 지침에 저항해 기꺼이 무기를 들겠다는 백신 거부자, 자유시장경제를 위해 죽을 자유를 보장받아야 한다는 호전적인 반정부주의자들 — 과도 얽히게 됐다.

---

32 Christopher Troeger, "Just How Do Deaths Due to COVID-19 Stack Up?" *Think Global Health*, February 15, 2023.

33 Troeger, "Just How Do Deaths . . . ?"

이런 반규제 정서의 수렴은 팬데믹이 특정 취약 계층을 계속 강타하고 있음을 의미했을 뿐 아니라 그런 엄청난 상실의 비극이 우리에게 지속적 집단 트라우마로 각인될 것도 뜻했다. 때때로 사실이 불가해한 거대한 장벽 뒤에 갇힌 듯 보이는 순간 국민적 포위감에서 비롯된, 민주당 지지자나 공화당 지지자 가릴 것 없는 불안은 자체로 지배력이 있기에 과소평가하면 안 된다. 이는 아주 끔찍한 순간이다. 두려움은 논리나 법, 합리적 담론을 뛰어넘는다. 두려움은 불안정하게 하는 힘이 강력할 뿐 아니라 지시하는 힘도 강력하다.

하지만 그레이트 배링턴 선언은 이렇게 약속했다. "다세대 가구에 대한 접근법을 포함해 포괄적이고 상세한 대책 목록들은 시행될 수 있고 이는 공중보건 전문가들의 범위와 역량 내에서 충분히 가능하다."

그러나 굶주린 전염성 바이러스에게는 그 어떤 대면 장소도 — 학교, 술집, 체육관, 사무실 — '다세대 가구'와 하등 다를 바 없다. 물론 이런 인간의 무한한 사회성이야말로 문제의 핵심이고, 선언의 분석에서 빠진 것이 바로 그것이었다. 트럼프 및 바이든 행정부의 대응도 마찬가지였다. 즉 그런 대책 목록이 있다면 오래전에 모든 공공 게시판에 게시했어야 했다. 그러나 그러기는 커녕 공공 검사소는 해체되고 자발적인 자가진단 키트 사용으로 수집 데이터가 개별화되어 코로나19의 실제 발생률 추적은 거의 불가능해졌다.

이처럼 과소 집계가 거의 확실시되는 상황임에도 불구하고 2023년 초 현재 미국인 100만 명 이상이 코로나19로 사망한 것으로 파악된다. 또 약 2억 명 감염이라는 선언의 '집단면역' 목표에 도달했지만 2023년 중반 현재 최소 10만 건의 신규 확진자와 평균 2,000명의 사망자가 매주 발생하고 있다.[34]

이 모든 상황에도 불구하고 2022년 9월, 바이든 대통령은 CBS의 〈60분〉60 Minutes 인터뷰에서 "팬데믹은 끝났다"고 자신 있게 선언했다.[35] 나는 그 알맹이 없는 주장에 깜짝 놀랐는데 또 한편으로는 정치 연설의 단호한 낙관주의에서 흔히 보이는 편의주의적 과언으로 들리기도 했다. 그 발언에 — 이라크의 불행이 이제 막 시작됐을 때 — **임무 완수**라는 현수막 앞에서 서 있던 조지 W. 부시가 떠올랐다. 2008년 11월 "우리는 이제 탈인종사회post-racial다!"라고 외치며 오바마의 당선을 그 증거로 묘사한 알량한 전문가들이 생각났다.

가정법을 현재형으로 바꾸어 진실로 만드는 것은 미국인 특유의 말 습관이다. 나는 희망적 현재형이라 생각한다. 명백한 거짓말은 아니지만 가정을 존재론적 실재로 바꾸어놓는 것이다. 이는 '가망'might이란 미래의 가능성에서 우연성을 제거한 뒤 반박할 수 없는 현재의 것으로 제시한다.

---

34 Troeger, "Just How Do Deaths . . . ?"

35 Op-ed, "Biden's Premature Declaration on the End of the COVID-19 Pandemic," *Harvard School of Public Health*, September 27, 2022.

아메리칸드림 화법 — **마음만 먹으면 무엇이든 될 수 있다** — 은 계약법의 화법이기도 하다. 즉 기대 이익을 현재 존재하는 것처럼 취급할 수 있는 전망으로 바꾸는 것이다. **나는 올바르게 생각하니까 마스크나 백신이 필요 없어. 스스로 올바르게 생각하기만 하면 취약하지 않을 거야!**

신용 및 선물 시장이 가능한 까닭은 바로 그런 법적 허구 때문이다. 이는 거래자들이 마치 현재인 듯 미래의 순간에 투신해 원하는 결과를 결실로 실현하도록 유도하는 역할을 한다. 이를 '계약의 기대' 이론 혹은 '의지' 이론이라고 부르는 이유다. 욕망은 현재시제에서 만질 수 있고 가치 있는 것으로 추앙된다. 모든 것이 가능하고, 모든 가능성은 현재적이며, 모든 환상은 실현됐다. 단순히 그렇길 바란 게 아니라 실제로 그렇게 됐다. 현재의 상상이 과거를 다시 쓴다.

그런데 코로나19와 같은 공중보건 비상 상황의 맥락에서는 이런 낙관적 현재주의가 때때로 풍요로운 국가의 몸이라는 아메리칸드림을 개인의 건강 상태와 혼동하게 한다. 자신의 취약성을 인정하는 것은 국가를 배반하는 것이라고 말이다. 이는 아마도 단 하나의 구매 행위로 완벽함을 달성할 수 있다고 여기는 국가적 분위기의 전형적 증상일 것이다.

오랫동안 무엇이든 가능하다고 약속했던 미국의 노동 윤리는 지상의 한계를 용인하지 않는 소망 윤리로 변해버렸다. 이는 탐욕스러운 심리 상태이며, 이 때문에 구조적으로 우리가 거짓을 일종의 맹목적 야망으로 받아들이게 되는 것은 아닌지 염려스럽다. 원하는 것과 실재의 것을 혼동할 때 우리가 무엇을 하게 되는지에 관해 자각할 필요가 있다. 그렇지 않으면 이러한 개념적 혼동은 우리를 역사로부터, 사실로부터, 그리고 인생길의 예기치 못한 사건으로부터 분리하고 이상한 나라로 유유히 떠내려 보낼 것이다.

5

유토피아^{Utopia}

몇 년 전 애리조나주 굿이어를 지나간 적이 있는데, 그곳은 초기 타이어를 결속하는 데 사용하는 목화를 재배하기 위해 고무회사 굿이어가 1917년에 설립한 마을이다.[1] 목화밭은 여전히 거기에 있었다. 소노란 사막 한가운데에 밭이 있는 기이한 풍경이었다. 굿이어를 통과하는 여정은 폭풍우와 함께했다. 구름이 걷히자 장엄한 쌍무지개가 지평선 한쪽에서 반대쪽으로 완전한 반원을 그렸다.

경외감에 사로잡힌 나는 길가에 차를 세우고 바라보았다. 바로 그때 굿이어의 소형 비행선 한 대가 무지개 아래로 항해하듯 최고의 비행술을 자랑하며 궤적을 그리며 떠났다. 또 주목할 점은 무지개의 끝이 마치 행운의 황금 항아리를 내려놓은 듯한 곳이

---

1 Julie Murphree, "Why in God's Name Are We Growing Cotton in the Desert?" *Arizona Farm Bureau*, May 18, 2016.

바로 이 아름다운 관목 지대 한가운데 건설 중인 아마존의 새로운 물류센터라는 것이었다. 이곳은 최근까지도 현지인들에게 '오지, 아무것도 없는 곳'the middel of nowhere으로 불렸던 곳이다. 자연과 산업이 기이하게 뒤섞였음에도 불구하고 전경이 아름다웠고 심지어 유토피아처럼 보이기도 했다. 하지만 궁금했다. 노동자가 '아무것도 없는 곳'에서 일한다면 '아무것도 아닌 존재'nobody로 낙인찍히는 것은 아닐까?

이 경험은 코로나19가 발생하기 직전인 2019년에 있었던 일이다. 곧이어 코로나19는 모든 노동을, 국가 경제에 얼마나 가치 있는가라는 경제 위기의 렌즈로 평가하게 만드는 계기가 됐다. 모든 종류의 현장직 육체노동은 — 포장 작업, 식품 가공, 배달 서비스, 기계 및 기술직, 간호 등 — 어떤 노동을 필수로 간주해야 하는지, 어떤 노동자를 필수 인력으로 여겨야 하는지 결정하기 위해 면밀 조사를 거쳤다.[2]

도덕적 주체성과 법적 책임을 구분할 때는 **필수 노동**과 **필수 노동자**의 차이를 강조해야 한다. 역사적으로 필수 노동자의 범주는 국가 안보 인프라를 보호하는 데 필수적인 것을 강조한다. 트럼프 대통령과 바이든 대통령이 내린 행정명령들에서도 필수 노동자는 국토 안보와 관련해 규정된다. 즉 의료, 보건, 치안, 교통, 농업 및 식품 공급망, 수도, 통신, 에너지 공급, 금융 시스템 분야

---

2 "Essential Work: Employment and Outlook in Occupations That Protect and Provide," U.S. Bureau of Labor Statistics, September 2020.

의 노동자.[3] 그렇게 구분된 필수 노동자는 더 높은 소명, 즉 국가 안보 인프라 보전이라는 집단 이익을 보호하기 위한 의무와 책임에 의해 자율성이 제약된다.

이 필수 노동자들은 징병과 다소 비슷하게 집단적 대의, 국가 — 국기와 마찬가지로 생명체로 개념화되는 — 를 위해 목숨도 내려놓아야 하는 공적 부름에 응해야 한다(잘 알려지지 않았지만 미국국기법에 따르면 "국기는 살아 있는 조국을 대표하고 그 자체로 생명체로 간주된다."[4] 이것이 국기 핀을 심장, 즉 몸의 왼편에 다는 이유다). 업무를 그런 종류의 희생으로 규정하면 거기에는 무언가 영웅적, 심지어 종교적인 것이 깃들게 된다.

그런데 그런 범주에는 직관적으로 떠올리는 정서적 차이가 있다. 우리는 모두 우리를 함께 지켜주는 영웅적인 의사, 간호사, 경찰관, 트럭 운전수, 은행원, 통신 전문가의 사진을 공유하며 박수와 감사를 보낸다. 이에 반해 육류 포장 노동자, 잡역부, 재봉틀 노동자, 묘지 관리인 — 많은 사람이 평소에 '주변적'이라고 여기는 직업 — 에 대해서는 거의 인식하지 못했다.

주변부 노동 영역은 희생의 이미지를 떠올리지 않는 경향이 있다. 또 농장 노동자와 육류 포장 노동자가 은행원과 의사와 함

---

3 "Covid-19: Essential Workers in the States," National Conference of State Legislatures, January 11, 2021; and "Executive Order on Protecting Worker Health and Safety," White House, January 21, 2021.

4 United States Flag Code, Title 4, United States Code, Chapter 1, Section 8(j).

께 필수 노동자로 분류될지라도 이들 산업은 상이한 의미 세계에 존재한다. 그래서 주변부 노동에 대한 논의는 필수 **노동자**에서 필수 **노동**으로 초점이 이동하는 경향이 있다. 그 담론은 초점이 '봉사하는 우리'라는 헌법상의 신성함으로부터 [단순히] 해야 할 일로 더 협소하게 전환된다. 노동은 하나의 사물이 된다. 그에 따라 제조 및 생산은 추상화되고 그 물건을 만드는 사람의 몸으로부터 분리된다.

달리 말해 우리는 기준을 필수 노동자에서 필수 노동으로 전환하면서 사람에서 생산으로 시선을 전환한다. 고통과 죽음을 줄이려는 기본 목표에서 다른 목적, 즉 구매자, 소비자의 일정 수준의 생활을 가능하게 해주는 상품에 중점을 둔 하나의 공급으로 전환한다. 우리는 경제의 원동력으로 충분한 소고기와 화장지를 원한다. 노동을 하는 **사람들**의 노동에 주목하지 않고 상품으로서의 노동을 원한다.

업튼 싱클레어Upton Sinclair의 위대한 미국 소설 『정글』을 생각해보라. 이 작품은 시카고 육류 포장 산업의 개탄스러운 관행을 다룬 1906년작으로, 잭 런던Jack London이 "임금 노예의 『톰 아저씨의 오두막』"이라고 부르기도 했다.[5]

싱클레어는 사회주의자였고, 끔찍하게 부패하고 착취적인 도축장의 노동조건, 그리고 대개 아일랜드와 동유럽 출신인 이주노

---

5 Upton Sinclair, *The Jungle* (New York: Doubleday, Page, 1906).

동자가 받는 비참한 처우를 고발하기 위해 그 책을 썼다. 독서계에 파장을 일으킨 책의 구절은 이렇다. 노동자들이 고기 분쇄통에 떨어져 다른 동물 부위와 함께 갈려 가공된 뒤에는 "더럼종 육우의 순지방"이란 이름으로 포장되었고 시장에 판매되었다. 그 장면은 이 책이 성공할 수 있었던 정서적 계기가 됐고, 대중의 격렬한 항의의 초점을 이주노동자의 노동조건에서 소비 대중 제품의 안전으로 바꾸었다.

싱클레어 자신도 인정했듯이 그 책의 성공은 "대중이 노동자들에게 관심을 가져서가 아니라 단순히 결핵 걸린 소고기를 먹고 싶지 않아서였다." 그런 격렬한 항의로 미국에서 규제 국가가 공식 출발하게 됐다. 시어도어 루스벨트 행정부가 육류검사법, 식품의약품법을 통과시키고, 미국식품의약국의 전신인 화학국을 설립한 것이다.[6]

이 모든 이야기를 꺼내는 것은 현재 우리 상황을 설명하기 위해서다. 팬데믹 기간에 형편없는 노동조건과 관련해 가장 방치되고 논란도 크게 일으킨 산업 중 하나는 — 그렇다, 바로 육가공업이다. 이 업계의 노동자들은 주로 최근 국경 이남에서 온 이주자들로 대다수가 허가증이 없어 불만을 제기할 수 없다. 육가공업의 노동조건은 원래도 끔찍했지만 팬데믹 동안 개인 보호 장비

---

6 "The Food and Drug Administration: The Continued History of Drug Advertising," Weill Cornell Medicine, Samuel J. Wood Library and C. V. Starr Biomedical Information Center, New York.

부족, 병가 부족, 그리고 거리두기 없이 사람들을 한데 모아 작업
하는 라인 탓에 훨씬 악화됐다.

이런 직업에서 — 대체로 유색인종과 여성의 — 코로나19 사
망률은 매우 높다. 실제로 불균형적으로 많이 주변부 하급 노동
자로 고용되는 흑인과 라틴계는 미국 인구의 30퍼센트 미만이지
만 전체 코로나19 사망자 중 43퍼센트나 차지한다.[7] 사실상 이들
유색인의 고용 및 생활 조건은 나이만큼이나 중요한 사망 위험
요인이다.

[의료 불평등 해소를 위해 설립된 비영리조직인] 어드밴싱헬스에
퀴티Advancing Health Equity의 CEO 우셰 블랙스톡Uché Blackstock 박사
는 이렇게 말한다. "인종차별이 있는 나라에서 살면 더 빨리 노화
된다. … 노인이 아니더라도 이 바이러스에 걸려 사망할 가능성이
노인과 흡사한 수준까지 올라간다."[8]

소수 인종을 괴롭히는 이런 오랜 의료 격차는 방치 정책으로
헤아릴 수 없을 정도로 악화됐다. 이 재앙은 단순히 건강 불평등
의 결과를 넘어 과도한 부채, 실직, 노숙자, 교육 결핍, 아동복지

---

7 Latoya Hill and Samantha Artiga, "COVID-19 Cases and Deaths by Race/
Ethnicity: Current Data and Changes over Time," Kaiser Family Foundation,
August 22, 2022.

8 Arathi Prasad, "Uché Blackstock: Dismantling Structural Racism in Health
Care," *The Lancet* 396, no. 10252 (September 5–11, 2020): 659. 다음도 보
라. Elisabeth Buchwald, "Dispatches from a Pandemic," *Marketwatch*, July 1,
2020.

대실패, 트라우마, 슬픔도 낳는다. 그런 사회적 붕괴의 연쇄적 결과는 팬데믹의 가장 큰 유산 중 하나다.

나는 동물 대우 — 식육제품 취급, 가금류법, 양과 돼지 사육시설 요건, 인도적 도축 조건 — 에 관한 농업법 강의를 하곤 했다. [그런데] 코로나19의 여파로 이런 법들은 때때로 도축장 노동자를 위한 산업안전보건국OSHA의 보호 규정보다 많은 보호를 제공하는 듯 보인다. 우리의 산업안전보건 시스템에서는 노동자가 노동 개혁을 추구하거나 노동조건이 야기한 질병에 대한 보상을 요구할 때 불리한 협상 조건에 놓인다.[9]

우선 산업안전보건국은 '업무 중에' 발생한 질병만 인정한다. 팬데믹 상황에서 이를 입증하기란 사실상 불가능하다. 또한 노동자를 개개의 행위자, 원자화된 단위로 간주하고, 전염병과 관련해 일터를 비침투적인 공간으로 취급한다. 산재보상법에서도 노동자는 자신이 업무 중 감염됐다는 사실을 입증해야 한다. 이는 유행병 혹은 전염의 현실을 다루는 [적절한] 시스템이 아니다. 긴급 유급병가조차도 직원이 500명 이상 혹은 50명 미만 사업장에는 적용되지 않는다.[10]

이렇게 사업장을 공적인 거버넌스 혹은 이해로부터 철저히 차

---

9 Michael Grabell, "The Plot to Keep Meatpacking Plants Open During COVID-19," *ProPublica*, May 13, 2022.

10 "Families First Coronavirus Response Act: Employee Paid Leave Rights," Wage and Hour Division, U.S. Department of Labor, 2020.

단해 사적인 공간으로 취급하는 구조는 계약주의적 논리에서 나온다. 이런 사고는 공장이 **싫으면 그만두라**는 식의 포괄적인 임의 고용 논리로 이어진다. 지역사회와 그 전염성은 그런 개인적 선호의 벽 바깥에 존재하는 것으로 간주된다.

설상가상으로 산업안전보건국은 팬데믹이 시작하기 전부터 이미 역대 최대 규모의 예산 부족 상태였다. 트럼프 대통령은 취임하자마자 조사관 수를 8퍼센트 더 줄였다.[11] 게다가 산업안전보건국의 권고와 지침을 의무화할지는 각 주에 달려 있었고, 예상대로 각 주들은 거대한 체스판처럼 제각각의 요건들을 만들었고 일관성 없는 정치적 논란도 야기됐다.

모든 것이 자유방임 개념에 따라 운영되는 공장의 기준으로 바라본다면 공중보건은 제조업의 이익을 위협하는 것으로 보일 수 있다. 이런 관점에서 공중보건 권리 주장은 흔히 노동자의 건강과 안전을 연방 차원뿐 아니라 국유화하는 대응으로 간주되기도 한다(민간 업계는 흔히 이 지점에서 노동 관련 논의들에 '사회주의'라는 비난을 퍼붓는다). 실제로 코로나19 사망자가 증가할 때도 모든 종류의 산업계가 — 육류가공업부터 항공사까지 — 작업장 안전, 백신, 마스크, 기타 보호 장비 관련 규제 요건들에 대해 막대한 자금을 들여 조직적으로 공격했다.

이런 공격 중 가장 효과적인 것에는 담론 조작도 있었다. 즉 '공

---

11 Joe Yerardi and Alexia Campbell, "Fewer Inspectors, More Deaths: The Trump Administration Rolls Back Workplace Safety Inspections," *Vox*, August 18, 2020.

동선'이라는 헌법적 용어를 초자유지상주의와 주권적 정체성주의의 언어로 바꿔버린 것이다. 예를 들면 마스크 착용 반대를 기업 경영주의 꿈으로 표현할 수 있다. 그러니까 기업이 마스크나 기타 보호 장비를 제공하지 않아도 되는 까닭은 노동자들이 기업으로부터 무엇을 하라는 지시를 듣고 싶지 않기 때문이다. 그것은 그들의 선택이다!

더욱이 이런 사고방식은 그게 어느 정도 자기 이익에 반하는 이들에게조차 내면화된다. 전염성이 강한 병원균에 감염돼 앓고 있더라도 그런 고통은 "전적으로 내 문제"라고 말할 수 있는 것이다. 개별 계약과 선택의 자유라는 엄격한 잣대를 고수한다면 내 상태는 "아무도 상관할 바 아닌 나 자신의 문제"라고, 또 세상 사람들은 그냥 자신을 내버려둬야 한다고도 판단할 수 있다. 그런 경우 이런 이분법을 넘어 사고하는 것, 두 가지 생각을 동시에 머릿속에 담는 것, 전염병이 개인의 고통일 뿐 아니라 공동의 고통이라는 복잡성을 인정하기 어려워진다.

내가 식당에서 요리사로 일하기로 하거나 요양원에 있는 고모를 방문하기 위해 만원 버스를 타기로 한다면 내 행동의 도덕성은 사회적, 공적, 헌법적 이해관계의 문제로 더욱 까다로워진다. 마찬가지로 내 병을 치료하는 약을 한 기업이 단독으로 개발, 소유, 그리고 특허 혹은 라이선스를 보유했는데 그 회사가 나를 자신의 손에 생명이 달린 환자가 아니라 완벽한 자유시장의 그저 또 하나의 계약자로 취급한다면 걱정스러울 것이다. 그러면서 그

약에 최고가 입찰자와 주주의 이익 외에 아무런 제한 없이 하늘을 찌를 듯한 가격을 책정한다면 역시 걱정스러울 것이다.

이런 이유로 최대 다수의 최대 행복을 배분하는 데 윤리적 관심이 있는 비영리 공중보건 인프라가 약을 개발 혹은 관리한다면 큰 차이가 있을 것이고 그에 따라 나뿐 아니라 다수의 운명이 걸린 피해의 전염이 제한될 것이다.

이 시대의 극단적 자유지상주의를 떠받치는 것은 기업의 이윤만이 아니다. 자발적으로 죽음을 **선택**하는 성향이라는 유혹적 신화도 있다. 시민으로서 공통의 정체성이나 인류 공통의 가치를 위해서가 아니라 적자생존 서사의 일부로 선택하는 죽음 말이다.

결국 적자생존은 노동, 합리적 경제 주체, 모범적인 소수집단, 그리고 열심히, 더 열심히, 가장 열심히 일하길 **원하기** 때문에 불평하지 않는다는 이민자에 관한 모든 종류의 신화들과 얽혀 있다. 진짜 미국인이 하지 않는 일을 기꺼이 하고 **싶어** 하는 이민자에 대한 신화. 피부가 어두운 사람과 이민자는 생물학적으로 타고나서 신체적으로 더 강하다는 신화. 등골 빠지는 노동과 더러운 근무 환경이 도덕심과 강단을 키우는 데 좋다는 신화. 열심히 일하면 외국인이 덜 외국인처럼 되고 더 백인처럼 될 수 있다는 신화. 이곳의 노동조건이 아무리 위험하거나 불공평하더라도 '똥통' 출신 국가보다 낫다고 가르치는 신화. [이를테면 이런 사고방식이다.] **그들은 여기 있는 게 행운이지.**

1906년 싱클레어가 노동조건에 관해 말했듯이, 아프고 학대받는 피고용인들은 기계의 톱니바퀴 취급을 받는다. 그때와 마찬가지로 지금도 두 가지 문제가 있다. 첫째는 인간의 노동 문제이고, 둘째는 안전한 상품의 공정한 거래에 대한 공적 이해관계에서 육류포장산업계의 신뢰와 책임 문제다. 그런데 규제 우선순위에서는 이 두 문제가 뒤섞여버린다. 오늘날까지 우리는 파국적인 글로벌 위기에서 거의 불가능한 노동조건에 갇힌 사람들의 건강, 안정, 복지에 대한 우선순위가 너무도 쉽게 바뀌는 것을 목격한다. 대신 자신의 운명을 '선택'했다는 계약 정당화에서 위안을 얻는다. 말 그대로 자신의 몸을 내던지는 것을 자발적 선택으로 여기는 것이다.

1906년과 마찬가지로 우리는 **노동자들**의 기본 건강은 외면하고, 욕망하는 **제품**의 목표 달성이라는 — 유가, 계란, 컴퓨터 칩의 이용 가능성, 그리고 슈퍼볼 기간에 닭 날개, 아보카도, 화장실 휴지가 또 품절될지 여부 등 — 계약을 이행할 필요성에만 관심을 기울인다.

6

착하게 Making Nice

코로나19 집단면역에 관한 그레이트 배링턴 선언의 틀과 소아마비 백신 특허를 포기한 조너스 소크의 생명 존중 사이에는 한 가지 두드러진 차이가 있다. 그것은 공공의 것res publicase과 공유 자원의 효능과 관련해 우리 가운데 형성돼온 근본적인 이야기다. 이는 단순히 미국에서 공공부문 예산이 모든 수준에서 점진적이고 의도적으로 고갈돼왔기 때문만은 아니다. 공공사업의 언어에서 벗어나 민간 기업가정신을 강조하는 담론적 변화도 대대적으로 이루어졌기 때문이다.

1969년 닐 암스트롱이 달에 첫발을 내디뎠을 때 한(어쩌면 꾸며낸 것일 수도 있는) 말을 떠올려보라. "인간에게는 작은 한 걸음, 인류에게는 거대한 도약이다."[1] 그 말은 우리의 시야를 크게 확장

---

[1] Amy Stamm, "'One Small Step for Man' or 'a Man'?" National Air and Space Museum, *The Smithsonian*, July 17, 2019.

해주었다는 점에서 기억할 만한 것이었다 — 즉 행성 간 관계를 경축하는 말이었다. 그리고 대조적인 발언도 있었다. 2021년 배우 윌리엄 섀트너William Shatner가 억만장자 제프 베이조스의 남근 모양 우주선 10분 탑승권을 돈 내고, 그러니까 사적으로 이용한 뒤 한 말이다. "당신이 내게 준 것은 내가 상상할 수 있는 가장 심오한 경험입니다."[2]

섀트너는 또 이렇게 말했다. "이것이 바로 상업적 상품이죠. 그러니까 모든 사람이 어떤 수단을 통해서든 그런 경험을 하는 게 아주 중요할 거예요. 3D로 만들어 고글을 착용하고 보면 그런 경험을 할 수도 있겠죠."

존 우즈의 다리를 샀던 섀넌 위스넌트처럼 섀트너도 "당신과 나의" 교환, "상업적" 기회, 또한 대체 가능한 "경험"으로도 요약했다. 이는 사적인 개인이 자신의 영주이자 후원자인 독점적 테크노 왕에게 말하는 방식이었다. [섀트너가 〈스타트렉〉에서 연기한 인물] 커크 선장은 "디즈니랜드 같은 곳"에 간 것이었다.

우리라는 지구적 세계에서 섀트너와 베이조스가 개인적으로 교환하는 사생활로의 전환은 몸을 바라보는 특정 이데올로기적 구성에 달려 있다. 내가 저녁에 먹고 싶은 음식에 대한 기묘한 취향을 표현할 때 나는 나 자신이다. [그러나] 죽은 개를 마을 우물에 던져버리기로 선택했을 때 나는 나 자신보다는 사회적 행위자

---

2 "William Shatner Emotionally Describes Spaceflight to Jeff Bezos After Blue Origin Space Launch," *CNBC News*, October 13, 2021.

에 가깝다. 또한 극단적 개인주의자조차도 누군가 쇼핑몰에서 사람들을 총으로 쏘면 정체성이 유동적으로 변한다.

그런 절망적인 경종의 순간 우리의 취약성은 어느 정도나마 우리를 평등하게 만든다. 이는 우리가 어떤 목적에 따라 각자일 수 있지만 동시에 집단적 대비(사전적 차원)와 형법의 시행(사후적 차원)으로 보호하는 사회체의 일원으로 얽혀 있다는 [정체성의] 유동성을 강조한다.

법의 상이한 체계들은 각각 이런 구성을 바탕으로 책임을 규정한다. 예를 들어 계약법에서는 원자화된 호모 이코노미쿠스라는 하나의 신체가 계약에서 **자발적으로 동의**한 사람에게만 책임을 지는 존재로 간주된다. 헌법에서는 시민의 몸이 여러 정책과 지원, 의무(강제든 자발이든)의 시스템들과 유기적으로 연결된 것으로 간주된다. 이상적으로 우리는 법과 그 다양한 상상력을 상황과 조화의 규범에 따라 조율한다 — 마치 완벽한 음을 찾는 슬라이드 트롬본처럼.

[예컨대] 법은 저녁으로 탄 토스트와 생선 눈깔을 좋아하는 여성에게 큰 자율성을 부여한다. 우리, 그러니까 사회는 저녁 식사는 당연히 사적 영역, 그 여성만의 [〈스타워즈〉의 자바 더 헛_{Jabba the Hutt} 같은 별난] 작은 헛 공국으로 간주하고 관여하지 않는다. 그러나 같은 여성이 유대교 회당에 들어가 반유대주의적 욕설을 내뱉을 때 법은 그녀를 개별 존재가 아닌 더 큰 사회의 일부로 간주한다. 적어도 최근까지는 법이 이런 개념으로 이해되어 왔다. 최근

계약적 선택, 사생활, 개인의 권리 영역은 더욱더 철저히 차단된 반사회적 지형으로 — 한 가지 엄격하게 규정된 음에 고착돼 있고, 조화로운 관계나 지역사회 구성을 고려하는 유동적인 기준이 전혀 없는 초자유지상주의로 — 변모해왔다.

이런 담론 변화의 한 예로, 수정헌법 제1조의 언론의 자유 보호는 수정헌법 제2조 무기 소지권과 점점 더 융합되어왔다. 2008년 컬럼비아 특별구 대 헬러District of Columbia v. Heller 사건[3]에서 대법원은 수정헌법 제2조의 무기 소지권을 잘 규율된 민병대 유지와 분리했다. 그 결정으로 모든 군용 무기를 모으는 게 개인의 표현의 자유가 됐다. 그런 광범위한 판결이 '개인의 자유'와 '개인적 표현' 모두에 초래한 위기는 법 자체의 한계를 시험하는 사건의 증가에서 완벽히 포착된다.

미주리주에서 한 남성이 장전된 AR소총, 권총, 탄약 100발을 들고 월마트 식료품점에 들어가 자신을 촬영하는 사건이 일어났다. 매장은 혼란에 빠졌고 그는 총을 소지하고 있던 비번 소방관에게 붙잡혔다. "월마트가 수정헌법 제2조를 준수하는지 확인하고 싶었을 뿐이에요." 2급 테러 혐의로 경찰에 체포된 후 그가 경찰에 한 말이다. 검사는 총기 관리 위반으로 기소할 수 없어서 "생명에 위험을 수반하는 사건 혹은 상태를 초래하겠다는 암시적 위험을 고의로 전달하거나 그러한 위험이 존재한다는 두려움을 유

---

3 *District of Columbia v. Heller*, 554 U.S. 570 (2008).

발하는 행위"를 불법으로 규정하는 법에 기대야 했다.[4]

아무튼 50개 주 가운데 47개 주가 권총과 장총의 공개 휴대를 허용한다. 텍사스에서는 한 남성이 AR-15와 성경책을 들고 스파이크가 박힌 가죽 마스크를 착용한 채 댄스홀에 접근하다가 체포됐다. 텍사스의 관대한 총기법에 따라 그는 "공포를 유발할 의도로" 총기를 내보이는 무질서한 경범죄 혐의로만 기소될 수 있었다.

최근 조지아주 애틀랜타에서는 한 남성이 방탄복을 입고 권총 네 정, 반자동 소총, 12구경 산탄총을 소지한 채 식료품점 퍼블릭스에 들어가 체포된 일이 있었다. 이 남성의 변호인은 체포에 이의를 제기하며 반문했다. "대체 무모한 행동의 정의가 뭡니까? 무기 소지? 별도의 허가도, 허가증도 필요 없는 주에서도? 그러니까 이해 좀 해보게 도와주세요. 뭐가 무모한 행위라는 거죠?"[5]

주 의원들조차 대중과의 만남에서 공격적으로 호전적인 본보기를 보일 땐 위와 같은 사례에 대한 분별 있는 해결책을 구분하기가 어렵다. 켄터키주 하원의원 토머스 매시Thomas Massie의 [가족과 함께 M60 기관총, AR-15 반자동 소총 등을 휴대한 사진을 실은] 크리스마스카드,[6] 로런 보버트Lauren Boebert 하원의원의 2021년 연하

---

4 Neil Vigdor, "Armed Man Who Caused Panic at Missouri Walmart Said It Was 2nd Amendment Test, Authorities Say," *New York Times*, August 9, 2019.

5 Richard Fausset, "A Heavily Armed Man Caused Panic at a Supermarket. But Did He Break the Law?" *New York Times*, January 2, 2023.

6 Zeeshan Aleem, "Lauren Boebert's and Thomas Massie's Christmas Cards Are Disturbing," *MSNBC News*, December 9, 2021.

장 등은 좋은 예다. 보버트 의원의 연하장에는 8세에서 15세까지 네 아들이 각각 자신의 거대한 돌격용 소총을 들고 환하게 웃는 모습이 담겼다.

불과 얼마 전까지만 해도 사법 절차 외 살인은 범죄의 영역으로 간주됐다. 하지만 최근에는 가족이 합법적으로 민병 역할을 할 수 있다는 발상이 점점 더 확장된 '정당방위'와 무기 접근권의 확산을 정당화해왔다. 확실히 지금은 불길한 예감, 불안, 슬픔이 짙게 드리운 혼란의 시대다. 우리는 모두 테러, 종잡을 수 없는 외상후스트레스를 겪는 무법자, 불길한 정치 세력을 비롯해 무언가를 두려워한다. 그 결과 총기 판매가 급증했다.

역설적으로 총기 판매가 증가하면 경찰은 더 날카로워지고, 사람들 사이에 두려움이 더 커지며, 누구나 무장할 수 있는 환경에서 말 그대로 [육상 경기에서 총소리가 나기 전에 뛰어나가듯] 경솔하게 방아쇠를 먼저 당길jump the gun 공산이 더 커진다. 그럼에도 노스캐롤라이나 대학교 민권센터의 소장이자 전미흑인지위향상협회NAACP 법적권리옹호기금의 전 임원인 테드 쇼Ted Shaw는 필랜도 캐스틸Pilando Castile 같은 사건[7]들을 언급하며 이렇게 경고한다. "총기 문화를 숭배하고 무기 휴대 권리를 옹호하는 사회라고 해

---

[7] [옮긴이] 2016년 7월, 캐스틸은 운전 중 교통 단속에 걸렸고 경찰관에게 자신이 합법적으로 소유하고 있는 총기를 소지하고 있음을 알렸다. 그 순간 위협을 느낀 경찰관이 총을 여러 발 쏴 캐스틸은 사망했다. 흑인에 대한 경찰의 과잉 대응, 총기 소지권과 인종차별의 문제가 다시 논란이 되는 계기가 됐다.

도, 누군가가 총을 가지고 있다는 사실만으로 그를 즉각 사격하는 것은 정당화될 수 없다."

다른 한편 무기 소지권의 역사는 인종과 젠더에 기초한 배타적 특권에 의해 형성돼왔다. 슈퍼마켓이나 투표소 혹은 정치 행사장 밖에서 무리 없이 총기를 소지하고 시위를 벌일 수 있는 사람은 거의 배타적으로 백인 남성이다. 자기 소유로 간주되는 땅에 있는 동안 집안 분쟁에서 물러설 필요 없는 사람은 거의 백인 남성이다. 하지만 비백인과 여성이 돌격 소총(혹은 장난감 총이나 총과 모양이 비슷해 그런 그림자가 있는 무엇이라도)을 들고 이곳저곳을 돌아다닐 가능성은 훨씬 작다. 또 그런 이유만으로 경찰 혹은 [자경단 같은] 이상화된 시민 구원자에 의해 살육될 가능성이 크다.

『스탠드 유어 그라운드: 치명적 자위권 사랑에 대한 미국사』 Stand Your Ground: A History of America's Love Affair with Lethal Self-Defense에서 하버드 대학교 교수 캐럴라인 라이트Caroline Light는 합법적인 자경단을 애정하는 우리의 역사를 추적한다. 그녀는 재건 시기, 즉 "전후 정치, 경제적 혼란과 아프리카계 미국인 남성의 참정권 부여가 19세기 후반 젠더 불안을 부채질하고, 그런 법적 지형이 남성의 '성城'과 그 안에 거주하는 피부양인들을 백인 남성의 자아의 확장으로 규정하는 방향으로 바뀌던 시기"로 거슬러 올라간다. 그리고 기초적인 공공서비스 예산 삭감을 포함해 현재의 정책들이 "국가가 시민 보호에서 후퇴해 (직접) 자기방어의 필요를 낳는 상황으로 이어졌다고 주장한다. 인종 중립적으로 여겨지는 '합리적인 위협감'이라는 개념은 실제로 백인이 점유한 공간에 대한 흑인의 침입에 치명적 대응"을 조장한다.[8]

최근 노스마이애미 경찰서의 한 경관이 흑인 치료사 찰스 킨제이Charles Kinsey에게 총을 쏴 부상을 입힌 사건이 발생했다. 그는 정신건강의학과에서 나와 배회하다 차도로 가는 중증 자폐 환자를 도우려던 참이었다. 행인들이 찍은 사진들을 보면 환자도, 킨제이도 무장을 하지 않았다. 실제로 킨제이가 신원을 밝히고 상황을 설명한 뒤 두 손을 공중에 든 채 바닥이 누워 있었는데 경찰이 총을 쏜 것이었다.

나중에 왜 킨제이를 쐈냐는 질문에 방아쇠를 당긴 경관은 "모르겠다"라고 답했다. 그런 성급하고 즉각적인 대응은, 불과 1년 전 노스마이애미 경찰서가 아프리카계 미국인 피의자의 머그샷을 표적 연습에 사용해 큰 비난을 산 일을 떠올리게 했다.[9] 그런 연습이 무엇을 두려워하고 누구를 죽여야 하는지에 대한 안목을 키웠을 가능성을 배제하기란 어렵다.

이미 격앙된 분위기에도 불구하고 플리로다주 브로워드 카운티 순회판사는 경찰관들을 보호하기 위해 '스탠드 유어 그라운드'

---

8 Caroline Light, *Stand Your Ground: A History of America's Love Affair with Lethal Self-Defense* (Boston: Beacon Press, 2018).

9 Fred Barbash, "Florida Police Department Caught Using African American Mug Shots for Target Practice," *Washington Post*, January 16, 2015.

법을 확대 적용했다.[10] 문제가 된 사건은 2013년 서른셋의 흑인 남성 저메인 맥빈Jermaine McBean이 [실제 총알이 발사되지 않는 레저, 연습용 총인] 에어소프트 소총을 들고 번화가를 걷다가 발견돼 세 발의 총격을 받고 사망한 사건이다. 판사는 브로워드 카운티 부보안관 피터 페라자Peter Peraza에 대한 모든 형사 기소를 기각했는데, 맥빈이 자신을 살해하거나 해치려 한다고 믿어서 후퇴할 의무가 전혀 없었다는 그의 주장을 근거로 삼았다.[11]

스탠드 유어 그라운드 법은 정당방위의 한 아종이다. 이 개념에서 그라운드는 타인을 배제할 수 있는 합리적 기대가 있는 공간 — 즉 자신의 재산 — 으로 법학적으로 규정된다. 자기 영역에 서는 것이 그토록 문제가 되는 건 바로 그것이 누구의 영역인가라는 질문에 있다. 당신의 것, 아니면 나의 것? 과연 우리의 영역은 무엇인가? 요컨대 법 집행관은 자신의 영역만이 아니라 공공의 집단적 지역도 봉사하고 보호해야 할 의무가 있다.

스탠드 유어 그라운드 법은 자신의 성에 대한 기존의 방어선을 자기 집 담장을 넘어 개인이 주관적으로 결정하는 안전지대로까지 확장했다. 이는 사실상 공공의 거리가 개념상 사적인 공간으로 전환되는 것을 허용한다. 따라서 시민 간 충돌에서 문제

---

10 The 2022 Florida Statutes, "Justifiable Use of Deadly Force," Title XLVI, Chapter 776, Sect. 776.012, subsect. (1) and (2), l.

11 Tracy Connor, "Florida Deputy Indicted for Killing Jermaine McBean," *NBC News*, December 11, 2015.

가 될 수 있는데, 그렇더라도 이 기준으로 경찰을 판단하면 책임성이 근본적으로 흔들리게 된다. 경찰이 국가 행위자로서 주관적 감정이 아닌 객관적 기준에 따라 대응하는 것은 우리의 법 체계 그리고 국제법의 초석이다.

우리는 경찰이 대치 상황을 해소하는 기술을 잘 훈련받고 최후의 수단으로만 무력을 행사할 것을 기대한다. 그게 아니라 단순히 두려운 경험만으로 언제, 어디서든 폭력을 쓰는 게 정당화된다면 인종, 젠더, 직업을 불문하고 위험한 선례를 남기게 된다. 특히 경찰의 경우에 더욱 그렇다.

소명의 직무와 — 공공 서비스이자 심지어 자기희생도 의미하는 — 자신이 순찰하는 동네에 아는 사람이 아무도 없다는 막연한 두려움 사이에는 긴장이 존재한다. 훈련, 경험, 자제력, 적절한 지원이 없는 상황에서 그 공백을 추측과 공포로 채우는 사람들 — 자기 보호를 공동체 보호보다 최우선으로 여겨 "먼저 쏘고, 나중에 질문하라"는 윤리에 너무도 쉽게 굴복하는 — 이 적어도 일부 존재한다.

안타깝게도 총기 규제에 대한 진지한 정치적 논의 대신 교사에게 무장과 살인 훈련을 시키는 식으로 공공 안전을 더 민영화하는 법률과 법안이 확산했다.[12] 기포즈 총기폭력예방센터Giffords Law Center to Prevent Gun Violence의 애덤 스캐그스Adam Skaggs는 이렇

---

12 Kelly Drane, "Every Incident of Mishandled Guns in Schools," Giffords Law Center to Prevent Gun Violence, April 7, 2023.

게 말한다. "모든 곳, 그러니까 거리, 공원, 심지어 정부 건물에서도 사람들에게 총이 필요하다는 발상입니다."[13] 이는 스스로와 전쟁을 벌이고 있는 국가의 반응이기도 하다.

그런 경향의 한 예로 버카이 화기재단Buckeye Firearms Foundation은 전국 교사들을 대상으로 3일간 총기 훈련을 하는 이른바 '더 빨리'Faster 프로그램에 자금을 지원한다.[14] 교육 중 하루는 사격 연습 외에도 사고방식 개발, 즉 순식간에 판단 후 발포하도록 교사의 준비성을 강화하는 데 전념한다. 훈련생들은 "눈을 감고 학생이 총을 가지고 교실에 들어오는 모습을 상상"하도록 요구받고, 그 학생을 사살하는 데 필요한 담력을 쓰는 법을 배운다.

콜로라도의 한 교사는 BBC 인터뷰에서 "최악의 상황에도 마음을 단단히 먹기 위해 준비 훈련 중에 가장 좋아하는 학생을 떠올리기로 마음먹었다"라고 말했다. 이 프로그램의 한 강사는 그런 결심을 격려했다. "우리가 교사들이 먼저 마음속에서 그 학생을 이기도록 만들면 실제 상황에서도 승리할 겁니다."[15]

이 얼마나 충격적인 발상인가. "먼저 마음속으로 그 학생을 이기기"라는 이 비극적 수업은. '다 쏴버려!'라는 미국 서부 시대의

---

13 Drane, "Every Incident."

14 Joel Gunter, "After Another Deadly Shooting, Is It Time for Teachers to Carry Guns?" BBC News, February 15, 2018. See also: Sarah Mervosh, "Trained, Armed and Ready to Teach Kindergarten," *New York Times*, July 31, 2022.

15 Gunter, "After Another Deadly Shooting."

윤리를 고수하면 교사들은 명백히 곤란한 상황에 빠지고 만다. 적극적으로 자기 학생들을 사격 연습의 조준경에 올려놓는 상상을 하는 불안정한 위치에서 일해야 하는 것이다.

교사에게 총을 장전한 '평화' 경찰관을 대행하도록 하는 것은 경찰이 일상적으로 겪는 총기 폭력의 특성이 얼마나 대응하기 어려운지를 잘 보여준다. 국가가 폭력을 독점한다는 민주주의적 가정이 각자도생이라는 무정부주의적 이데올로기에 의해 어떻게 훼손되어왔는지 곰곰이 생각해봐야 한다. 그런 이념은 우리 대 저들이라는 사고방식을 교실로 가져온다. 콜로라도 교사는 가장 좋아하는 학생을 상상했지만 많은 사람은 최악의 학생, 즉 고정관념 속 위험한 타자를 상상할 것이다. 어느 쪽이든, 최고를 최악으로, 최악을 처분 가능한 것으로 상상하는 행위는 그 자체로 위험하다. 더 빨리, 가장 빨리 쏘도록 계획된 면허인 셈이다.

미국에서는 인구 절반 이상이 총기를 소지하면 테러리스트 집단이 넘쳐나는 세상에서 생존할 가능성이 높다고 믿지만, 데이터는 총기 소유가 피해를 발생시킬 위험을 **높인다**는 것을 명확히 보여준다. 연구조사에 따르면 "가정에 구비된 총은 자기방어보다는 가족이나 친밀한 파트너를 위협하는 데 사용할 가능성이 훨씬 높았다."

[온라인 잡지] 〈슬레이트〉Slate는 지적한다. 총기폭력예방 브래디 캠페인Brady Campaign to Prevent Gun Violence에 따르면 "총기가 있는 가정은 살인 위험이 … 세 배 높을"뿐더러 "총기를 가정에 보관하

면 자살 위험이 3~5배 증가하고 총기를 사용한 자살 위험이 17배 증가한다."[16] 그런 수치가 총기 중심의 교실에도 적용되지 않으리라고 가정할 이유가 전혀 없다. 총기 폭력을 실제로 줄이는 데 무엇이 효과적인지를 보여주는 경험적 데이터를 무시하는 이런 어리석은 태도를 이해하기란 여간 쉽지 않다.

몇 년 전 하와이에서 핵 경보 시스템이 실수로 작동했을 때 많은 사람이 헤아릴 수 없는 맹렬한 힘 앞에서 깊은 무력감을 경험했다. 방공호로 기어들어가 스스로를 보호할 시간을 확보할 수 있다고 상상하면 어느 정도 통제감을 느낄 수도 있을 것이다. 그러나 실제 핵 공격이 발생하면 넓은 범위 안의 누구라도 즉시 불에 타 사라질 것이다. 생존을 위한 유일한 참 희망은 무기 자체를 제한하고 통제하는 것뿐이다.

미국인들이 개인적으로 소유하는 엄청난 무기도 마찬가지다. 우리는 2017년 라스베이거스에서 60명이 사망하고 413명이 부상당한 사건 같은 예상치 못한 비이성적 공격으로부터 우리 자신을 보호하는 데 최선을 다할 수 있다.[17] 그러나 1년 내내 방탄복으로 몸을 감싸고 폭탄에도 강한 탱크를 타고 다니지 않는 한 너무

---

16 "Gun Suicide Across the States," Fact Sheet, Brady Campaign to Prevent Gun Violence, 2023. 다음도 보라. David Studdert et al., "Handgun Ownership and Suicide in California," *New England Journal of Medicine* 382, no. 23 (June 4, 2020): 2220-29.

17 "Las Vegas Attack Is Deadliest in Modern US History," Associated Press, October 2, 2017.

많은 총기가 유통중이라는 문제는 여전히 남는다. 총기 수를 줄이지 않고 우리 자신을 보호할 수 있다는 생각은 어리석다. 미국에서 총기로 인한 사상자는 실제 전쟁의 사상자보다 훨씬 많다. 다음은 『가디언』The Guardian에 보고된 내용이다.

1968년부터 2015년까지 미국 영토에서 총기 관련 사망자는 1,516,863명이다. 미국 건국 이래 전쟁 사망자는 1,396,733명이다. 이 수치에는 독립전쟁, 멕시코전쟁, 남북전쟁(연방군과 남부연합군), 아메리카-에스파냐 전쟁, 제1차 세계대전, 제2차 세계대전, 한국전쟁, 베트남전쟁, 걸프전, 아프가니스탄전쟁, 이라크전쟁, 이뿐 아니라 레바논, 그레나다, 파나마, 소말리아, 아이티를 포함한 기타 분쟁에서 목숨을 잃은 국민들도 포함된다.[18]

마치 아직도 충분하지 않다는 듯 2019년과 2020년 사이 미국의 총기 살인율은 무려 35퍼센트나 증가했다.[19] 아직 끝나지 않은 2023년, 이 문장을 쓰고 있는 지금 미국에서는 하루에 한 번꼴 이상으로 대규모 총격 사건이 발생했다.

이따금 나는 '새로운 평등 상태'라는 네온사인 자막이 달린 이

---

18 Mona Chalabi, "How Bad Is US Gun Violence?" *The Guardian*, October 5, 2017.

19 "Firearm Deaths Grow, Disparities Widen," Vital Signs, Centers for Disease Control, 2022.

상한 꿈에서 깨어나곤 한다. 거기서 모든 미국인은 앞사람이나 뒷사람에게 총을 겨누고 있다. 누군가 총을 쏘기 시작하면 즉시 혼란스러운 상황이 발생하고 결국은 모두가 죽는다. 나는 이런 사회 분열적 악몽을 동료에게 이야기하며 막 도화선에 불이 붙을 것 같은 느낌이 선명했다고 묘사했다. 동료는 다르게 보았다. 그런 개념적 대치 상태는 좋은 것이라고 말했다. 아무도 섣불리 움직이지는 못하기 때문이다. 그는 이것이 바로 시민사회의 적절한 균형이라고 생각한다. 모두가 정말 조심하고 "착하게 행동해야"make nice 한다는 것이었다.

그런 도처의 트라우마를 고려할 때, 버카이재단의 교사를 위한 더 빨리 훈련 프로그램은 미국이 지닌 구원적 자경주의에 대한 낭만적 인식과 상당히 맞아떨어진다고 볼 수 있다. 나는 '낭만'romance이란 단어를 심사숙고해서 쓴다. 총기 소유의 그 모든 위험에도 불구하고 토머스 매시 의원과 로렌 보버트 의원처럼 수정헌법 2조를 가장 열렬히 옹호하는 사람들의 태도에는 무언가 신이 난, 거의 축제를 기념하는 무언가가 있기 때문이다.

장−폴 사르트르Jean-Paul Sartre의 단편소설 『에로스트라트』Erostratus가 떠오르는데, 거기서 화자는 주머니에 총을 숨기고 다니는 데서 염세적이면서도 성적인 쾌락을 느낀다. 그 쾌감은 총이 아니라 '나 자신'에게서 나온다고 그는 말한다. 즉 '나'는 리볼버, 어뢰, 폭탄 같은 존재였다는 것이다. 철학자 로베르토 에스포지토Roberto Esposito는 "사물은 인간이 … 서로 관계 맺기 시작하는 통로가 된다"라고 썼다. 총, 어뢰, 폭탄이 바로 그런 사물이다. 에스포지토는 경고한다. "우리의 기술적 대상들이, 그것들을 유용하게 만든 노하우와 함께 일종의 주체적 생명을 띨수록 그것들을 오직 종속적 기능으로만 제한하는 게 더욱더 어려워진다."[20]

---

20 Roberto Esposito, *Persons and Things: From the Body's Point of View* (New York: Polity Press, 2015).

7

소거_{Erasure}

미국이 오랫동안 폭력적 트라우마에 잠겨 있는 이유가 궁금하다면 노예제에서 허용한 법외 살인의 패턴과 그것이 재건 시대와 짐 크로 시대에 이르기까지 개선되지 않고 외려 격화된 양상을 연구해볼 가치가 있다. 내가 이 시기에 특히 관심을 두게 된 것은 노스이스턴 대학교의 민권과 회복적 정의 프로젝트 창립자 마거릿 A. 번햄Margaret A. Burnham 장학금 덕분이다.

이 프로젝트는 지난 20년 동안 1920년과 1960년 사이에 인종적 동기로 구타, 납치, 실종, 사망 등 미해결 사건 중 1,000건 이상을 발굴해왔다. 이 사건들을 읽다 보면 오늘날 우리를 괴롭히는 미제 사건들과 소름 끼치는 유사성에 주목하지 않을 수 없는데, 이는 '흑인의 생명은 소중하다' 운동을 포함해 동시대의 많은 운동 조직의 주제다.

"법이 린치로부터 사람을 보호할 수 없다면 린치가 곧 법이 아닌가?” 이 질문은 민권과 회복적 정의 프로젝트의 근간으로서, 번햄이 그 프로젝트에 관해 쓴 책『이제는 드러난 손들: 짐 크로의 법 집행자들』By Hands Now Known: Jim Crow's Legal Executioners은 바로 이 질문을 탐구한다.[1]

번햄은 디지털 아카이브 전문가이자 MIT 정치학 교수인 멀리사 노블스Melissa Nobles와 함께 팀들을 꾸렸는데, 여기에는 연구조사원, 지역 공무원, 학생, 지도 제작자, 언론인, 생존 증인, 피해자 및 가해자의 가족 수백 명과 먼 후손까지 포함됐다. 그들은 신문 기사, 검시관 보고서, 사진 앨범, 교회 기록, 법률 서류, 묘지를 샅샅이 뒤졌다. 그 수만 시간 노동의 총합은 번햄 노블스 디지털 아카이브(crrjarchive.org)에서 확인할 수 있다.

디지털 아카이브에 수집된 놀라운 자료 외에도 이 책은 사적인 가족사를 치명적 국가 폭력에 관한 더 넓은 공적 이야기와 연결해 잃어버린 생명들에 생기를 불어넣는다. 그런 이야기를 뒷받침하는 증거로는 법외 살인뿐 아니라 수많은 흑인 시민을 살해한 사건에 아무도 기소하지 않은 광범위한 사례도 있다.

번햄은 이렇게 썼다. “우리가 느낀 바는 이러했다. 이런 사건들이 특이한 일회적, 사적 슬픔의 경험으로 해석되는 한 인종적 부정의의 다면적 체계는 계속 숨겨지고 그에 따라 구조적 개선의

---

1 Margaret Burnham, *By Hands Now Known: Jim Crow's Legal Executioners* (New York: Norton, 2023).

필요성도 불필요해 보일 것이다."[2]

법적 실패에는 몇 가지 공통된 무대가 있었다. 첫째, 도망노예법을 이용한 송환 관행이 있었는데, 그에 따라 남부의 법 진행관들은 린치 폭도를 피해 북부로 도망친 흑인의 귀환을 요구하는 영장을 가지고 주 경계를 넘나들 수 있었다.

둘째는 대중교통이라는 위험한 공간이었다. 총을 휴대한 버스 운전사들은 유색인종 전용 구역의 크기를 결정하고 좌석 수를 조정하며 더 많은 좌석을 요구하는 백인 승객의 요구에 응하는 등 짐 크로 법의 주요 집행자였다. 버스 운전사들은 아무런 이유 없이도 흑인 승객을 버스에서 내리게 할 수 있었다. 그들은 말대꾸하거나 태도가 나쁘다는 이유로 흑인을 죽일 수 있었고 실제로 죽이기도 했다.

셋째, (지금과 마찬가지로 당시에도) 경찰 같은 국가 행위자에게 면책권을 부여하는 체계적 관행이 존재해 가장 잔혹한 비행조차도 기소되지도, 처벌되지도 않았다.

넷째, 연방정부 — 연방법원과 대법원을 포함해 — 는 주들이 인종적 테러를 용납하지 못하도록 막는 재건 시대의 법률 조항들을 집행할 의무를 완전히 저버렸다.

구원(남부 연합의 이익을 위한)이라는 이름으로 알려진 공포의 시대는 1877년 헤이스-틸던 타협Hayes-Tilden Compromise 이후 연방

---

2 Burnham, *By Hands Now Known*, xv.

군이 철수한 사건에서뿐 아니라 사법부가 이중 연방주의 개념을 도입해 시민권의 주요 집행 권한을 연방정부가 아닌 각 주에 양도한 데에서도 비롯됐다. 이런 주정부 권한의 구현은 '분리하되 평등한'이라는 짐 크로 이데올로기의 치명적 논리로 통하는 관문이었다.

따라서 재건 시대가 과거 노예였던 이들을 보장해주리라는 희망은 1876년 미국 대 크룩샹크United States v. Cruikshank 사건으로 거의 끝나고 말았는데, 이 판결은 시민적, 정치적 권리를 침해당한 이가 일차적으로 "주정부에 기대"야 한다고 판결했다.[3] 번햄이 말하듯 흑인들은 "새로 얻은 연방 권리를 보호받으려면 전 주인에게 의존해야 했다."[4]

이후 1945년 스크루스 대 미국Screws v. United States 같은 판결들은 연방정부의 개입을 위한 기준을 훨씬 높였다. 즉 연방 검찰이 살인적인 민권 침해에 기초할 때 입증해야 하는 새로운 요소인, 입증 불가능한 '고의적인' 의도를 도입했다.[5]

조지아주 보안관 클로드 스크루스Claude Screws는 로버트 홀Robert Hall에게 원한을 품고 있었다고 주장했는데, 그는 흑인 청년인 홀을 체포 후 수갑을 채우고 주먹과 2파운드짜리 쇠몽둥이로 때려 사망에 이르게 했다. 공무원이 고의로 개인의 헌법적 권리

<hr>

3 *United States v. Cruikshank*, 92 U.S. 542 (1876).

4 Burnham, *By Hands Now Known*, 170.

5 *Screws v. United States*, 325 U.S. 91 (1945).

를 침해하는 것을 범죄로 규정하는 연방 형법 제52조에 따라 기소가 이루어졌다. 그런데 스크루스가 "그 흑인 새끼를 잡아 죽일 거다. 그는 너무 오래 살았다"[6]라고 사전에 공언했다는 증거에도 불구하고 대법원은 기소를 기각했다.

대법원은 이 법이 사실 "흑인들이 새로 획득한 권리에 따라 흑인들을 보호하기 위해 만든 차별금지법"임을 인정하면서도 연방 기소가 이루어지려면 "피고인이 헌법이 보장하는 피해자의 권리를 고의로 위반하려는 의도가 있었다는 증거"가 필요하다고 판결했다. 이 사건에서 그 권리는 더글러스 대법관의 말대로 [중세의] '신판神判'이 아니라 정식 사법 절차를 받을 권리였다.[7]

특정 헌법 조항을 위반하려 했다는 고의적 의도를 입증해야 한다는 불가능한 부담은 연방 민권 집행 프로젝트를 수십 년 더 파멸로 이끌었고, 주정부 권리에 대한 지속적인 분리주의적 주장은 "권위주의적인 남부 정치가 표면적으로는 민주적인 국가 정치 내에서 [번성할-저자]" 수 있게 했다.[8]

민권과 회복적 정의 프로젝트가 발굴한 엄청난 수의 사례들은 협박과 폭력이 짐 크로 시대의 체계적 특징이자 노예제의 가장 잔인한 전제들을 이어받은 체제의 일부였음을 분명히 보여준다. 그 전제란 흑인은 백인에 반하는 증언을 할 수 없고 백인이 흑인

---

6 Burnham, *By Hands Now Known*, 173.

7 Burnham, *By Hands Now Known*, 175.

8 Burnham, *By Hands Now Known*, xvi.

을 죽이는 것은 대개 사적 문제, 즉 친밀한 사회 질서를 유지하는 데 필요한 봉기 제압 규율의 일환으로서 '우발적 사고'라는 것이었다.

이 논리는 법 집행 기관에 대한 지속적인 접근 차단을 통해 유지됐다. 명백한 살인조차 경찰, 정치인, 언론, 검시관, 사법 체계에 의해 동시에 묵인되고 외면당했다. 따라서 남부의 기사도와 명예 보존이라는 변명 뒤에 폭력을 감추는 것은 극심한 잔혹 행위를 은폐하는 관행이 됐다.

이 지점에서 주목해야 할 가치가 있다. 현재 우리는 노예제가 자애로웠으며 분리 정책은 단순히 사회적 선호를 반영했다는 주장이 다시 등장하면서, 역사를 어떻게 가르칠 것인지가 — 혹은 역사를 가르치기는 할 것인지 — 재편되고 있는 시대에 살고 있기 때문이다. 트럼프 전 대통령부터 플로리다의 론 드산티스, 텍사스의 그렉 애벗, 버지니아의 글렌 영킨Glenn Youngkin 주지사까지 광범위한 정치인들이 공공 도서관과 학교 교과과정에서 잠재적으로 "화나는", "불편한", "고통스러운" 정보를 얼마나 빨리 제거할 수 있는지에 명운을 걸고 있다.

실제로 30개 이상의 주에서 제정된 비판적 인종 이론 금지법은 무엇을 금지하는지에 대한 일관된 정의가 없어 보이지만 인종주의가 체계적이거나 널리 퍼져 있거나 공식적으로 장려되거나 역사적으로 중요할 수 있다는 개념을 거부한다는 점은 명백하다. 마거릿 번햄은 『이제는 드러난 손들』에서 미국에서 노예제의 폭력적 후유증이 예외적이거나 간헐적이라고 말하는 부정론을 근본적으로 반박한다. 적어도 지난 2세기 동안 미국의 시민권 법학은 법에 새겨진 인종주의의 슬픔과 배제의 위계와 명백히 얽혀 있었고 — 나아가 혼란스럽게 꼬여 방해받았고 — 그런 상태는 지금껏 지속되고 있다. 번햄은 직접적인 물리적 폭력을 "짐 크로의 결정적 특징으로" 규정하고 그것이 "연방주의, 시민권, 민주적 권리와 특권 개념을 근본적으로 변형시켰다고" 말한다.[9]

따라서 『이제는 드러난 손들』은 단일 사건들을 그저 나열한 목록처럼 읽으면 안 된다. 이 책은 반복적으로 드러나는 폭력적, 지역적, 집단적 관행, 패턴, 문화를 보여주고, 반복적 범죄와 상습범들을 드러낸다. 공기 중에 흐르는 그런 범죄의 트라우마는 정서적 삶에 부담을 줄 뿐 아니라 항의, 호소, 애도의 능력을 좌절시키는 "일종의 2등 시민권"도 강요했다.[10] 피해자들은 목숨을 잃었고 그 상실은 큰 파장을 일으켰다. 그들의 가족은 아버지, 어머니, 자녀, 일자리, 가정, 농장, 사업, 그리고 희망을 잃었다. 흑인들은 때를 지어 최남동부 지역을 탈출했고 이로 인해 미국의 지형 전체가 변형됐다.

짐 크로의 폭력과 궁핍한 노예 생활은 1910년부터 1970년경까지 지속된 대이주의 주요 원인이었다. 이저벨 윌커슨Isabel Wilkerson이 『다른 태양들의 온기』The Warmth of Other Suns에서 기록하듯 600만

---

9 Burnham, *By Hands Now Known*, xiii.

10 Burnham, *By Hands Now Known*, xvi.

명 이상의 흑인이 남부 시골에서 북부 도시로 이동한 그 탈출은 인류사에서 가장 큰 내부 이주의 하나로 남아 있다.[11]

그런 대규모의 필사적 도망이 체계적인 인종적 고난에 대한 대응이 아니었다는 관념은 강제적 망각의 체계적인 속성도 말해준다. 인종분리법은 물리적 분리 외에도 기억의 세계도 분리시켰다. 백인 가해자 가족들과의 인터뷰에서 민권과 회복적 정의 프로젝트 팀은 "그가 나한테 달려오고 있었어. 총을 쏴야 했어!" 같은 부모의 영웅적 이야기를 들었던 자녀와 손주들을 만났다. 그들은 피해자가 오히려 뒤에서 총을 거듭 맞았다는 검시관의 보고서 같은 것을 접했을 때 혼란과 불신부터 깊은 고통까지 다양한 반응을 보였다. 도금된 가족 결백의 서사 구조는 금이 가고 허물어졌다.

한편 흑인 희생자 가족과의 인터뷰에서는 후손들이 마침내 말할 수 있게 됐다며 안도하는 경우가 더 많았다. "할머니의 끔찍한 슬픔에 대해 많이 알게 됐어요!"

경찰이든 민간인이든 법외 처형의 주체는 흑인의 저항을 고립시키고 통제하는 권력도 있었다. 흑인들이 교회 예배에서나 장례식에서 자기들끼리 이야기하는 것조차도 막았다. 이런 통제는 테러를 적극적으로 지우는 방식으로 확대됐다. 즉 표식 없는 무덤에 시신을 숨기기, 시신을 강에 버리거나 '분실하기', 증거 없애기,

---

11 Isabel Wilkerson, *The Warmth of Other Suns: The Epic Story of America's Great Migration* (New York: Random House, 2011).

신문이나 기타 역사적 기록에서 그런 살인을 빼기로 결정하기 등. 그런 억압 행위는 침묵의 장벽에 얽혀 있어서 가장 끔찍한 트라우마적 범죄조차도 처벌되지 않을 뿐 아니라 공표되지 않기도 했다.

이야기들은 보이지 않게 되고 모든 조사는 금기시됐다. 흑인의 삶은 집단 기억에서 빠르게 녹아내렸고, 미망인과 고아의 가슴속에 조용히 묻혀 있을지라도 결코 입밖으로 내거나 인정할 수 없었다. 아프리카계 미국인 언론과 전미흑인지위향상협회가 최선을 다해 불의한 일들을 추적했지만 그사이 '알지 못한다'는 인식론적 위기가 다양한 문화 영역에서 강력해졌다. 그렇게 법의학적 혹은 보험통계적 기록에서 사라지고 정치적 발언 책임에서도 잊혔다.

짐 크로 시대의 일상적 폭력을 파헤치다 보면 남북전쟁 전 노예추적법과 오늘날까지 지속해온 경찰 관행 사이의 연관성을 추적할 수 있다. 실제로 도망노예법이 백인 시민에게 "도둑맞은" 도망노예를 찾아 돌려보내도록 "위임"했던 것과 오늘날 텍사스주의 SB8 같은 반낙태법의 광범위한 위탁 집행 사이에서 유사점을 찾지 **않기**란 어렵다(도둑맞음은 역설적으로 "저들 자신의" 것이면서도 "저들 자신의 것이 아닌" 몸을 도둑맞았다는 개념이었다). 텍사스의 SB8 법은 낙태를 고려하는 여성들을 기소하기 위해 가까운 사람들이나 이웃, 심지어 낯선 이들까지 동원해 그런 여성들을 찾아내 잡아오면 보상한다.

민간인이 영장 없이 민간인을 체포하는 풍조는 미국에서 특별한 역사와 맥락이 있다. 그처럼 무한한 인기를 누리는 듯 보이고 오늘날에도 활발히 전개되는 체포 활동은 노예제나 억압적인 계약 노동에서 탈출하려는 흑인을 추적하는 민간인에게 현상금을 지급한 법의 직접적 유산이다. 1946년 한 순회판사는 흑인 남성의 납치와 불법 감금을 이렇게 정당화했다. "사적 체포권은 영장을 소지한 경찰관의 체포권만큼이나 신성하고 공익에 중요한 권리입니다."[12]

그 많은 죽음의 알지 못함이란 상태는 그 자체로 파헤칠 가치가 있다. 민권과 회복적 정의 프로젝트의 폭로는 경찰이 수사하지 않거나 기소를 거부하는 것에 국한되지 않는다. 가장 중요한 것은 이 사건들이 검열 패턴과 진실 말하기의 가혹한 대가도 보여준다는 것이다. 비록 진실이 명백히 조작된 경찰 보고서, 신문 기사, 사망진단서, 검시관 보고서에서 이따금 까막까막 드러나기도 하지만 말이다. 공적인 비판이나 해명 요구는 상습적인 보복으로 이어졌다. 수많은 공식 문서에 '미상'unknown이란 문구를 반복적으로 새긴, 기록을 회피하는 관행에는 분명 무신경한 부분이 많았다.

그런데 이런 공백과 누락은 어쩌면 두려움에 대한 강렬한 집단적 순응으로 읽을 수도 있다. 따라서 이 축적된 역사는 그 자체

---

12 Burnham, *By Hands Now Known*, 231.

로 어렵고 불안한 것이 분명하지만 **공적 비밀**이라는 강력한 구조물 위에 자리 잡은 범죄의 역사이기도 하다. 인류학자 마이클 타우시크Michal Taussig가 썼듯이 공적 비밀에는 거의 종교적인 힘이 있는데, 이는 그 비밀을 폭로하거나 불만을 드러내는 자는 응징을 받기 때문이다.[13] 공적 비밀은 사회 구성원 전체가 무엇을 알면 안 되는지를 알고 있어야 유지된다.

토니 모리슨은 목소리를 잃은 세계를 "악몽"에 비유하면서 "마치 온 우주가 보이지 않는 잉크로 쓰이고 있는 듯하다"라고 썼다. 그녀는 이렇게 덧붙였다. "사람들에게 찾아오는 어떤 종류의 트라우마는 너무 깊고 너무 잔인해서 돈, 앙갚음, 심지어 정의나 권리, 타인의 선의와도 달리 오직 작가만이 그런 트라우마를 번역하고 슬픔으로 의미로 바꾸며 도덕적 상상력을 선명하게 할 수 있다. … 작가의 삶과 작업은 인류에게 주는 선물이 아니라 불가결한 것이다."[14]

그런데 한때 지워졌지만 마거릿 번햄이 세심히 되살려 "이제는 드러난" 것을 책으로 출간한 바로 그 시점에, 미국에서 정치 세력들이 그 역사를 다시금 감추기 위해 빠르게 조직화하기 시작했다는 것은 아이러니하다. 그 세력들은 모든 연령의 학생들이 우

---

13 Michael Taussig, *Defacement: Public Secrecy and the Labor of the Negative* (Redwood City, CA: Stanford University Press, 1999).

14 Toni Morrison, "Peril," in *Burn This Book: Notes on Literature and Engagement* (New York: Harper, 2012), 3-4.

리 역사의 불편한 면들을 배우거나 읽지 못하도록 엄격히 금지하는, 이른바 "절대 알지 못하도록" 하는 법률을 함대처럼 밀어붙이고 있다.

민권과 회복적 정의 프로젝트는 우리에게 질문을 던진다. "애도란 저항이었고, 법의 결과를 부정하는 것이었던"[15] 그런 공포의 유산을 감안할 때 거짓말, 부정론, 보복적 선전에 맞설 수 있는 정의의 논거를 어떻게 구성할 수 있을까? 일부 정치인들이 교사, 사서, 책, 흑인, 동성애자, 성 정체성을 탐색 중인 사람, 트랜스젠더, 진보적인 사람, 심지어 미키 마우스조차 악마화하는 오늘날의 정치적 소용돌이 속에서 그런 아이러니는 특히 유념해야 한다. 흑인 정치와 역사, 그리고 흑인과 퀴어의 몸에 가해진 것을 논했다는 이유로 교사, 사서, 행정관, 학군 전체 관계자들이 일자리와 지원금을 받지 못하고 있는 상황이다.

강제된 침묵은 짐 크로가 남긴 인종 보복 유산의 중요한 특징이다. 현재의 금서 시도는 흑인과 기타 소수자의 표현을 겨냥한 문맹 퇴치 반대 운동의 오랜 역사의 일부임을 잊지 말아야 한다. 노예제 시기에는 흑인에게 읽기나 쓰기를 가르치거나 심지어 인쇄소에서 일하게 하는 것조차 처벌 대상이었다. 노예 해방 후에도 1800년대 말, [미국 남부 여러 주에서 제정된 일련의 흑인 차별 법률인] 블랙 코드Black Codes는 글쓰기나 출판을 포함한 흑인의 자기

---

15 Margaret Burnham, *By Hands Now Known: Jim Crow's Legal Executioners* (New York: Norton, 2023), 267.

표현을 억압하고 교육을 막았으며 투표를 금지하고 집회 시도를 막고 법정에서 백인에 맞서 증언을 하는 것을 불법화했다.

실제로 아이다 B. 웰스-바넷Ida B. Wells-Barnett은 린치 통계를 발표했다는 이유로 자신의 인쇄기를 파쇄당했다. 4년 전에는 멤피스 공립학교 교사직에서 해고당했는데, 당시 몇 안 되는 흑인 분리 학교의 처참한 환경에 공개적으로 항의했기 때문이다.[16]

나는 적극적 우대 조치 베이비의 첫 세대에 속하는데, 갑자기 늘어나는 인원수, 그리고 우리의 존재 자체가 많은 이에게 불쾌감을 샀다. 우리는 [흑인 노예와 성적 관계를 갖고 자녀를 둔 대통령들인] 토머스 제퍼슨부터 스트롬 서먼드Strom Thurmond까지 건국의 아버지들과 얽혀 있고 또 그들을 당혹케 한 가족사를 가져왔다.

우리는 노예가 된 미성년 여성이 기혼 주인과 합의하에 연애를 했으리라는 통념에 도전했다. 우리는 역사를 완성하고, 편안한 가정을 반박하며, 적극적으로 말하고, 응수하는 재해석을 제시했다. 종종 의도치 않게 우리는 금기시된 문제를 건드렸고, 잘 망각하는 미국인들이 다시 돌아가길 염원하는 역사를 복잡하게 만들었다.

더 밝은 미래를 바라는 공통의 갈망은 때때로 허구의 더 밝은 과거에 대한 향수로 왜곡되는 듯 보인다. 즉 과거에 대해 입 닥치고 그냥 빨리 동화하라는 암묵적 지시로 느껴진다. 아무리 큰 특

---

16 "Life Story: Ida B. Wells-Barnett (1862-1931)," from *Black Citizenship in the Age of Jim Crow*, New-York Historical Society, 2022.

권을 가진 흑인일지라도 [누구나 알지만 누구도 말하지 않는 문제를 뜻하는] 코끼리가 가득한 방에서 다수가 코끼리가 없는 듯 행동하라고 배우는 세상에 동화되기란 어렵다.

한 아프리카계 미국인 친구는 익숙한 장면을 묘사한다. "우리 아들 L이 이웃 아이의 일곱 번째 생일 파티에 초대받았어. 우리가 도착하니까 그 아이가 L을 모두 백인인 다른 아이들 무리에 소개했어. 그런데 어른들이 듣지 못하도록 숨죽여 말했어. '여긴 내 친구 L이야. 얜 흑인이야!'라고 속삭인 거지. 그 사내아이는 L이 마치 이국적인 상품, 특이한 승리, 전리품의 표본인 양 자부심에 넘쳐서 말한 거야."

내 친구가 가장 놀란 것은 아이들이 흑인을 마치 한 번도 접해본 적 없는 듯 아들을 신기하게 바라본 것이 아니라 그 어린아이가 속삭였다는 사실이었다. "그 애는 알고 있었던 거지." 친구가 말했다. "큰 소리로 말하면 안 된다는 걸. 눈에 분명히 보이더라도 비밀로 해야 한다고 배우기라도 한 것처럼 목소리를 낮춰 말한 거야." 그 아이는 어쩐 일인지 인종은 보이지 않아야 한다는 것, 그리고 흑인이 눈에 띄는 것 자체가 행동을 규제하는 짐을 지운다는 사실을 배웠던 것이다.

내 친구는 그 순간 당황했지만, 앞으로 어떻게 행동할 수 있을지 고민하고 논의한 끝에 그 상황에 필요한 것은 단순한 대응이라는 결론을 내렸다. 예를 들어 침착하게 개입해서 아이에게 속삭일 필요가 없다고 말해줄 수 있는 어른 같은 존재 말이다. 아이들은 왜 비밀인 것처럼 행동했을까? 물론 더 어려운 질문은 나머지 어른들에게 돌아간다. 왜 그 아이들은 이번에 흑인을 처음 봤던 것일까? 아이들은 자신이 모르는 것을 보면 가리키고, 속삭이고, 신기해한다. 요컨대 통합 교육의 목적은 보통 환영하는 방식으로 서로를 알아가는 데 있다.

그 생일 파티와 관련해 내가 어른이 된 후 뒤늦게 깨달은 것은 이렇다. 나는 1975년에 로스쿨을 졸업했다. 그 무렵 개봉한 영화 〈하버드 대학의 공부벌레들〉The Paper Chase를 봤다면 내가 하버드를 다닐 때의 로스쿨 풍경을 잘 알 것이다. 거의 모두 백인, 거의 모두 남성이었다. 교수진 가운데 종신 교수직 과정에 있는 여성은 한 명도 없었고, 당시 새로 임용된 흑인 교수는 데릭 벨Derrick Bell 한 명뿐이었다. 이런 수치만으로도 벨 교수가 비판적 인종 이론의 창시자로 불리는 이유를 설명할 수 있다. 적어도 그는 흑인 법학도들이 공개적으로 생각을 드러낼 수 있는 통로였다.

실제로 당시에는 소수자와 여성이 그 공간에 등장한다는 사실만으로도 입을 열기도 전에 반항적 신참으로 낙인찍히곤 했다. 소수자 우대 조치 덕에 우리의 인원수는 (아주 많이는 아닐지라도) 늘어날 터였지만(소수자가 [학교를] '장악'한다는 과장된 수사가 뒤따르긴 했지만) 이전에 동질적이었던 지형에서는 상대적으로 작은 집단의 증가가 어떤 이들에게는 낯설고 자격 없는 사람들 사이에서 익사하는 듯한 느낌을 불러일으킨다.

그 시절 학생들은 형법에서 '합리적인 사람'의 기준에 대해 배웠는데 그 기준에 따르면 방황하는 아내를 살해한 경우 '격정에 따른 범행'이란 변론으로 감형될 수 있었다. 헌법 수업에서는 통상 조항에 대해 알아야 할 모든 것을 배웠지만 짐 크로 법을 뒤엎고 일터, 노조, 학교, 화장실, 동네를 통합하기 위한 민권 투쟁에 대해서는 한마디도 듣지 못했다. 그 추가 자료는 선택 과목에 국한되었다. 소수자 이익에 관한 소수의 수업은 걸러지고 필수과목에서 분리됐다.

내가 1980년에 강의를 시작했을 때는 역사적으로 흑인 대학을 포함해 미국 전체 대학에서 법학을 가르치는 유색인종 여성은 단 여덟 명뿐이었다. 즉 아프리카계 미국인 여섯 명, 아시아계 미국인 한 명, 라틴계 미국인 한 명. 초기에 내가 몸담았던 여러 직장에서는 남성들이 내 머리, 옷, 체중, 다리, 허리, 나이, 피부색, 목소리, 억양, 화장 여부, 장신구(반지가 없다고?!), 결혼 여부에 대해 공공연하고 일상적으로 이러쿵저러쿵 말했다. 내 몸은 꼬챙이에 꿰어져 타인의 호기심이란 불 위에서 돌려지는 느낌이었다.

한 번도 본 적 없는 것에 대한 호기심은 충분히 이해한다. 인간은 자신이 지각한 질서 속에 안주하고, 그 질서가 변화함에 따라 어울리지 않는 사람들은 낙인찍히고, 언급당하며, 이국적으로 간주되고, 외면당한다. 그런데 이런 경험을 통해 나는 그런 공간에서 사려 깊은 어른이 되는 방법에 대해 깊이 생각하게 됐다. 우리는 낯선alien 존재와 만나는 초현실적 경험을 넘어 보이지 않는 역사, 무례한 태도, 상호 무지, 무분별하고 노골적인 호기심으로 곪아 터진 사회적 불안을 어떻게 해결할 수 있을까?

강의를 시작하고 얼마 안 되어 내 주변에는 새로운 얼굴들이 등장하면서 새로운 관계, 새로운 사고방식을 빚어냈다. 우리는 학문적, 언어적, 존재론적 경계 등 모든 종류의 경계를 넘어 말하기 시작했다. 훗날 킴벌리 크렌쇼Kimberlé Crenshaw 교수(아프리카계 미국인 정책포럼African American Policy Forum의 설립자)는 이를 "교차적" 작업이라 불렀다.

벨 교수는 친절하고 사려 깊은 인물로 그런 대화를 가능하게 한 중요한 선구자였다. 그는 누락된 역사들을 다시 중심에 놓기 위해 끊임없이 연구했으며, 인종차별적 계약 조항들이 얼마나 억압적인지를 지적하곤 했다. 단순히 '인종법'이라는 별도의 과목으로 한정된 주제가 아니라 재산법과 같은 기초 법학 과목에서도 다루어야 할 권력관계의 필수 요소로 본 것이다. 그는 그 세대의 모든 사람을 지식 탐구의 열린 장으로 초대해 다양한 사회적 권력 구조에 어떻게 대응할 것인지 함께 고민했다.

이 분야의 초기 저자들로는 다음과 같은 교수들이 있었다. 찰스 로런스Charles Lawrence, 마리 마츠다Mari Matsuda, 게리 펠러Gary Peller, 제럴드 토레스Gerald Torres, 폴렛 콜드웰Paulette Caldwell, 로버트 윌리엄스Robert Williams, 도로시 로버츠Dorothy Roberts, 리자이나 오스틴Regina Austin, 에릭 야마모토Eric Yamamoto, 할런 달튼Harlon Dalton, 제롬 컬프Jerome Culp, 리처드 델가도Richard Delgado, 진 스테판식Jean Stefancic, 켄달 토머스Kendall Thomas, 셰릴 해리스Cheryl Harris, 그리고

여러 학제간 연구자들.

이런 글쓰기의 흐름은 광범위한 교차 학문 운동을 참조했는데, 법 현실주의와 페미니즘 법학의 통찰을 반영했을 뿐 아니라 당시 새롭게 부상하던 비판적 법학 운동의 인물들, 이를테면 덩컨 케네디Duncan Kennedy, 로베르토 웅거Roberto Unger, 모턴 호르위츠Morton Horwitz, 피터 게이블Peter Gabel과도 깊이 연계되어 있었다. 그런 다양한 통합과 연결이 비판적 인종 이론의 기원이었다.

다만 나는 벨이 시작한 것을 이론이라기보다는 '비판적 인종 대화'로 생각한다. 비판적 인종 이론의 탄생은 이 시대의 합법화된 소외의 역사와 경험에 대한 고심에서 비롯됐다. 이 시대에는 비판적 페미니즘 이론, 라트크릿Latcrit(라틴계 및 히스패닉계 정체성 연구), 원주민의 권리와 조약에 관한 재논의, 이주 노동자의 지위에 관한 논의, 성소수자 권리에 대한 법학적 담론이 동시에 부상한 시기였다. 거대한 변화의 시기였고 생산적이고, 희망적이며, 기쁨이 넘치는 시기였다.

그때 시작된 작업은 여전히 반향을 일으키고 여전히 진행되고 있다. 그러나 사회 변화, 특히 인종 영역에서의 변화는 끊임없이 저항과 반대에 부딪혀야 했다. 현재 그런 저항은 근래 들어 급격히 커졌는데, 그 혐오는 여전히 익숙한 형태를 띠고 있다.

불안해하며 속삭이는 아이들이 성장하면서 어떤 일이 일어나는지에 대한 2021년의 이야기를 소개한다. 백인이 90퍼센트 이상인 미시간주 트래버스 시티에서 고등학생들이 '노예 거래'라는 스냅챗 그룹을 만들어 거기서 "흑인은 모두 죽어야 한다"는 이야기를 주고받았다. 그리고 심지어 "또 다른 홀로코스트를 시작하자"는 제안도 나왔다.[17] 그들의 온라인 거래 내용은 실제로 노예 경매를 열어 흑인 반 친구를 돈에 팔아넘긴 뒤에야 공개됐다. "내가 얼마에 팔렸는지 알아요. 100달러요." 거래된 소녀가 말했다. "하지만 결국엔 공짜로 넘겨졌어요."[18]

이 모든 게 알려지자 학교는 "차별과 인종주의의 맞서 싸우는 데 필요한 조치가 새로운 지식과 지역사회의 진보에 달려 있음을 인식하기" 위해 사회적 형평성 대책위원회를 구성하는 결의안 초안을 서둘러 작성했다. 그러나 결의안 초안은 일부 학부모의 격렬한 저항의 대상이 됐고, 이 글을 쓰고 있는 현재 그들은 커리큘럼에서 "사회적 형평성과 다양성의 관점"을 장려하는 문구를 삭제하고, 학교 도서관에 소외된 저자의 책을 추가하겠다는 약속을 제거하는 데 성공했다.

또한 다양성, 형평성, 포용성, 소속감 이슈 교육에 대한 언급도 삭제하고 인종주의, 인종 폭력, 혐오 발언, 편협성을 규탄하는 문구를 삭제하며 "우리 학교나 우리 사회에서 인종주의와 증오는 자리할 수 없다"는 말도 삭제했다. 주로 학부모들이 주도한 반발

---

17 Hannah Natanson, "It Started with a Mock 'Slave Trade' and a School Resolution Against Racism: Now a War over Critical Race Theory Is Tearing This Small Town Apart," *Washington Post*, July 23, 2021.

18 Natanson, "It Started with a Mock 'Slave Trade.'"

로 인해, 영어권 화자들이 스냅챗에서 흑인 급우를 노예로 거래하는 것이 잘못되었다고 말할 수 있게 해주는 바로 그 어휘가 삭제된 것이다.[19]

이 이야기는 인종에 대해 이야기하지 **않는** 법에 — 아니, 무엇에 대해서도 아예 이야기하지 않는 법에 — 관한 불행한 역학 관계를 보여준다. 그리고 일부 부모가 얼마나 인종을 성sex처럼 보는지를 잘 드러낸다. 그러니까 아이들을 동요하게 하고 부모를 당혹스럽게 하기에 숨겨야 하는 금기, 외설적인 것으로 보는 것이다. 성과 마찬가지로 인종에 대한 무지는 은밀한 흥분이 된다. 인종적 경멸은 욕설처럼 일종의 방종적인 놀이, 일종의 카타르시스적 강조가 된다.

다르지 않다고 사회화된 많은 아이와, 그렇게 자라 규범적으로 편안한 어른들에게 인종에 대한 논의는 여전히 미성숙하고 유치한 수준에 머물러 있다. 마치 '쿠티'cooties[아이들 사이에서 특정한 아이를 배척하거나 놀릴 때 사용하는 용어로 '세균'을 뜻함]를 정하는 놀이처럼 애매하게 정의되면서도 잔인할 정도로 특정한 방식으로 작동한다. 그래서 순결, 순수, 순진의 이름으로 성교육을 금지한다. 본질적으로 '분열을 초래하는' 인종에 대한 말하기를 금지한다. 하지만 상이한 인종의 미국인들이 마치 1492년 배에서 막 내린 것처럼 서로 인사하는 것을 보면 그 분열은 이미 눈에 띄게

---

19 Natanson, "It Started with a Mock 'Slave Trade.'"

존재한다고 말할 수 있다. 우리는 이 문제를 직면해야 한다.

트래버스 시티의 교육위원회 회의에서 한 학부모는 형평성 결의안 자체가 "비판적 인종 이론과 얽혀" 있다고 주장했다. 학부모들은 결의안이 "마르크스주의적", "반기독교적", "분열적", "반백인적"이라고 생각한다는 팻말을 들고 증언도 했다. 나는 결의안을 원본과 편집본 모두 읽어봤는데 마르크스주의나 적그리스도를 암시하는 내용은 전혀 없었다.[20] 정말이지 '분열적인' 것에 대한 두려움이 왜 '포용과 소속'과 같은 반대 개념까지 삭제해야 하는 이유가 되는지 수수께끼에 가깝다. 인종차별적인 언어나 괴롭히는 행동을 규탄하는 것이 자동으로 '반백인적'인 행위로 간주되는 것은 이 시기의 혼란을 보여주는 징후다.

공청회에서 부모 대부분은 자녀 중 상당수가 — 모든 설명에 따르면 스냅챗 그룹보다 더 많은 아이가 — 비백인인 반 친구를 폄하하고, 굴욕감을 주며, 비인간화하고 심지어 죽이라고 요구하는 데까지 나아간 사실을 축소하려는 듯했다. 학부모들은 반발하면서 외려 더 큰 죄는 '인종'을 언급한 것 자체라고 주장했다.

발언이 가장 많이 인용된 학부모 지도자 중 하나인 다르시 피크렌Darcie Pickren은 이렇게 주장했다. "우리는 단 1초도 인종에 대해 생각하지 않습니다. 절대 생각하지 않습니다. 그건 벌집을 건드리는 행동이라 생각합니다. 돌이킬 수 없다고요." 피크렌은 우

---

20 "Draft Diversity, Equity, Belonging and Inclusion Resolution," Travis City Area Public Schools Board of Education, May 21, 2021.

려했다. "학교들이 커리큘럼을 수정하고 있습니다. … 기본적으로 수학과 영어를 없애고 대신 사회정의 과목을 도입하겠다고요." 사회정의 교육은 "아이들에게 우리나라가 인종주의에 기반을 두고 있으며 백인이면 특권층이며 그 문제의 일부라고 가르치는 것처럼 들립니다."[21]

2020년 이후 비판적 인종 이론을 가장한, 추하고 중상하며 조작된 모방물이 실제 역사를 밀어내 그 자리를 차지했다. 그리고 이제는 악의적인 혼란의 시대를 지배하며 동성애자, 트랜스젠더, 이민자, 유대인, 무슬림, 아시아인, 여성, 임신, 피임, 그리고 과학의 전 영역을 표적 삼아 비방하고 있다.

2020년 초부터 이런 이례적인 반발이 유행하기 시작했고 흑인의 역사, '흑인의 생명은 중요하다' 운동, 인종적 회복에 대한 대화의 매우 특정한 측면들을 다룬 글을 향해 인종화된 공격이 가해졌다. 그 공격의 집중 표적이 된 것은 『뉴욕 타임스』 '1619 프로젝트'와 같이 미국의 기원 이야기에서 노예제를 전면에 내세운 작품이나 타네히시 코츠Ta-Nahisi Coates의 『세상과 나 사이』Between the World and Me와 같이 배상이라는 무거운 주제를 포함해 회복에 관한 대화를 장려한 작품이었다.[22]

---

21 Natanson, "It Started with a Mock 'Slave Trade.'"

22 Nikole Hannah-Jones, *The 1619 Project: A New Origin Story* (London: One World, 2021); and Ta-Nehisi Coates, *Between the World and Me* (New York: Spiegel & Grau, 2015).

이런 공격은 무작위적인 것도 자발적인 것도 아니었다. 매우 신중하고 냉소적인 선전 캠페인에 의해 계획되고 부추겨진 것이었다. 지난 30년 동안 이 문화 전쟁이 우리를 괴롭혀왔는데, 이상하게도 이렇게 격렬해진 것은 2020년 9월 도널드 트럼프 대통령이 모든 연방 프로그램에서 비판적 인종 이론과 다양성 교육을 금지하는, 현재는 철회된 행정명령을 내리고부터였다. 그 명령의 용어를 다시 살펴보면 비판적 인종 이론을 허울 좋게 증오와 전염병에 연결했다는 점에서 입이 떡 벌어질 정도다. 트럼프는 후속 트윗에서 이렇게 썼다. "이것은 더는 방치할 수 없는 질병입니다. 신속히 절멸시킬 수 있도록 목격하면 신고하세요!"[23]

'절멸'이라, 역시나! 이는 역사나 잘못된 교육에 대한 우려를 훨씬 뛰어넘는 정서다. 수십 년 전 로스쿨에서 시작된 학문적 논의로서 비판적 인종 이론의 의미를 앗아간다. 이런 개념 도둑질은 인종에 대한 단순한 논의 자체를 질병과 독으로 취급한다. 인종이란 주제를 논쟁적인 것에서 치명적인 것으로 끌어올리고, 검열을 승인하는 행정명령을 활용하며, 신속한 절멸이라는 분명한 목표로 감시 수색 섬멸 작전 명령을 수반한다.

맨해튼 연구소Manhattan Institute 선임 분석가 크리스토퍼 루포 Christopher Rufo는 2020년 트럼프의 행정명령의 이데올로기적 투우

---

23 Matthew Schwartz, "Trump Tells Agencies to End Trainings on 'White Privilege' And 'Critical Race Theory,'" *News*, WFDD, Winston-Salem, NC, September 5, 2020.

사로 널리 알려져 있다. 그는 법학계에서만 논의되던, 잘 알려지지 않은 개념을 끌어와 완전히 재정의했다(순전히 악의적인 의도에서 그렇게 했다). 행정명령 발표 직후 많은 사람이 인용한 트윗에서 루포는 자신의 목표는 "대중 설득 캠페인을 실시해" 여러 주제를 합쳐 비판적 인종 이론이라 불리는 새로운 양동이에 넣어버리는 것이라고 말했다.

"우리는 그들의 브랜드를 — 비판적 인종 이론을 — 대중 담론 속에 확고히 자리 잡게 했고 이에 대한 부정적 인식을 꾸준히 높여나가고 있다. 우린 결국 그것을 유독한 것으로 바꿀 것이다. 다양한 문화적 광기를 모조리 그 브랜드 범주에 넣는 것이다. … 목표는 대중이 신문에서 터무니없는 내용을 읽었을 때 바로 '비판적 인종 이론'이 떠오르도록 하는 것이다. 우리는 그 용어를 해체했고 미국인에게 인기 없는 모든 범위의 문화적 구성물을 포함하도록 재규정할 것이다."[24]

그리고 그는 — 혹은 정체불명의 '우리'가 — 해냈다. 1년 만에 미국의 거의 모든 공화당 후보가 사악한 존재로 통하는 비판적 인종 이론을 제거하겠다고 맹세했다.

2023년까지 루포는 플로리다 주지사 론 드산티스가 총애하는 투우사가 됐고 플로리다의 스톱 워크법 시행을 돕는 데도 초청됐다. 그는 자신의 정치적 목적을 그대로 밝힌다. "저는 기본적으로

---

24 Benjamin Wallace-Wells, "How a Conservative Activist Invented the Conflict over Critical Race Theory, *New Yorker*, June 18, 2021.

그 비판의 내용을, 충격적이고 노골적이며 끔찍한 뉴스 속보와 결합해 정치적으로 만들었습니다. … 눈에 띄는 정치적 이슈로 만들었고 명백한 악당으로 설정했습니다."[25]

이것이 비판적 인종 이론이 변한 모습이다. 일종의 부두 인형 말이다. 루포나 [보수 정치 평론가] 터커 칼슨Tucker Carlson, 보수정치행동연합Conservative Political Action Coalition이나 큐어넌처럼 세계를 창조하는 세력이 말하는 그대로 된다. 이를테면 유치원생의 뇌를 맘껏 먹어치우고 그들의 순수함을 죽이기 위해 고용된, 교사 복장을 한 상상 속의 수백만 명의 흑인 드랙퀸 말이다. 이 용어는 결코 정의되지 않은 채 부유하는 기표로 축소된 개념이다. 예컨대 유괴를 저지르고, 순수함을 파괴하며, 학문적 영역에서조차 [1988년 대선에서 범죄와 흑인성을 연결하는 데 악용된 인물인] 윌리 호튼Willie Horton처럼 악용된 개념이다.

2022년까지, 그 무렵 이미 약어로 CRT로 불리던 비판적 인종 이론은 다름 아닌 **실제 법률에서**도 사람들에게 죄책감, 수치심, 비난받는 느낌을 안기는 모든 것으로 재규정됐다. 놀랍게도 도널드 트럼프 전 대통령은 사우스캐롤라이나 집회에서 말 그대로 희생을 요구하며 실제 폭력을 부추기는 시도를 하며 이 단어를 사용했다. "우리 학교에서 비판적인 인종 이론을 없애는 것은 가치의 문제일 뿐 아니라 국가 생존의 문제이기도 합니다. 우리에게

---

25 Wallace-Wells, "How a Conservative Activist Invented the Conflict."

는 선택의 여지가 없습니다. 모든 국가의 운명은 궁극적으로 시민들이 국가를 지키기 위해 기꺼이 목숨을 바치겠다는 의지에 달려 있으며, 실제로 그래야 합니다."[26]

우리의 정신적 트라우마가 쉽게 재발할 수 있음을 보여주는 이보다 분명한 증거가 또 있을까? 요제프 괴벨스Joseph Goebbels는 이렇게 썼다. "프로파간다의 임무는 가능한 한 많이 말하는 게 아니라 혼란스럽고 복잡하며 복합적인 아이디어들을 단 하나의 캐치프레이즈로 모은 다음 국민 전체에 주입하는 것이다."[27]

트럼프의 2020년 행정명령은 바이든 대통령에 의해 철회됐다. 하지만 이후에도 공화당은 공립학교나 직원 교육에서 진실한 역사를 가르치는 것을 거의 동일하게 금지하는 법안을 만들고 주 의회에서 번갯불에 콩 구워 먹듯 빠르게 상정했다. 이 법안들은 최소 36개의 주에서 전체 또는 부분적으로 제정됐다. 중간선거 직전인 2022년 현재, 여덟 개의 주에서만 반 CRT 법안이 도입되지 않았다. 공화당은 2024년에 의회를 장악할 수 있다면 반 CRT 및 반 LGBTQ 법안을 연방화하겠다는 의지를 천명했다.

---

26 Bess Levin, "Trump Tells Supporters They Must Fight to the Death to Stop Schools from Teaching Kids About Systemic Racism," *Vanity Fair*, March 14, 2022.

27 Joseph Goebbels, "The Tasks of the Ministry of Propaganda," speech given to member of the press, March 15, 1933, reprinted in *The Third Reich Sourcebook*, ed. Anson Rabinbach and Sander L. Gilman, trans. Lilian M. Friedberg (Berkeley: University of California Press, 2013).

그렇게 빠르게 조직된 정치적 반발의 소용돌이 속에서 전국의 교육위원회는 고통스럽고 지역사회를 파괴하는 반목을 한바탕 겪었다. 이 법의 용어는 거의 동일했는데, 지역 차원에서가 아니라 맨해튼 연구소, 미국 기업연구소American Enterprise Institute, 헤리티지 재단Heritage Foundation을 포함해 보수 싱크탱크들이 조직화하고 후원한 팀이 초안을 작성했기 때문이다.

그 템플릿은 언뜻 보면 무해하게 시작하는데, 인종이나 성별에 따른 고정관념화, 특정 인종이나 성별이 다른 인종이나 성별보다 우월하게 태어난다고 가르치는 교육, 어떤 개인이 본질적으로 인종차별적, 성차별적 혹은 억압적이라고 가르치는 교육, 같은 인종 구성원이 과거에 저지른 행동에 대해 자동으로 책임을 져야 한다고 가르치는 교육을 금지한다. 여기까진 괜찮다. 하지만 그 법안들은 이런 고귀한 아이디어를 반 비판적 인종 이론으로 왜곡해 규정한다. 이런 비논리에 따라 이 법안들은 비판적 인종 이론이 법으로 금지된 모든 조잡한 생물학적 결정론을 옹호한다고 강력하게 — 또 부당하게 — 암시한다.

여기서 더 나아가 그 법안과 법률들 대부분이 의무적인 젠더 혹은 성 다양성 교육과 논쟁적인 주제에 대한 토론을 금지하고 일부는 1619 프로젝트 교육을 금지한다. 앨라배마주처럼 비판적 인종 이론을 전면적으로 금지하는 — 그리고 그것을 의식적으로든 무의식적으로든 미국이 본질적으로 인종차별적 혹은 성차별적이라는 생각하는 모든 믿음으로 규정하는 — 법안도 있다. 거의 모든 판본은 "누구라도 자신의 인종 혹은 성별 때문에 불편함, 죄책감, 비통함, 혹은 다른 유형의 심리적 고통을 느낄 수 있는" 교육을 금지한다.

이 마지막은 모든 조항 가운데 가장 문제가 되는 조항일 것이다. 공립학교 학생들이 — 유치원부터 대학까지 — 느낄 수 있는 그런 불편함은 그 자체로 위반 사항이 되어 교사는 벌금이나 해고 위험에 처할 수 있고 개별 학교나 학군 전체도 예산을 보류당할 수 있다. 사실상 어린아이들과 미성숙한 청소년의 감정이 교사와 교육기관을 규율하는 기준이 되는 것이다. 학생들이 어려운 대화에 화를 내면 목이 날아가는 셈이다.

똑같은 문구로 된 법률이 우후죽순처럼 퍼져나간 것은 학교와 직장에서 인종에 관한 대화를 억압할 뿐 아니라 시민 첩자에게 '대행 역할'을 부여한다([보수 성향] 시민단체인 네바다 가족연합 Nevada Family Alliance은 교사들이 "미국 증오"를 "세뇌"하지 않도록 경찰처럼 보디캠을 착용할 것을 촉구하기도 했다). 이런 시민 대행 제도는 시민이 서로 감시하도록 장려하는 텍사스주의 새로운 낙태법과 총기 공개 휴대가 가능한 주에서 무장 투표 감시원의 순찰을 허용하는 법과 맥락을 같이한다.

이런 틀 짓기 탓에 내가 자주 요청받는 일을 — 비판적 인종 이론이 무엇인지 알려주는 것을 — 할 수 없다. 더는 정의나 사실 차원의 논쟁이 아니기 때문이다. 모든 탁월한 프로파간다와 마찬가지로 그 대상은 보는 이의 흐릿한 눈, 그 인식에 달려 있다. 비판적 인종 이론은 정의될 수 없는 것으로 자리매김됐는데 루포를 비롯한 인물들이 이를 인식론적 지시어에서 감정적 저장소로 변형시켰기 때문이다. 그것은 정교하게 짜인 마법, 증오의 안개와 같다. 사회적 전염을 규정짓는 행위로 마치 마법처럼 작동한다.

이런 새로운 법안과 법률이 특히 유해한 것은 감정을 불법화하기 때문이다. 이는 행위의 주체성을 협상이나 규범을 넘어선 영역으로 이전시킨다. 교사의 의도에서 법을 준수하는 힘을 빼앗고 그 힘을 아이들의 감정에 둔다. 폭스 뉴스는 다문화 아이들이 집으로 돌아와, 백인 아빠가 자신의 아시아계/라틴계/아프리카계 엄마를 못되게 억압하는 사람이라고 배워 혼란에 빠졌다는 이야기를 대대적으로 보도한다.

물론 일을 형편없이 그르치는 교사도 있겠지만 솔직히 그 문제를 해결하려면 법이 아닌 — 내전까지 필요하지 않은 것과 마찬가지로 — 무언가가 필요하다. 우리는 문제를 완전히 잘못 짚었다. 아이들에게 어려운 역사를 가르치는 것은 정말 국가 비상사태를 해결하는 것보다 간단하다.

선의의 세상에서 우리는 서로 간의 거리를 좁히고자 열심히 노력한다. 숙련된 역할 모델들은 우리에게 서로 수치와 모욕을 주지 않는 방법을 가르쳐줄 수 있다. 논쟁적인 주제가 불러일으킬 수 있는 그 감정들을 극복하는 데는 헌신이 필요하다. 나는 교사들에게 어려운 주제를 — 더 나은 표현이 없어 현재 사용하는 말로 다양성 교육diversity training을 — 꺼내는 법을 가르치는 게 가치 있다고 믿는다. 그런 교육에는 역사적 사실뿐 아니라 분석적 사고, 분별하는 방법, 사교성, 인내심, 경청 능력, 울고 화내고 용서할 수 있는 충분한 신뢰 형성이 포함되어야 한다.

일반적인 교실 토론에서 특정한 책, 언론 기사, 단어를 금지하는 법은 환원주의적 근본주의 혹은 권위주의로 질주하는 길이다. 그렇다고 무엇이 적대적인 학습 혹은 업무 환경을 구성하는지, 무엇이 반 합의적 혹은 반 지적 행동으로 징계되어야 하는지를 두고 찬반 주장을 청취하는 징계 절차가 있으면 안 된다고 말하는 게 아니다. 발언에 대한 전면적 금지와 달리 이미 우리 법체계에 존재하는 징계 절차는 개별 사건과 논쟁을 맥락에 맞춰, 가르치는 내용이 적절한지 판단한다. 이는 인사부에서 협상하거나 종신 재직 심사에서 조사하거나 괴롭힘 관련 규정으로 문제를 해결하는 방식이다. 정반대로 새로운 비판적 인종 이론 금지법은 아직 입밖에 내지도 않은 모든 범주의 발언을 금지한다.

10년 전 러시 림보Rush Limbaugh 같은 절대적 '언론의 자유' 옹호자들은 공중파에서 하고 싶은 말을 마음껏 크게 외치기 위해 끝없이 싸웠다. 이제 바로 그 허풍쟁이들 가운데 일부는 특정 단어나 개념을 말하거나 가르치는 것을 막기 위해 법적으로 사람들을 괴롭히고 있다. (그들의 노력은 의미를 아이러니 수준을 넘어서 완전히 부조리한 수준으로 무의미로 만들어버렸다. 심지어 컴퓨터에서 "젠장, 원하는 대로"라고 썼더니 자동수정 기능이 나에게 경고했다. "이 단어는 독자에게 불쾌감을 줄 수 있습니다.")

양극단 모두 똑같이 위험한 역설이다. 두 극단 모두, 누구는 처벌과 규제 없이 자유롭게 말할 수 있고 누구는 그러지 못하게 하는 조종이기 때문이다.

인종에 대한 느낌을 법으로 침묵시킬 순 없다. 수치심, 죄책감, 불편함을 불법화하는 것은 어리석고 불가능할 뿐아니라 신성모독법이 신이나 왕에 대한 비방을 금지하는 것과 동일한 방식으로 인종을 규정하는 것이기도 하다. 미국인으로서 우리 삶의 어려운 부분을 바라보는 것은 신성모독이 아니다. 또한 우리가 살고 있는 세상은 거룩함이 불순물의 침범으로 더러워지는 신성한 질서가 (아직은) 아니다.

안타깝게도 터무니없는 극단적 주장이 헤르페스처럼 퍼지고 있다. 최근 한 분노한 남성이 메리엄웹스터 본사에 **여자**, **소녀**, **여성**의 정의에 동의하지 않는다며 폭탄 테러 협박을 했다. "젠더 정체성 같은 것은 없다"고 그는 선언했다.[28]

친구가 들려준 이야기에 따르면 친구 아들이 다니는 유치원의 한 아이가 첫 추수감사절 포스터에 "백인이 아닌 사람들"(그 사내아이가 말한 것은 아메리칸 원주민)이 포함돼 있다고 화를 냈다. "그건 법 위반"이라는 것이었다. 그 작은 아이가 얼마나 시끄럽고 터무니없이 '쉿!' 하는 말을 많이 들었으면 포스터 속 갈색 얼굴이

---

28 Dennis Romero, "California Man Who Vowed to Bomb Merriam-Webster over Gender-Inclusive Entries Pleads Guilty," *NBC News*, September 16, 2022.

인종적으로 잘못됐다고 생각했을지 상상해보라.

물론 이 모든 것은 어른들이 정말 모른다면 어떻게 될지에 대한 질문도 제기한다. 영국인 친구가 영국에서 박사학위를 마무리하고 있는 한 고학력 미국인 여성에 관한 이야기를 들려줬다. 수업 중 누군가가 미국의 남북전쟁에 관해 물었는데 그 젊은 미국인은 무슨 말인지 전혀 몰랐다. 그녀는 설명을 듣고 나서야 자신이 '북부의 침략 전쟁'으로만 알고 있던 것을 이야기하고 있음을 깨달았다. 우리가 얼마나 벙커에 갇혀 있었는지, 이미 얼마나 분열됐는지, 얼마나 오래전부터 그랬는지는 깜짝 놀랄 정도다.

최근 역사학자인 친구가 2012년 텍사스 공화당 전당대회에서 발표된 정강의 일부를 보내주었다. "우리는 지식 기반 교육, 즉 우리는 고차원 사고 기술(가치명료화), 비판적 사고 기술, 이와 유사한 프로그램의 교육에 반대한다. 이런 프로그램은 행동 교정에 중점을 두고 학생들의 고정된 신념에 도전하며 부모의 권위를 약화하는 것이 목적인 성취 기반 교육(숙달 학습)을 단순히 재명명한 것에 불과하다."

눈이 번쩍 뜨였다. 우리를 분열시키는 것이 인종만이 아님을 깨달았다. 이 조항은 2012년 전당대회 정강에 추가됐을 때 광범위한 조롱과 놀림을 받았다. 크리스토퍼 루포가 '비판적 사고 능력'에 인종이란 요소를 추가해 '비판적 인종 능력'으로 이름을 바꾼 것만으로도 순식간에 공화당이 맞서 싸워야 할 대중적 골칫거리로 전락하기에 충분했다.

이 공화당 강령을 통해 나는 어떤 미국인에게 교육이란 학생들이 인종을 포함해 모든 것에 대해 비판적으로 사고하도록 장려하는 것이 아님을 깨닫게 됐다. 그들에게 교육이란 학생들이 스스로 생각하도록 고무하는 것이 아니라 절대적인 복종을 심어주는 프로젝트다. 교사의 책임은 학생들이 고정된 신념을 가지고 있고 그 신념을 어느 정도 확대하면 부모의 권위를 침해할 수 있음을 전제로 한다. 이를 보니, 교사에게 보디캠을 착용하라는 네바다 교사연합의 제안에 반영된 놀라운 근본주의가 이해된다. 이는 부모가 교실에서 가상의 감독자, 감시자, 조사위원이 되고 모든 말을 영구 기록으로 남기는 발상이다.

과언이 아니라 이는 언론의 자유뿐 아니라 젊은이들이 자립하는 법을 배울 가능성에도 찬물을 끼얹을 것이다. 경찰관에게 보디캠을 장착시키는 것은 생사 여부를 가르는 결정이 본질적으로 포렌식 분석의 대상이 되는 경우다. 하지만 학생과 교사의 만남을 재판과 증거 조사의 대상으로 삼아 소송을 일삼는 감시 체계를 구축하는 것은 전혀 다른 기획이다. 교사를 신뢰할 수 없고 교실이 경찰이 보모 감시용 카메라 같은 것으로 순찰하는 지역이 된다면 교육의 본질이 바뀌고 학생들이 위험을 감수하고 실수할 수 있는 환경이 사라진다.

결국 이런 새로운 법들은 어떤 공통된 한계나 정의에도 닿아 있지 않은 듯 보인다. 즉 학생이 불편함을 느꼈다는 개인적 고통 외에 대체 무엇이 교사 해임 사유가 될 수 있는지에 대한 기준이 없다. [미국 대법관 포터 스튜어트Potter Stewart가 1964년 판결에서 포르노그래피를 정의하는 데 어려움을 겪으면서 한 말로, 지금도 법적 기준의 모호함을 상징하는 표현을 빌리면] 포르노그래피처럼 "그냥 보면 안다"고 할 수 있을까? 그런 모호함은 지나치게 흥분한 어린이 생일 파티처럼 누가 누구를 화나게 했는지, 누가 누구의 입을 다물게 할 권리가 있는지, 누가 더 많이 고통을 겪었는지, 누구의 피부가 가장 얇은지를 두고 벌어지는 유치한 소란으로 퇴보한 캠퍼스 문화 위에서 가장 뚜렷한 아이러니로 떠다니고 있다.

특히 대학에서 벌어지는 그런 와해, 흔한 소심함, 과잉 반응은 학계에서 일하는 모든 사람 가운데 오랫동안 우려를 낳았다. 판이한 가정 환경에서 온 고양이들을 — 일곱 살이든, 10대든, 대학원생이든 간에 — 한데 모으는 것은 쉽지 않다. 이 어려운 만남, 즉 과도하게 분리된 정치체제의 결과물을 극복하기 위해 더 많은 티슈와 더 많은 인내가 필요하다고 주장해온 것은 나만이 아니다. 가르치는 사람들은 — 비판적 인종 이론가뿐 아니라 우파든, 좌파든 모든 이념을 가르치는 사람들은 — 모두 분쟁 해결의 한 형태로 고함을 지르고 울고 서로 고자질하는 미성숙한 학생들을 걱정한다.

그 정도는 새로운 도전이라 하기 어렵다. 가르치는 일에 수반되는 것이다. 때때로 이는 기이하고 디스토피아적인 게임 쇼처럼 느껴질 수 있다. (이제 정치인들까지 포함해) 한 나라의 사람들이 서로 모욕을 퍼붓고 있는데 마치 오프라 윈프리가 자동차를 공짜로 나눠 주듯 후하게도 퍼붓는다.

"당신은 인종차별주의자야!"

"아니, 당신이 인종차별주의자야!"

"당신은 여성혐오주의자이기도 하잖아!"

이런 순간을 헤쳐나가고 해결하기가 아무리 어렵다 하더라도 그 과정을 거치는 일은 **인종주의** 같은 단어를 실제로 금지해 어려움을 해결하려는 방식과는 거리가 멀다. 이는 단어를 그 단어가 의미하는 대상과 혼동하는, 경직된 근본주의의 생각없음에서 비롯된 순진한 해법이다.

말에는 분명 의미가 있고 새로운 세계를 소환할 수 있다. 말에는 유해한 법을 만들거나 행동을 명령하거나 죽음을 불러일으키는 잠재적 힘도 있다. 그렇다고 막대기라는 단어가 **막대기**는 아니며, **돌**이라는 단어가 실제 돌은 아니다. 인종주의라는 단어를 없애면 인종주의의 복잡한 역사와 그 결과로 황폐화한 인간관계도 없어지리라고 생각하는 것은 어리석다. 그럼에도 불구하고 [표현의 자유와 문학을 옹호하는 비영리단체인] 펜 아메리카PEN America의 교내 금지 도서 목록에 따르면, 2021년 숙청이 시작된 이래 수천 권의 책이 교과 과정에서 삭제되거나 도서관에서 대출이 보류되었다.[29]

---

29 펜 아메리카의 교내 금지 도서 목록의 '2022–2023학년도 금지 도서 현황 업데이트'에 따르면 금지된 도서들 가운데는 다음과 같은 책들이 포함되어 있다. Toni Morrison's *Beloved*; Michelle Alexander's *The New Jim Crow*; *The*

Diary of Ann Frank; Amnesty International's *We Are All Born Free: The Universal Declaration of Human Rights in Pictures*; Margaret Atwood's *The Handmaid's Tale*; J. M. Barrie's *Peter Pan*; Dinah Brown's *Who Is Malala Yousafzai?*; James Buckley Jr.'s *Who Was Jessie Owens?*; Eric Carle's *Draw Me a Star*; Chief Seattle's *Brother Eagle, Sister Sky*; Cynthia ChinLee's *Amelia to Zora: Twenty-Six Women Who Changed the World*; Ta-Nehisi Coates's *Between the World and Me*; Robert Coles's *The Story of Ruby Bridges*; Kathleen Connors's *The Life of Rosa Parks*; Taye Diggs's *Mixed Me!*; Roberta Edwards's *Who Is Barack Obama?*; Sarah Fabiny's *Who Was Frida Kahlo?*; Sarah Fabiny's *Who Was Rachel Carson?*; Jonathan Safran Foer's *Extremely Loud and Incredibly Close*; Jeffrey Fuerst's *African American Cowboys: True Heroes of the Old West*; Catherine Gourley's *Who Was Maria Tallchief?*; Lorraine Hansberry's *A Raisin in the Sun*; James Haskins's *The Scottsboro Boys*; Gail Hernandez's *Who 230 Notes Is Derek Jeter?*; LeBron James's *I Promise*; Varian Johnson's *What Were the Negro Leagues?*, Katherine Krull's *Starstruck: The Cosmic Journey of Neil deGrasse Tyson*; Harper Lee's *To Kill a Mockingbird*; Grace Lin's *A Big Mooncake for Little Star*; Kevin Noble Maillard's *Fry Bread: A Native American Family Story*; Wynton Marsalis's *Squeak, Rumble, Whomp! Whomp!: A Sonic Adventure*; Nico Medina's *Who Was Aretha Franklin?*; Brad Meltzer's *I Am Martin Luther King, Jr.*; Lupita Nyong'o's *Sulwe*; Andrea Davis Pinkney's *Duke Ellington: The Piano Prince and His Orchestra*; Pam Pollack's *Who Was Lucille Ball?*; Claudia Rankine's *Citizen: An American Lyric*; Dana Meachen Rau's *Who Was Cesar Chavez?*; Arundhati Roy's *The God of Small Things*; Katheryn Russell-Brown's *Little Melba and Her Big Trombone*; Marjane Satrapi's *Persepolis: The Story of a Childhood*; Margot Lee Shetterly's *Hidden Figures: The True Story of Four Black Women and the Space Race*; Sonia Sotomayor's *¡Solo Pregunta!: Se Diferente, Se Valiente, Se Tu* ("Just Ask!: Be Different, Be Brave, Be You"); Art Spiegelman's *Maus*; John Steinbeck's *Of Mice and Men;* William Styron's *The Confessions of Nat Turner*; Susan Verde's *I Am Human: A Book of Empathy*; Kurt Vonnegut's *Slaughterhouse Five*; Mary Dodson Wade's *Condoleeza Rice: Being the Best*; Laurie Wallmark's *Ada Byron Lovelace and the Thinking Machine*; Elie Wiesel's *Night*;

Isabel Wilkerson's *Caste: The Origins of Our Discontent*; and August Wilson's play *Fences*. 이 목록은 펜 아메리카의 목록을 토대로 내가 따로 추린 것으로, 특히 인종과 식민 역사를 삭제하는 우려스러운 금지 사례들을 보여준다. 말할 것도 없이 펜의 전체 금지 도서 목록에는 젠더, 섹슈얼리티, 여성 문제, 트랜스젠더 이슈, LGBTQ 정체성과 관련된 수백 권의 책이 더 포함되어 있다.

8

삭제 과정 Process of Elimination

플로리다주 콜리어 카운티 공립교육구에서는 토니 모리슨의 『빌러비드』를 포함해 100권 넘는 책에 경고 표시를 붙였다. "이 경고 표시는 지역사회의 일부 구성원이 이 책을 학생들에게 부적합한 도서로 지목했음을 알려드리기 위한 것입니다. 이 책은 데스티니Destiny 시스템[학교 도서관 관리 시스템-저자]에서도 동일한 표시로 안내될 것입니다. 이 책의 적합성 여부 결정은 주의 법에 따라 자녀 교육 감독권이 있는 부모에게 있습니다."[1]

이 알림은 책을 단순히 특정 교실 책장에 있는 물리적 형태로만 표시하는 것이 아니라 디지털 형태에까지 따라가 [도서관 관리

---

1 Claudia Rupcich, Irina Gonzalez, and Becky Murray, "Toni Morrison's 'Beloved' and 100 Other Books Now Have Warning Labels in Dozens of Florida Schools," *The Skimm*, August 12, 2022, www.theskimm.com/parenting/florida-school-district-books-warning-label.

시스템 이름처럼] 실제로 영원의 운명 속으로 이어지도록 한다. 이는 '학생에게 부적합한 도서'로 분류되면 온라인에서 더 광범위하고 지속적인 접근 불가 상태가 될 수 있음을 시사한다.

공공 도서관이나 학교 도서관 등 책을 완전히 없애지 않는 곳에서도 또 다른 우려스러운 제한 조치가 득세하고 있는데, 바로 공공 도서관에 지원금을 끊거나 도서관 자체를 폐쇄하는 것이다. 미시간주 제임스타운에서는 보수주의자들이 마이아 코베이브Maia Kobabe의 『젠더퀴어』라는 책 한 권을 서가에서 빼달라고 요구하자, 시민들이 공립도서관에 대한 예산 지원을 중단하고 도서관을 폐쇄하기로 투표했다.[2]

앨라배마주 헌츠빌에서는 시의회가 도서관 관리 및 인력 서비스를 메릴랜드에 있는 영리기업인 라이브러리 시스템즈 앤드 서비스Library Systmes and Services에 외주화하는 방식으로 공공 도서관을 민영화하기로 결정했다. 이 조치는 시립도서관 사서가 휴직 처분을 받은 뒤, 그리고 도서관에서 열린 [퀴어] 프라이드 전시와 관련된 몇 달간의 논란 끝에 이루어졌다.

시의회는 책을 없애는 실질적인 사안에는 일언반구하지 않고 경제적, 영리적 조건에서 이 조치를 정당화하는 성명을 발표했다. 외주화를 통해 비용을 10퍼센트 절감할 수 있고 시간 소모가

---

2 Nathalie Baptiste, "Outrage Over a Single Book Is Shutting Down This Town's Library," AOL, https://www.aol.com/news/outrage-over-single-book-shutting-104500624.html.

적으며 더는 "직원의 시간을 소모하지" 않는, 더 능률적인 장서 개발 프로세스로 "효율성을 높일" 수 있다는 것이었다.[3]

플로리다, 텍사스 및 기타 주에서 법으로 허용된 그런 공격은 모든 주에서 미국 어린이 모두가 배울 내용에 영향을 미칠 것이다. 교과서 출판은 48억 달러 규모의 사업이며 플로리다는 가장 큰 고객 가운데 하나다. 플로리다 내 학교를 고객으로 유지하고자 업체들은 비판적 인종 이론 금지법의 제한 규정을 따르기 시작했다.[4]

2023년 3월 『뉴욕 타임스』는 전국 4만 5,000곳의 학교에서 사용되는 [초등학생용 주간 학습 교재인] 『스터디즈 위클리』Studies Weekly가 2022년 스톱 워크 법 통과 이후 플로리다의 새로운 검토 위원회에서 승인받고자 제출한 내용을 살펴봤다. 『뉴욕 타임스』는 『스터디즈 위클리』가 로자 파크스Rosa Parks의 역사에 관해 기술한 내용의 세 가지 판본을 비교했다. 첫째는 현재 플로리다에서 사용하는 판본이다. "1955년, 로자 파크스는 법을 어겼다. 그녀가 살던 도시의 법에 따르면 버스에서 백인이 앉으려 할 경우 아프리카계 미국인이 자리를 양보해야 했다. 그녀는 그러지 않았다. 경찰이 와서 그녀를 감옥에 데려갔다."

---

3 Matt deGrood, "Huntsville to Pay Private Company to Run City Library Months After Removing LGBTQ+ Display," *Houston Chronicle*, December 21, 2022.

4 Sarah Mervosh, "Florida Scoured Math Textbooks for 'Prohibited Topics.' Next Up: Social Studies," *New York Times*, March 16, 2023.

둘째는 주의 새 교과서 검정를 위해 제출한 판본으로 다음과 같다. "로자 파크스는 용기를 보여줬다. 어느 날 그녀는 버스를 탔다. 그녀는 피부색 때문에 자리를 옮기라는 말을 들었다. 그녀는 그러지 않았다. 자신이 옳다고 믿은 것을 했다."

그런데 가장 최근 검정위원회에 제출된 셋째 판본은 훨씬 근본적으로 수정됐는데 바로 인종이나 차별을 전혀 언급하지 않은 것이다. "로자 파크스는 용기를 보여줬다. 어느 날 그녀는 버스를 탔다. 그녀는 자리를 옮기라는 말을 들었다. 그녀는 그러지 않았다. 자신이 옳다고 믿은 것을 했다."[5]

『뉴욕 타임스』에 따르면 스톱 워크 법이 통과된 지 1년 만에, 드산티스 주지사에게 강력한 영향력을 행사하는 보수 민간단체인 플로리다 시민연합Florida Citizens Alliance은 "자원봉사자들이 검토한 38종의 교과서 중 28종에 배제를 권고했고 거기에는 전국 단위의 출판사 맥그로힐McGraw Hill의 교과서 12종 이상이 포함됐다."[6] 플로리다 시민연합이 "맥그로힐의 5학년 교과서는 몇몇 장에서만 노예제를 189번 언급했다고 항의했다"[7]는 보도를 보면 평가 기준은 불분명해 보이며, 삭제하느냐 마느냐의 문제였던 것 같다. 노예제에 관한 장이라면 — 주제를 축소하거나 아예 없애

---

5 Sarah Mervosh, "Florida Re-edits Another School Subject: Social Studies," *New York Times*, March 17, 2023, p. 1.

6 Mervosh, "Florida Re-edits Another School Subject."

7 Mervosh, "Florida Re-edits Another School Subject."

는 게 목적이 아닌 한 — 한 단어의 언급 횟수만으로 그 교육 가치를 결정해야 한다고 주장하는 것은 매우 환원주의적이다.

출판은 비판적 인종 이론 금지법을 시행하는 주에서 이익률이 현저히 위협받는 사업임을 강조할 필요가 있다. 합리적 경제 논리에 따라 출판사는 가장 많은 독자에게 호소하는 방식, 즉 최소공통분모로 내용을 다듬고 싶은 유인을 느낀다. 예를 들어 유력한 출판사인 스콜라스틱 북스Scholastic Books는 제2차 세계대전 중 일본계 미국인 포로수용소에서 조부모가 사랑에 빠진 이야기를 다룬 매기 토쿠다-홀Maggie Tokuda-Hall의 『도서관에서의 사랑』Love in the Library에서 '인종주의'란 단어를 삭제할 것을 최근 제안했다.

편집자들은 저자에게 이런 메모를 써 보냈다. 그것은 책 홍보에서 "정치적으로 민감하며 일부 교사들이 초등학교 교실에서 아이들과 다루고 싶은 것 이상으로 나아가는 것을 원하지 않습니다. 그러면 교사들이 책 사용을 거부할 수 있고, 유감스러운 일이 될 것입니다."[8] 그러나 토쿠다-홀이 말했듯 반反 아시아 인종주의라는 역사적 맥락을 제거하면 "그저 예쁘고 사소한 사랑 이야기 같은 책으로 축소된다. 그리고 그것은 사실이 아니다. 그렇지 않은 척하는 것은 [제 조부모님-저자]뿐 아니라 당시 수감됐던 12만 명의 다른 사람들에게도 몹쓸 짓을 하는 것이다."

---

8 Emma Bowman, "Scholastic Wanted to License Her Children's Book—If She Cut a Part About 'Racism,'" *New York Times*, April 15, 2023.

스콜라스틱은 사과했지만 토쿠다-홀은 "순간적인 분노의 소용돌이가 지나가도 … 아무것도 변하지 않는다. 다른 창작자들도 이런 끔찍한 선택을 어둠 속에서 강요받는다"고 우려했다.[9]

확실히 알 수는 없지만 — 출판사와 검열관이 시도하는 — 그런 영리 목적의 텍스트 '검토'는 내용, 맥락, 의미 혹은 메시지와 무관하게 단순히 키워드로 검색하고 그 빈도를 지도로 만드는 효율적인 기술을 통해 이뤄지는 것으로 의심된다. 이 문제는 채용과 같은 다른 영역에도 침투하고 있다. 일부 소프트웨어는 이력서에서 소수민족 사교클럽 회원 여부를 스캔하거나 특정 지역 우편번호를 확인해 탈락시키고 여대를 다닌 사람을 거부하는 것으로 밝혀졌다.[10]

점점 더 우리는 — 책, 문학, 철학, 아이디어에 관한 — 정량적 지도에 은밀하게 유혹받고 있고 이는 조용히 규범이 되고 있다. 보얀트Voyant와 드림스케이프Dreamscape 같은 도구는 웹 자료 수집 프로그램으로 디지털 텍스트를 분석해 단어 빈도 목록, 빈도 분포도, KWIC 표시를 보여준다(KWIC는 Key Words in Context의 약자로, 선택한 키워드 앞뒤에 있는 어떤 단어가 등장하는지 데이터베이스 검색을 통해 표로 정리하는 색인 시스템이다).[11] 이런 도구는 어휘

---

9 Bowman, "Scholastic Wanted to License Her Children's Book."

10 다음 다큐멘터리를 보라. *Coded Bias*, Independent Lens, 2020, available on Netflix.com.

11 Lauren F. Klein, Jacob Eisenstein, and Iris Sun, "Exploratory Thematic

밀도, 단어 수, 문장당 평균 단어 수를 측정하는 지도를 생성할 수 있다. 예를 들어 토니 모리슨의 소설 『재즈』에서 가장 많이 사용된 단어는 'like', 'violet', 'said', 'know' 이런 식이다.[12]

색인 도구로 유용하다는 것은 의심할 여지가 없다. 흥미로운 정보 제공이지만 소설의 문학적 의미와 관련해서는 실질적으로 중립적이다. 정량화는 의미를 도출하는 기획에서는 중요하지 않다. 토니 모리슨 자신도 이렇게 말했다. 데이터는 "정보, 지식, 지혜"라는 더 큰 맥락 없이는 거의 의미가 없다.[13]

드림스케이프('하이퍼 게임화 읽기 프로그램'으로 포장된) 같은 특정 도구를 사용하지 않더라도, 우리의 사고가 점점 더 데이터화되고 실제로 데이터에 의존하게 되면서, 교육 자료에 대한 검토 역시 실질적인 평가를 회피하고 콘텐츠 지도화라는 축소된 형태로 기울고 있다. 사이버 공간이 주로 상업적이고 사유화됐음을 고려할 때 기술이 사회 규범을 재구성하는 데 따르는 미묘한 결과는 대체로 검토되지 않는다.

Analysis for Digitized Archival Collections," *Digital Scholarship in the Humanities* 30, supplement 1 (December 2015) 130-41.

12 Amardeep Singh, "'Jazz': Map and Quantitative Data," Toni Morrison: A Teaching and Learning Resource Collection, Lehigh University Humanities Lab, 2021, https://scalar.lehigh.edu/toni-morrison/jazz-map-and-quantitative-data?path=maps-and-data.

13 Toni Morrison, *The Source of Self-Regard: Selected Essays, Speeches, and Meditations* (New York: Vintage, 2020).

예를 들어 가르치는 사람으로서 나는 학업 지표가 조용히 점점 더 양적인 측면으로 치우치고 있는 것이 안타깝다. 줌Zoom과 캔바Canvas, 그리고 이 서비스를 구매하는 대학은 보통 모든 교육 자료에 — 해당 사이트에 녹화된 강의를 포함해 — 대한 소유권을 주장하며 교사들이 플랫폼 기업에 판매 가능한 콘텐츠를 제공하도록 강요한다.

또 다른 예로 퍼루즐Perusall은 전자책 단말기 플랫폼으로 학생들이 독서 과제에 주석으로 의견을 남기고 구절을 강조하며 메모를 작성하고 서로 토론할 수 있다. 이 플랫폼은 의견의 실질적인 적절성뿐 아니라 주석의 **수**와 적극적으로 읽은 **시간**을 기준으로 각 학생의 성적을 매긴다. 각각의 읽기에서 학생들은 퍼루즐의 알고리즘으로 결정된 성적을 받는다. 달리 말해 개인의 독서 습관을 기계에 투명하게 드러내야 한다. 종이책처럼 추적할 수 없는 형태로 책을 읽는 시간은 사실상 인정받지 못한다. 빠르게 읽는 사람은 불이익을 받기도 한다. 실제로 천천히 오래 읽으면 보상받을 가능성이 크다.

정보 혹은 추출된 데이터는 지식이나 지혜보다 훨씬 높은 가치가 있는 듯하다. 그런 환원성을 생각하면 『뉴요커』에 실린 로즈 채스트Roz Chast의 오래된 만화가 떠오른다. '정보의 나무'라는 제목의 만화는 뱀이 나뭇가지에 기대어 이브에게 사과를 건네는 장면을 보여준다. "사과는 나무 열매예요." 뱀이 말한다. "라틴어로는 말루스 도메스티카Malus Domestica고요. 중국과 미국이 전 세계 사과의 대부분을 생산하지요. 생으로 혹은 익혀 먹을 수 있고 약 75칼로리예요."

교사 또한 — 업무에 컴퓨터를 사용하는 누구라도 — 인공지능으로 정량화될 수 있는 가시적 데이터에 의해 점점 더 평가받고 있다. 마이크로소프트 비타Microsoft Vita는 내 생산성에 문제를 제기하는 보고서를 정기적으로 보내주는데, 이를테면 '나 자신을 위한' 시간을 어떻게 할당하는지에 내가 충분히 세부적이지 못하다고 알려준다. 매일, 매시간, 분 단위로 모든 약속, 회의, 해야 할 일을 서버에 입력하면 더 효율적으로 될 거라고 말한다.

마이애널리틱스MyAnalytics는 온라인에서 만난 사람들의 명단을 매주 알려준다. 온라인 회의 중 이메일을 보냈는지 여부, 어떤 회의에서 내가 몇 번 말했는지, 회의 중 채팅방 대화에 내가 얼마나 자주 참여했는지 알려준다. 그리고 내가 내 삶을 마이애널리틱스가 이해할 수 있는 방식으로 더 많이 계획해야 한다고 알려준다. 왜냐하면 '그것' — 수동적이고 보이지 않는 '그것' — 은 할당되지 않은 시간에 대해 못마땅하게 여기고 부정적 가치 판단을 내리기 때문이다.

마이애널리틱스는 내 일상의 더 많은 활동을 그 끝없이 굶주린 데이터베이스의 아가리에 집어넣도록 유도해 '개인 생산성을 높이라'고 넛지, 즉 자연스럽게 유도한다. 생각하기, 듣기, 조용한 사색은 쓸모없는 것으로 치부되어 건설적 사고 기획에서 조용히 밀려나는 듯 보인다. 사회적 관계의 — 성적 평가 방식이든, 창작

활동이든 — 이러한 테일러주의적 변화는 파괴적이며 엄격하게 반민주적인 규범을 조용히 강요하고 있음에도 거의 의문 없이 받아들여지고 있다.

내가 고등학교에 다닐 때, 그러니까 인터넷이 나오기 수십 년 전에도 페이스북이라 불리던 것이 있었다. 큰 공책으로 종이 재질에 앞뒤 표지는 판지였다. 내가 다닌 학교에는 매우 영향력이 센 민 걸즈Mean Girls라는 못된 소녀 무리가 있어서 학년 초가 되면 **그 책**에 의해 사회적 서열이 정해지곤 했다. 그것은 일종의 페이스북 구버전, 맥프로 이전 시대의 것으로 메모리 용량으로는 50페이지였다.

라틴어 수업 시간에 학생들은 그 책을 몰래 돌려 보았다. 페이지 상단에 각 학생의 이름이 적혀 있었고 그 아래에 그 학생에 대한 의견을 익명으로 적었다. 의견은 창의적이고 상세했으며 익명이어서 잔인했다. 매우 잔인했다. 그래서 나에게 자주 일어났듯이, 만약 그 책이 내 머리 위로 건네졌다면 — 즉 나를 건너뛰고 보지 못하게 했다면 — 그 내용이 너무 끔찍해서 공유할 수 없다는 뜻이었다. 돌이킬 수 없는 절교라는 뜻이었다.

현재로 돌아오자. 마크 저커버그Mark Zuckerberg가 원시적이지만 꽤 보편적이었던 10대의 등급 매기기 게임에서 페이스북이란 이름을 따왔는지는 모르지만 나는 단지 그런 의미였던 시절을 기억할 만큼 충분히 나이가 들었다. 저커버그가 대학생 때 만든 첫 번째 제품이 여성의 섹시함 여부hot-or-not로 순위를 매기는 앱인 페

이스매시FaceMash였다는 소문이 있다.[14]

오늘날 수십억 달러 가치의 페이스북은 나에겐 여전히 유치한 복수의 도구, 고등학교 시절 인쇄본 페이스북을 증폭하는 장치, '좋아요'를 받고 싶은 10대의 욕망, 소외될까 두려운 괴짜들의 두려움, 많은 '좋아요'를 받은 방에서 제외될 위협감을 끊임없이 조종하는 것이다. 이 기술의 구조는 한편 매우 단순한 비즈니스 모델로 보이지만 극히 강력한 심리적 덫이기도 하다. 소속감에 대한 인간의 갈망에 호소하지만 외로움을 키운다.

우리는 고립된 상태로 연결된다. 알고리즘 관계망은 강력하지만 모순적이다. 즉 여럿이지만 홀로 있고, 친밀하지만 멀리 떨어져 있다. 특히 요즘 우리는 숫자에 둘러싸여 있고 우리의 몸은 디지털 데이터 픽셀로 쪼개져 전달되며 마치 광신적 종교 집단에 갇힌 듯 타인의 의견에 묶여 있다.

아마도 최근 몇 년간 정치 양극화가 야기한 갑작스러운 위기들은 "나는 숨길 게 없다"라는 — 인터넷 감시 초창기에 흔히 들던 주문 — 극단적 자유지상주의적 무관심에 숨은 위험을 전면에 드러냈는지도 모른다. "이거 정말 편리해요"란 말은 완벽한 책, 완벽한 조리법, 완벽한 게임을 제안하는 알고리즘 모음에 대한 집요한 정당화로 남아 있다. 현대 경제에서 그런 효율적인 감시 기능 없이 살아간다는 것은 거의 불가능하다. 마치 미소 짓고 순

---

14 Alex Horton, "Channeling 'The Social Network,' Lawmaker Grills Zuckerberg on His Notorious Beginnings," *Washington Post*, April 11, 2018.

종적이며 거의 보이지 않는 도우미로 위장한 악마 같은 작은 거머리처럼 우리 몸에 붙어 있는 여러 종류의 전화기, 시계, 기타 추적 장치 없이 말이다.

그러나 기계들이 우리의 데이터를 탐욕스럽게 먹어치우는 동안, 기술 파놉티콘에 사는 우리는 적법 절차를 비즈니스 비효율성과 동일시하고 알고리즘 투명성을 영업 비밀 침해로 간주하는 기업의 조작에 취약해진다.

바로 그렇게 리벤지 포르노, 알고리즘 편향성, 신원 도용은 이제 너무나 흔한 일이 되었다. 상업용 데이터베이스에 수집된 데이터는 새로운 유형의 정밀한 추적을 가능하게 했고 이런 시대에 격한 감정은 괴롭힘과 위협으로 이어질 수 있는 마녀사냥 같은 조사를 부채질한다. 그 대상은 교사, 언론인, 인구조사 조사원, 서점 직원, 유권자, 투표 참관인, 사서, 국세청 회계사, 공중보건 종사자, 의사, 간호사, 판사, 전 배우자, 심지어 이제는 FBI 요원까지 포함된다. 그때그때 잘못으로 간주되는 행위 목록은 점점 늘어나고 있고 누구나 그에 따라 유죄로 판단되는 대상이 될 수 있다.

특히 대법원의 로 대 웨이드Roe v. Wade 판결 이후 디지털 추적이 수백만 명의 미국인에게 침해적이고 비인간적인 위험을 초래한다는 사실이 더욱 분명해졌다. 지금까지는 생리 주기를 추적하는 앱이 수집한 사적인 정보가 임신 가능성이 있는 여성의 활동을 추적하려는 민간 자경단에게 판매될지도 — 또한 해킹되고 스크랩될지도 — 모른다는 것을 아는 미국인은 소수에 불과했다. 더욱이 낙태를 범죄화하는 새로운 법령에 따라 경찰서는 개별 시민의 소셜미디어 데이터를 사용해 주 경계를 넘어 우편으로 낙태약 같은 약물을 주문한 여성을 기소할 수 있는 권한을 갖게 됐다.

최근 한 사건에서 네브래스카주 경찰은 어머니와 10대 딸 사이의 페이스북 대화에 대한 영장을 발부받아 딸이 우편으로 주문한 낙태약을 복용한 뒤 22주에 유산한 사실을 밝혀냈다.[15] 검찰은 "의료 면허 없는 낙태 시행", 20주가 넘은 태아에 대한 낙태 시도 혐의로 어머니를 기소했다. 성인으로 기소된 열일곱 살 딸은 시신을 잘못 취급하고 사망 신고를 하지 않은 혐의로 기소됐다.

이런 감시 기술 구조는 우리가 거버넌스라고 여겨오던 것을 재구성했다. 즉 헌법상 사생활권은 역사적으로 국가의 침입을 막는 존엄한 영역으로 규정된 자율성과 내면성의 전통에 법학적 뿌리를 두고 있다. 그러나 국가의 감시 구조는 지배적인 상업 공간으로 진화한 인터넷에 압도되고 있는데, 인터넷에서는 현상금이 걸린 데이터 사냥이 날뛰는 등 규제 없는 침해에 대한 무한한 영리 동기가 있다.

특정 플랫폼을 사용하기 위해 누르는 '동의' 버튼의 고지 및 동의 기능은 선택권을 부여하는 메커니즘으로서 비참할 정도로 효과가 없다. 그런데 그 '선택'이라는 공허한 확신은 투표 선호도부

---

15 Shaila Dewan and Sheera Frenkel, "A Mother, a Daughter, and an Unusual Abortion Prosecution in Nebraska," *New York Times*, August 18, 2022.

터 화장실 습관, 음악 취향, 혈압 및 수면 패턴에 이르기까지 모든 것에 대한 정보 수집을 정당화하는 데 사용되는 어휘다. 그런 데이터가 익명화되었다는 막연한 약속에도 불구하고 구매, 판매, 스크랩, 재구성, 재식별이 가능하며 특정 개인의 특정 행동을 레이저 같은 정밀 예측도로 겨냥하는 데 사용될 수 있다.

게다가 거대한 소셜미디어 플랫폼은 공식적으로 국가 행위자가 아니기에 검열이나 공적 편의 제공 거부 같은 사유로 소송을 쉽게 제기할 수 없다. 민간, 법인, 영리 기업으로서 그들은 주주에게만 책임을 진다. 우리의 인간적 취약성은 다양한 사회적 네트워크의 시민으로서가 아니라 시장경제의 소비자로서만 이 회사들과 관련이 있다. 우리가 그들의 서비스 조건을 거부하면 신용카드, 휴대폰, 은행 거래, 직장 내 안전 책임, 보험, 신용평가, 학교교육, 쇼핑, 의료 서비스, 주거 등 기초 생활 필수품에서 비자발적으로 배제되는 '자발적 선택'이라는 딜레마에 빠진다.

빅데이터의 관음증적인 욕구를 충족시키도록 사회적 규범을 재편하는 것은 억압적이다. 2022년, 당시 핀란드 총리였던 산나 마린Sanna Marin이 파티에서 친구들과 춤을 추는 모습이 찍혔을 때, 총리답지 않은 행동이라고 평가하는 보도에 엄청난 잉크가 사용됐다. 아마도 불법 약물 복용으로 흥분한 것 같고, "방 안의 모든 사람을 믿을 수는 없는 곳에서 자제하지"[16] 못한 행동이라는 것

---

16 David Connett, "Women in Finland Post Party Videos to Back PM Sanna Marin," *The Guardian*, August 20, 2022.

이었다. 그런 프레이밍은 그녀뿐 아니라 개인으로서 우리 각자가 밀실에서도 스스로를 면밀히 감시해야 할 책임을 지운다.

또한 결혼식, 생일 파티를 비롯해 휴대전화를 소지한 타인이 있는 곳이라면 모든 장소에서 서로를 불신하도록 우리를 영구히 구조화한다. 또한 동영상 유포의 '잘못'을 개인의 고의성 문제로 규정하고 우리의 상상력을 부주의와 유출로 제한한다. 한 사이버 보안 전문가는 "러시아가 핀란드 총리 측근의 휴대폰이나 소셜 계정을 해킹했을 가능성이 있다"고 말했다.[17]

마린은 사적인 파티로 추정되는 공간에 있었다는 점을 기억해야 한다. 기술이란 것이 그렇듯 비의도적인 유출일 수도 있다. 물론 러시아 스파이가 위장 잠입했거나 유명인 스토커가 돈을 받고 정보를 공유했을 수도 있다. 하지만 실제 친구가 페이스북이나 왓츠앱, 틱톡에 — 개인 용도로 — 게시했을 가능성도 충분히 있다. 이러한 플랫폼에 게시된 정보는 — 미국보다 다소 강력한 보호 장치를 갖춘 유럽연합에서도 — 결코 개인적인 것이 아님을 잊기 쉽다.

이런 종류의 비의도적 감시는 개인적 용도로 게시물을 올릴 때 항상 문제가 된다. 합법적 목적과 불법적 모두를 위해 정보를 추출하고 악용할 수 있다. 곧 정치적 경력을 위협하거나 명예를 훼손하고 수치심을 주기 위해, 혹은 보수 성향 주에서 보듯이 낙

---

17 Connett, "Women in Finland Post Party Videos."

태, 피임 또는 그 밖의 [미래의 전체주의 사회와 그 내부의 불복종을 그린 올더스 헉슬리Aldous Huxley의 소설처럼] 멋진 신세계의 불복종을 생각하고 있는 — 혹은 생각하고 있는 것으로 간주되는 — 여성을 위협하기 위해 사용될 수 있다.

유명인이나 총리가 아니더라도 누구나 사생활 침해 노출을 걱정할 수 있다. 최근 한 친구는 헬스장에서 누군가 휴대폰을 꺼내 헬스 강좌를 반복해서 촬영하는 바람에 더는 가지 않게 되었다고 말했다. 헬스장에는 회원 규칙에 관한 명확한 문구가 있었다. "사진 촬영 및 비디오 촬영은 엄격히 금지합니다."

하지만 그녀가 이의를 제기해도 지지해주는 사람이 없었다. 휴대폰을 꺼낸 사람들뿐 아니라 교사와 다른 수강생도 세 가지 주요 주장을 내세우며 일축했다. 1. "개인적인 용도일 뿐이다." 2. 친구는 "다른 세대"여서 반대 의견은 무시되거나 비웃음조차 살 수 있었다. 3. "프라이버시"를 원하면 온라인 수업을 들어라.

친구의 염려에 대한 그런 반응에는 모순적 예측이 얽혀 있다. 첫째, 휴대폰에 기록된 모든 것은 오직 개인적인 것으로 제한될 수 있고 실제 그렇게 될 거라는 기대다. 둘째, 누군가가 그녀의 이미지를 개인적 용도로 동의 없이 촬영하는 것이 괜찮고, 아무런 문제가 없으며, 해가 되지 않고, 심지어 그녀가 상관할 일조차 아니라는 것이다. 셋째, 그녀는 자신의 이미지가 공개될 가능성을 너무 심각하게 받아들이면 안 된다, 즉 "당신은 그렇게 중요한 사람이 아니다"라는 것이다.

이런 경험은 연방통상위원회Federal Trade Commission가 상업적 감시를 규제하지 못하는 상황에서 또 다른 우려를 불러일으킨다. 휴대폰 카메라 사용을 규제하지 않는다면 명시적 회원 규칙이나 예법이 존재함에도 불구하고 체육관 및 기타 다양한 장소가 벽이 없는 공공장소로 변하게 되는 것은 아닐까? 혹은 다른 사람이 나를 촬영하는 것을 원하지 않는다면, 그렇게 협소한 자유주의적 해결책을 기본 해법으로 삼아야 할까? 정확히 말하면 본인이 그런 위험한 사회적 맥락에서 벗어나 '온라인' 연결이라는 (덜 위험한) 은신처로 후퇴하는 개인의 부담 말이다.

(동의 없이 묵인된 타인을 허영의 배경으로 사용하는) 셀카를 일상적인 상업 활동에 사용하는 것을 허용해야 할까? 명시적인 약관조차 무시하면서 말이다. 그에 따라 공유 공간 개념에 내재된 공적 수용 및 합의 개념이 축소되지 않을까? 친구가 느낀 불편한 감정에는 타인에게 존중을 요구할 수 있는 사회적 가치가 있을까? 어떤 모임에서든 상호 절제, 존중 또는 협상을 요구할 수 있는 정당성 말이다. 또 헬스장 강좌처럼 애매하게 친밀한 공간에서 우리는 점잖은 행동 규범으로 무엇을 원할 수 있을까? 그 공간을 벽너머 보이지 않는 타인에게 방송하는 감시 기술로 어떤 신뢰가 침해되지 않을까?

친구는 그 일로 얼마나 우울한지 다음과 같이 길게 말했다.

알아요. 전 유명인이 아니죠. 누군가가 신경 쓸 정도로 중요하

지도 않아요. 하지만 영상물 속 환상의 세계에 사는 젊은이들에게
저는 너무도 무관한 존재여서 너무 상처받기 쉽고 하찮은 사람으
로 느껴졌어요. 유산소 운동 수업에서는 얼굴이 달아오르고 땀을
흘리며 좀 우스꽝스러운 모습을 보여도 괜찮다고 스스로 말해요.
남들 앞에 보일 모습은 아니란 걸 알지요. 이리저리 뛰어다니고 엉
덩이를 흔들고 심박수를 최대치로 끌어올리려는 모습이요.

전 다음 날 저 자신에 대해 더 나은 기분을 느끼려고 헬스장에
가는 거지, [전 뉴욕 시장이자 트럼프 대통령의 변호인으로 활동하
던] 루디 줄리아니Rudy Giuliani가 [2020년 대선 불복 기자회견에서 땀
을 많이 흘려] 염색약이 뺨으로 흘러내린 것처럼 얼굴에 마스카라
가 떨어지는 순간을 촬영당하려고 가는 게 아니에요. 그런 이미지
들은 평생 따라다니지요. 다른 사람들의 '개인적 용도'로 촬영되면
이전부터 누려온 내 삶이 더욱 통제 불가능한 것으로 느껴져요. 제
가 통제에 집착하는 사람일지도 모르죠. 고등학교 체육 시간 때 느
꼈던 굴욕감이 다시 떠올라요.

그런데 솔직히 전 나이가 많거나 몸매가 좋지 않거나 어느 정도
장애가 있는 많은 사람과 비슷해요. 또한 직업 특성상 사람들과 만
날 때 세련된 정장을 입고 전문가적 태도를 유지해야 하는 여성이
기도 해요. 업무 발표를 할 때는 브루노 마스의 심장 뛰는 비트에
저를 놓을 때와는 딴판이죠. 그런 환경에, 그러니까 무작위로 사진
촬영에 노출되는 것에 배신감을 느끼는 건 저만이 아닐 거예요. 저
는 헬스장 회원권을 좋은 몸을 유지하기 위한 공간으로 생각하지,

허영심을 채우는 연극 무대라고 생각하지 않아요. 그게 바로 사진 촬영 금지 **규정**의 이유입니다.

내 친구의 경험은 최근 몇 년 사이 일어난 현저한 세대 변화를 잘 보여준다. 불과 10년 혹은 15년 전만 해도 대부분의 사람은 헬스장에서 허락 없이 사진을 찍는 것은 꿈도 꾸지 못했을 것이다. 예전에는 다른 사람의 일상적 의식이나 민망한 순간, 씻거나 몸을 단정히 하는 행위에서 눈을 돌리는 것이 더 강한 사회적 관습이었던 것 같다.

그런데 매너에 대한 이러한 세대 차이는 단순히 나이만의 문제는 아니다. 더 중요한 것은 그것이 이데올로기적 구조 변화의 증거라는 점이다. 심지어 공적 공간조차도 입소문처럼 빠르게 퍼지는 자극과 '좋아요' 수를 통한 — 그 공간에 있는 사람들을 배려하지 않고 희생시키면서까지 — 자기 과시를 위해 나뉘고 조작되고 악용되는 시각적 무대로 변형시키는, 지극히 자유지상주의적이고 기술 중심적 성향을 보여준다.

물론 이것은 법으로 해결할 수 있는 문제라기보다 예의와 관련된 현상이다. 세계를 연결하는 기술이 의도치 않게 만든 결과로, 노골적인 괴롭힘을 일삼는 이들에게까지 발언권을 쥐여준다. 이 현상에 만연한 자제력 부족은 공공장소를 점령하고 시민적 예의란 개념 자체를 위협한다.

모든 것을 황색지로 만드는 이런 선정주의는 2016년 뉴욕의 어느 늦은 밤, 한 남성이 거의 텅 빈 지하철을 촬영하면서 시작됐다. 그는 거대한 쥐가 차량 안에서 이러저리 달리는 모습을 찍고 있었다. 쥐는 잠든 승객 위로 기어올랐고 그 남성은 촬영을 이어 갔다. "쥐가 기어오르는 모습을 보고 클로즈업했어요." 그는 일련의 사건을 묘사하며 말했다. 그는 쥐가 잠든 남성의 어깨로 기어오르는 장면을 포착하려고 줌인했다. 쥐가 코를 남자의 귀에 비비자 그는 비명을 지르며 깨어났고 우리의 용감한 비디오 예술가는 서둘러 휴대폰을 숨겼다.

그런데 곧바로 그 카메라맨은 그 영상을 인스타그램에 올리며 전 세계 언론에 이렇게 감정을 요약했다. "보기만 해도 미칠 것 같고 역겨워요."[18] 『뉴욕 데일리 뉴스』는 "직접 보세요",[19] NBC는 "보세요"라고 썼다.[20]

이 이야기에서 가장 흥미로웠던 점은 촬영한 남자가 이상할 정도로 은밀한 긴장감을 느꼈지만 그럼에도 그것을 공개하는 데는 주저함이 없었다는 것이다. 그는 그 남자가 깨어났을 때 당황했고 남이 볼까 봐 카메라를 숨겼다고 말했다. 그 이유는 무엇이었을

---

18 Anneta Kostantinides, "He Just Wanted to Cuddle! Giant Rat Climbs up Leg and Neck of Sleeping New York Subway Rider," *Daily Mail*, March 29, 2016.

19 Sasha Goldstein, "SEE IT: Huge Rat Climbs Sleeping Man's Neck on 7 Train in Manhattan," *New York Daily News*, March 29, 2016.

20 Ben Feuerherd, "Watch: Rat Crawls up Sleeping Subway Rider's Neck," Channel 4 NBC NewYork News, March 29, 2016.

까? 잠자는 남자의 사생활을 침해했다고 느꼈기 때문이었을까? 공공장소에서 잠든 사람에게도 사생활의 영역이 있어 이를 인정하는 표현으로 카메라를 숨겼을까? 죄책감 때문이었을까?

잠든 사람을 깨우거나 쥐를 쫓아내기 위해 소리를 지르는 노력은 하지 않고 쥐가 누군가에게 올라가는 모습을 수동적으로 지켜보기만 하는 것을 나는 상상도 할 수 없다. 아주 흥미롭다. 사진을 찍는 모습을 들키고 싶지 않은 그 순간에는 어떤 예의 같은 게 걸려 있었을까? 기록하고 싶은 대상과 실제 인간적 접촉을 하는 게 두려워서였을까? "미칠 것 같고 역겨운" 모습에 그가 느낀 흥분이 다른 누군가에게는 끔찍한 공포와 굴욕의 경험이었음을 순간 깨달았기 때문이었을까?

셀카는 그 이름에서 알 수 있듯이 타인보다는 오로지 자기 자신에 집중하는 자유방임적 문화의 가장 두드러진 표현이다. 그것은 거울에 비친 자아가 알파요 오메가인, 수익을 창출하는 인플루언서의 시선을 고귀하게 만든다. 나는 법률적 변화의 반영이라고도 생각한다. 이제 데이터의 사유화된 상업적 가치는 법을 포함해 집단적 혹은 공적 이익보다 훨씬 많은 결과를 지배하고 있다. 법적 규칙은 카메라, 플랫폼, 구글, ATT, 페이스북이 권력을 찬탈한 무법천지에서 너무도 자주 무시될 수 있다.

미로같이 복잡한 약관의 규칙을 알아내야 하는 부담은 개개인의 몫이고, 매일 매 순간 그 약관을 샅샅이 살펴야 하는 것은 고독한 당신의 몫이다. 표준화된 계약서 대부분은 사용자의 '추가' 동의나 고지 없이도 계약 조건 및 모든 개인정보 보호 조치를 변경할 수 있다고 명시한다. 달리 말해 사진을 찍어 페이스북이나 왓츠앱, 인스타그램이나 틱톡으로 누군가에게 전송할 때 의도가 오직 '개인적 용도'라고 해도 그것은 공허한 기대다. 우리의 비밀을 약탈적 대기업에 전달한 셈이기 때문이다.

마린 총리의 행복한 춤이 어떻게 화제가 되었든 놀랄 일이 아니다. 우리는 모두 방심한 순간이 공개됨으로써 탈맥락화, 그러니까 상황과 맥락은 제거된 모습만 노출될 위험에 처해 있다. 사무실에서 우리의 가치는 우리가 사무실 **안에서** 하는 일에만 국한되지 않는다. 소셜미디어는 우리의 사소한 일탈, 심지어 침실에서의 일탈조차도 가차없이 모니터하는 감시자가 되었다. 우리는 대중으로서 직장에서 절제, 근면, 품위의 규범을 지킬 테지만 사적인 공간이나 업무 외 시간에 서로를 추적하는 일은 이제 '딱 걸렸어' 식의 돈이 되는 게임이 되었고 이는 열린 사회라는 개념을 관음증자와 노골적인 포르노 제작자의 폭압으로 다시 쓰는 끝없는 리얼리티 쇼와 같다.

여전히 우리는 대체로 『빨간 모자』의 소녀처럼 메타버스 속을 헤매고 다닌다. 우리는 순진하다. 숲을 지나는 우리의 길은 비밀처럼 **느껴진다**. 우리는 걱정하지 않는다. 우리의 행복한 경로를 추적하는 늑대의 존재를 상상하지 않는다. 우리는 콧노래를 흥얼거리며 나아간다. 밀크위드 꽃에 시선을 빼앗기고 따뜻한 쿠키 냄새와 월마트에서 좋은 세일을 한다는 기대에 정신을 팔린 채로.

하지만 우리가 남몰래 돌아다닌 정보는 어디로 가게 될까? 우리의 익숙한 길, 우리 내면의 변덕스러운 마음결을 따라오는 자는 누구일까? 우리를 둘러싼 장막은 얼마나 얇은가? 그 장막이 벗겨지면 우리는 — 어떤 맥락에서든 — 수백만의 낯선 이들이 잘 알지도 못하면서 내뱉는 비난에 노출된다. 바로 그때 맥락이 붕괴된다. 즉 우리 자신의 소중한 일부가 상이한 거리, 상이한 문화적 배경의 여러 무리 앞에서 노출된다. 친밀한 행동의 직접적 혹은 내밀한 맥락이 고려되지 않고 사라지고 알려지지 않을 때 — 정보의 바다에 떠내려갈 때 — 우리는 누구일까?

대개 우리는 사이버 세계에서 어린양처럼 무지하고 갓난아기처럼 무력하며 플라스틱 통 속 물고기처럼 무방비 상태로, 우물에 던져진 새끼 고양이처럼 순진하게 존재한다. 말 그대로 우리는 데이터 시장의 담보물이다. 추적당하고, 관심 끌기의 재료가 되며, 오독되고, 표적이 되며, 옷이 벗겨지고, 조롱당하며, 괴롭힘을 당하고, 모욕을 당하고, 파산당하며, 심지어 인터넷 게시판에 포토샵으로 합성된 우리의 나체 이미지가 돌아다닐 때조차도 말이다. 즉 우리의 모든 움직임을 집어삼켜 우리가 결코 알지 못할 금전적 가치를 뽑아내는 굶주린 리바이어던에게는 모두 거래비용에 지나지 않는 존재다.

넷플릭스 영화 〈소셜 딜레마〉에서 『대량살상 수학무기』 저자 캐시 오닐Cathy O'Neil은 이렇게 말한다. "알고리즘은 코드에 내장된 의견이다. … 그에 따라 어떤 성공의 정의에 맞춰 최적화된 것이다.” 그래서 우리는 사이버상의 무수한 못된 소녀들이 제멋대로 행동하고, 포르노 제작자와 전쟁광은 말할 것도 없이 광고주, 독점적 상업적 이해관계자, 극단적 이데올로그에게 낚이는 세계에 살고 있다.

현재 데이터 추출의 세분화는 사생활의 수익화와만 관련된 게 아니다. 그것은 냉전 시대의 아이였던 내가 두려워하도록, 또 KGB를 떠올리도록 배웠던 감시 시스템도 만들어낸다. 우리는 스탈린과 변덕스러운 흐루쇼프에 관해 읽었다. 철의 장막을 피해 서방으로 망명한 소설가와 무용수와 운동선수 들의 경험담도 읽었다. 소련은 비밀경찰 시스템, 비인간적 수용소, 적법 절차의 부재로 억압적이라고 들었다. 그래서 아침에 눈떠보니, 테러와의 전쟁이라는 명분으로 우리의 시민 생활이 데이터 활용에 좌우되고 그에 따라 권리장전이 사실상 무너진 것을 보면 참 놀랍다. 그런 방식은 조지 오웰George Orwell이 썼듯이 “두 발로 걷는 것은 모두 적이다”라는 광범위한 가정에서 비롯되는 듯하다.

시민은 수정헌법 제4조의 “자신의 기록물에 대한 보장”을 받지 못한다. 이뿐 아니라 컴퓨터, 휴대폰, GPS 칩, 의료 기록, 신용카드, 보모 감시 카메라, 심장박동 추적 장치, DNA 단서도 보장받지 못한다. 모든 사람이 용의자인 나라에서는 모든 사람을 수색할 만한 충분한 이유가 있다.

그런 하이테크 관음증은 많은 불안한 결과를 초래하는데, 그중에서도 전적 타락 같은 칼뱅주의적 개념이 무죄 추정의 원칙을 대체한 듯 보인다는 게 특히 그렇다. 점점 더 사람들은 어디서나 볼 수 있는 CCTV, 무기한 구금, 학생에 대한 알몸 수색을 인간이 타고나는 죄성을 점검하기 위한 것이라며 정당한 도구로 간주한다.

전체주의적 감독에 대한 창의적 순응은 우리의 시간 감각에도 각인돼 있다. 철학자 브라이언 마수미Brian Massumi는 이라크 침공의 순환 논리를 비판하며 이렇게 말했다. "과거에 미래의 위협이 있었기에 침공은 옳았다." 이처럼 지구상의 국가들 사이에서 외교, 형평성, 치유, 평화의 윤리들에 기반한 정책들은 점점 더 무시당하고, 순진한 사람들을 유혹하여 이교도적 상대주의에 안주해 방심하도록 유혹하는 음모로 취급된다. 마수미는 이어서 말한다. "스스로 재생하는 위협 가능성은 미래의 위협 현실이다. … 위협의 미래는 영원하다."

이런 시민적 비전을 형성하는 신적인 필연성 감각은 많은 명백한 정치적, 종교적 명령에서 손을 떼게 해준다. 가난한 사람을 먹이고 병자를 고치며 문맹자를 가르치고 노숙자에게 거처를 제공하며 부상자를 재활시키고 망명 신청자에게 피난처를 제공하라는 명령 말이다. 조지 오웰은 공산주의, 파시즘, 전체주의, 그리고 그 모든 것에 수반되는 언어적 효과를 두려워했다. 그가 예상하지 못한 것은 아마도 지구적으로 퍼져 있는 사설탐정 같은 감시 체계, 그리고 자유방임이라는 탈을 쓴 파편화되고 무책임한 경찰 권력이었을 것이다.

9

뿌리Roots

1930년에 태어난 릴리아나 세그레Liliana Segre는 이탈리아 종신 상원의원이자 홀로코스트 생존자다. 그녀는 인종주의, 반유대주의, 증오 선동과 싸우는 의회 위원회를 이끈다. 가족 중 유일하게 아우슈비츠를 탈출한 세그레가 유럽에서 경찰 경호를 받는 최고령자가 되었다는 사실은 슬픈 아이러니다. 2019년 이래 그녀는 반인종주의 활동 때문에, 더 최근에는 코로나19 백신 지원 활동 때문에 생명의 위협을 받는 일이 늘고 있다.

"92세의 나이에 경찰의 경호를 받으며 산다는 것은 믿을 수 없는 일입니다."

그녀는 말을 이어갔다. "저는 인종주의적 공격을 비롯해 믿을 수 없는 일들을 겪었습니다. 그 일들은 대면으로 일어나지 않으며 모든 것이 온라인에서 소비되고 증폭됩니다. 그 폐쇄적 공간에서 키보드 앞 혐오자들은 인간 본성의 최악을 악의적으로 잔혹하게 쏟아냅니다. 얼굴을 가리고 반려동물 이름 같은 가명으로 정체를 숨긴 채 말입니다."[1]

우리의 몸과 마음을 연결하고 바로잡는correct 기술력의 급속한 확장이 엄청난 효율성과 혜택을 가져온 것은 분명 사실이다. 그런 힘은 전례 없는 사회적 변형과 재구성을 야기한 힘이다. 동시에 그 힘은 소수의 개인, 대개 눈에 띄지 않고 책임도 지지 않는 소수에 의해 전용되어온 힘이기도 하다. 의도했든 그렇지 않든 소비자와 규제 기관은 독점 기업과 민간 소유주에게 통제력을 넘겨주었다. 트위터, 페이스북, 구글 같은 거대한 글로법 기업은 투명성이 거의 없고 민주주의나 공정, 자비에 대한 본능이 전혀 없는 소수의 개인에게 지배되고 있다.

이 책을 시작하면서 소개한 우화, 즉 섀넌 위스넌트가 존 우드의 방부 처리된 다리를 상품화한 사건의 논리가 확대된 결과, 보이 밴드 같은 소수의 억만장자 테크노크라트들이 우리가 가는 모든 장소, 우리가 만나는 모든 친구, 우리가 쉬는 숨결 하나하나까지 감시하는 놀라울 정도의 권력을 휘두르게 됐다. 그런 보편적 기업 기술과 더불어 우리의 감정을 조종하고, 의사결정을 유도하며, 분노를 감시하고, 욕망을 자극하며, 침실을 침범하고, 직업 선택을 조종하고, 심박수를 측정하며, 비밀을 공개하고, 의료 처치를 지시하며, 불만을 침묵시키고, 문제를 찾아 해결할 수 있는 능

---

1 Angela Giuffrida, "'It Is a War': Senator and Auschwitz Survivor Liliana Segre on Fighting Italy's Far Right," *The Guardian*, December 28, 2022.

력을 제한하는 권력이 뒤를 따랐다. 그런 테크노 전체주의는 삶 전체를 내 고등학교 시절 페이스북 한 페이지로 축소하는 듯하다. 우리는 독방에 갇혀 있는 동시에 피라냐 떼처럼 우리의 생각과 몸을 물어뜯는 수백만 타인의 의견에 노출된 실존적 난제에 직면해 있다.

이 모델은 우리의 뇌에 침투해 우리의 생각을 장악하고, 끊임없이 쏟아져 주의를 빼앗는 즉각적인 정보의 파도를 타도록 우리를 중독시킨다. 우리는 너무도 많이 소비되어 존재의 다른 모든 영역에서 굶주린다. 먹지도 않고, 잠을 자지도 않고, 만지지도 않고, 숨 쉬지도 않고, 움직이지도 않는다. 우리 자신을 계량화한 복합체와의 이런 결합은, 전에는 우리 인간의 가장 치유적인 감각이 머물던 공간을 차지해버렸다. 그것은 이제 황홀, 의례, 공상이이라는 창조적 영역을 침투해 점령했고 사적 소유와 공적 영역이라는 기존의 구분마저도 전복시켰다.

모든 것은 우리 내면처럼 느껴지는 외부에서 우리에게 오는데, 그것은 우리를 정의하고 이끌며 이른바 [디지털 환경에서 우리의 주의를 산만하게 해 데이터를 추출하는] '주의 산만 추출 모델' 속에서 작동한다.[2] 한 가지 큰 대가는 우리의 정치적 의지가 — 시민 참여 능력 — 그에 따라 약해지고 산만해지고 분산되고 멍해지고 추출되었다는 것이다. 일레인 스캐리Elaine Scarry는 『비상

---

2 Sherry Turkle, *Reclaiming Conversation: The Power of Talk in a Digital Age* (New York: Penguin Press, 2015).

사태에서의 사고』Thinking in an Emergency에서 "권리와 법은 축소되더라도 우리가 느끼지 못하는 경우가 훨씬 많다"라고 썼다.[3]

최근 내 사무실 창문 아래 거리에서 가두행진이 있을 때 이런 생각을 했다. 수백 명의 사람이 현수막과 확성기를 들고 행진했다. 그들이 외친 구호는 단 두 가지였다. "수치다! 수치다! 수치다!" "우리는 **거부**한다." 그런데 흥미로운 것은 내가 알기로 시위의 목적이 공언되지 않았다는 것이다. 그 목적은 아주 많은 것과 관련 있었을 것이다 — 마스크, 마스크 거부, 예방접종, 예방접종 반대, 낙태권, 낙태 반대, 비판적 인종 이론, 비판적 인종 이론 반대, 우크라이나전쟁, 콩고전쟁, 인플레이션, 에너지 가격, 투표 혹은 투표의 부재. 최근 전국 학교와 도서관에서 수천 권의 책이 금지된 사례 같은 표현의 자유 상실을 교묘하게 드러내기 위한 것은 아니었는지란 생각도 했다.

그런데 여러 가지 가능성이 머릿속을 지나가면서 나는 시위에 주제about가 필요하지 않았을 수도 있겠다고 생각하기 시작했다. 그 행진에서 목적의 부재가 핵심일 수도 있었을 것이다. '수치다, 수치다, 수치다'가 핵심이었다. 아마도 반항적인 저항이 그날의 분위기를 지배하고, 침묵을 강요당하는 현실을 소리 높여 표현하는 일종의 연극이었는지 모른다. 그들의 시끄러운 외침은 빈칸을 채우라는 형식 같았고, 러시아에서 가혹한 검열법에 항의하며 텅

---

3 Elaine Scarry, *Thinking in an Emergency* (New York: Norton, 2012).

빈 포스터를 들고 시위한 이들이 떠올랐다. 그조차도 지나치게 강렬한 무언의 표현이라 하여 감옥에 갇힌 이들 말이다.

만약 자유지상주의가 기술 시장이 작동하는 이윤 추구의 원동력으로서 시스템 속에 내장돼 있다면 두려움과 불신 같은 감정도 함께 내장됐을지 모른다. 알고리즘은 설계자인 인간 프로그래머의 감정 상태를 학습하고 복제하기에, 인공지능은 학습한 데이터만큼만 흥미롭다. 고도로 정교하고 즉각적 대응이 가능한 대규모 언어 모델 시스템조차도 — 챗GPT 같은 챗봇을 포함해 — 규범화 기계이며, 주로 이분법을 통해 정체성을 결정하는 분류 장치다. 복숭아 이미지를 사람의 엉덩이로 오인한 것으로 유명한 시스템도 그런 방식이다. 자율주행차가 석양을 정지 신호로 착각하는 경우도 마찬가지다.

인공지능에는 일종의 직역적 성향이 있는데 분명 수정할 수 있다. 그러나 더 미묘한 사회적 분류와 유형화에서는 기계의 실수가 인간 프로그래머 부모의 규범을 반영하기에 수정을 피할 수도 있다. 게다가 그런 프로그램이 일단 상품으로 판매되거나 블랙박스에 들어가면 재교정을 위해 다시 열기가 어려운 경우가 흔하다. 블랙박스식 의사결정의 문제는 버지니아 유뱅크스Virginia Eubanks의 뛰어난 저작 『자동화된 불평등』에 잘 기록돼 있다.[4]

보석, 가석방, 혹은 양육권에 대한 인간의 복잡한 평가가 확률

---

4 Virginia Eubanks, *Automated Inequality: How High-Tech Tools Profile, Police and Punish the Poor* (London: Picador, 2019).

적, 정량적 가중치에 기초해 이루어지면 결과의 통계적 일관성이란 이름으로 심각한 불의가 발생할 수 있다. 기계는 제조 과정에서 학습되지 않은 개별적 상황을 고려할 수 없다. 게다가 블랙박스 계산은 일반적으로 심사권이나 항소권을 부여하지 않는다. 판사나 사회복지사의 분석과 달리 알고리즘 추론 과정의 틈새는 알 수 없는 경우가 많다.

알고리즘 오류가 보험 통계의 편견을 얼마나 모방하는지에 대한 정도는 캘리포니아의 연구자들이 죄수의 가석방 적격성 계산이 우편번호에 기초한다는 사실을 발견했을 때 드러났다.[5] 즉 개인의 행동, 성취, 재활보다 거주지에 더 많은 가중치가 부여됐다. 알고리즘은 거주지라는 개념을 계급, 인종, 그리고/또는 범죄율의 암호로 통합함으로써 특정 지역에 관한 프로그래머의 편견에 기초해 개인을 처벌하고 그 결과 불가피한 시민적 사망 구역, 즉 시민으로서 권리를 박탈당한 지역을 만들어냈다.

요컨대 문제는 중앙처리장치가 인간의 지능을 복제할 수 없다는 것이 아니라 인간의 편견을 너무 정확히 복제**할 수 있어** 복수를 단수로, 단수를 복수로, 그러니까 개개인을 집단으로, 집단을 개개인으로 치환할 수 있다는 것이다. 이는 모든 유형화의 위험, 즉 확률을 기정의 결론으로 오인하는 것이다.

알고리즘 의사결정은 언어의 기본적 문제를 반복하고 확대할

---

5 Eubanks, *Automated Inequality.*

뿐이다. 존 우즈의 다리가 성스러운 유물인지 핼러윈 공포물인지 그 가치를 부여하는 방법과 별로 다르지 않다. 그 어려움은 또다시 명명 관행, 상황 윤리, 문맥 의존 지시 관계, 지시어 패턴 인식에 관한 담론적 문제다.

알고리즘은 명명하고 분류하고 그 과정에서 범주적 근본주의 형태를 새길 수 있다. 사실 이런 식으로 나는 특정 무리에서 핫 치토 걸Hot Cheeto Girl로 알려지게 됐다. 요가 수련회에 갔을 때 나는 점심으로 구운 문어, 완두콩, 참깨 국수, 치토스 플레이밍 핫을 무심히 먹고 있었다. 한 젊은 친구가 호기심에 머리를 기울이며 내가 정말 이해할 수 없는 괴짜라고 말했다. 나는 그 친구가 문어와 관련해 말한다고 이해했고 내가 [유기농 마켓인] 홀푸드 취향으로 보일 수도 있겠다고 생각했다.

사실 그녀는 치토스에 꽂혀 있었다. 그녀처럼 젊은이들의 밈 어휘집에서 나는 이례적으로 나이 든 핫 치토 걸이었다. 즉 나는 틀에 잘 맞지 않아서, 그러니까 범주에 쉽게 껴 넣을 수 없어서 그녀에게 호기심의 대상이었다. 나중에 찾아보니 온라인 어반 사전 Urban Dictionary에서 핫 치토 '걸'(나는 핫 치토 '우먼'도 아니다!)은 "교실 뒤쪽에서 늘 핫 치토스나 [매운 멕시코 과자] 타키스를 먹으면서 시끄럽게 떠드는 소녀를 뜻한다. 보통 유색인종 여성인 (주로 히스패닉이나 흑인) 핫 치토 걸은 트레셔 셔츠에 찢어진 청바지를 입고 체크무늬 반스 운동화를 신는다. 번 스타일 올림머리에 잔머리는 깔끔하게 다듬는다. 그들은 보통 긴 아크릴 손톱을 하고

… 늘 한판 붙을 준비를 하고 있다."[6]

한편으로는 그 설명이 유치하고 터무니없고 우스꽝스러웠다. 다른 한편으로는 핫 치토스를 신용카드로 구매했음을 깨달았다. 그래서 내 소셜미디어 프로필 어딘가에는 나에게 그런 꼬리표를 붙여둔 작은 알고리즘이 있을 가능성이 컸다.

몸이 없어지는 듯한 기묘한 기분이다. 나는 나 자신이라 부르는 그 무수한 데이터 포인트 위를 부유한다. 디지털이면서 단절된 존재로, 머리는 빛으로 비어 있고, 피부는 너무 조여오며, 심장은 너무 어둡고, 너무 가득 차 있다.

나는 세상 속에 나를 드러내고 싶고, [월트 휘트먼Walter Whitman이 시 〈I Sing the Body Electric〉에서 노래한] '전율하는 몸'the body electric을 원한다. 그것은 나를 스쳐가며 반짝인다. 거미줄처럼 섬세하고, 반투명하며, 형언할 수 없고, 손댈 수 없다. 나는 나 자신을 읽을 수 없다. 프로필 속 얼굴이 되어버린 나. 목소리, 음성, 말씨, 겉모습이 모두 함께 어우러지기보다 서로 다툰다. 나를 구성하는 요소들은 하나 되길 거부한 채, 허공으로 불안정한 비트와 조각들로 흩어져버린다.

나는 아마도 번역이 필요할 것 같다. 내가 이해할 수 없는 방식으로 외부에 의미를 던지는 나의 일부들이 있다. 나의 손, 나의 목소리, 나의 상이한 눈, 나의 생기 잃은 흰 머리카락.

---

6 "Hot Cheeto Girl," entry by "kindagroovin," Urban Dictionary, February 26, 2020.

　범주를 정할 때 갈피를 잡지 못하는 내 모습을 생각해본다. 몇 년 전, 아들의 반 학생들 가운데 아프리카계 미국인 학생 수를 세고 있었다.

"어디 보자…. 저기 너랑 A, B, C가 있네…."

C는 흑인이 아니에요.

아들이 말했다. 놀랐다. 나는 C, 그 여학생의 부모님, 조부모님을 알고 있었다. 대부분의 사회적 기준에서 그들은 흑인으로 간주될 것이다. 그래서 물었다.

"왜 그렇게 말하니?"

그 애는 백인 애들이랑 어울려요.

"넌 안 그래? 네 절친인 X, Y, Z는?"

걔들은 흑인이에요.

"걔들 모두 꽤 금발이잖니! 왜 흑인이야?"

걔들은 나랑 놀아요.

"너도 C처럼 그 애들과 어울리는데 왜 넌 백인이 아닌 거야?"

백인 애들은 스타벅스에 가서 라이트 프라푸치노를 주문하니까요.

"나도 스타벅스에 가!"

그럼 엄마도 백인이죠. 그래서 내가 엄마랑 안 어울리잖아요.

"근데 너도 스타벅스에 가잖니!"

딱 두 번 갔고, 전 다크초콜릿 모카라떼를 주문했어요.

아들은 나를 놀리고 있었다. 그 애는 늘 나를 가지고 논다. 이런 대화를 하며 웃긴 했지만 곰곰이 생각도 하게 됐다. 나는 아들 반 친구들을 외모, 가족력, 문화 등을 조합하여 종합적으로 파악하려 했다. 그런 식으로 보려 한 까닭은 아들이 토큰화, 그러니까 대표성의 기호로만 소비되지 않기를 바라는 마음 때문이었다.

'유일한 존재'라는 사실은 초등학교 시절 내내 유일한 '유색인종' 아이로 자란 내 속의 불안을 촉발한다. 고등학교에 가자 그 무리 속에는 조금 더 많은 어두운 점들[흑인 아이들]이 섞여 있었다. 그게 더 나았는데, 다수에 속한 사람들은 이제 당신에 대해 그렇게 쉽게 일반화할 수 없었기 때문이다. 또 그들이 일반화하더라도 적어도 터무니없이 함께 묶는 일에 함께 눈을 굴릴 누군가가 있었다. 우리는 너무도 흔히 인종에 따라 인생의 보상이 결정되는 세상에서 포용성을 위해 싸웠다.

반대로 내 아들이 생각하는 인종의 사회적 구성은 이 모든 것이 얼마나 변화무쌍한지를 상기시켜 주었다. 스타벅스를 인종 판단 가늠자로 생각하는 것은 재밌지만 운동화 상표, 특정 억양, 교육 수준 — 달리 말해 외모나 계급에 관한 고정된 혹은 부정적 가정 — 으로 판단했다면 그렇지 않았을 것이다.

사이디야 하트먼Saidiya Hartman의 뛰어난 저작 『어머니를 잃다』 Lose Your Mother에는 사랑스러운 인용구가 있다.[7] 그녀는 포드 재단 Ford Foundation 지원금을 받아 가나를 여행하던 중 이렇게 적었다.

---

7 Saidiya Hartman, *Lose Your Mother: A Journey Along the Atlantic Slave Route* (New York: Farrar, Straus and Giroux, 2007).

"나는 마을의 이방인, 뿌리내릴 가능성을 잃고 떠도는 씨앗이었
다." 등 뒤에서 사람들이 속삭였다. "두아 호 음미레, 깊은 흙이 아
닌 나무에서 자란 버섯. 모두 '노예'란 단어를 피했지만 우리는 모
두 누가 누군지 알고 있었다." '노예 아기'로서 나는 사람들 대부
분이 피하기로 한 것, 곧 우리의 과거였던 재앙. … 그리고 논의가
금지된 것, 즉 누군가의 기원 문제를 대변했다."

나는 하트먼의 글을 읽으며 그 감정이 나에게, 또 해외를 나가
본 적 있든 없든 수많은 아프리카계 미국인에게 얼마나 익숙한
것인지 생각했다. 우리는 언제나 끊임없이 '집'을 찾아 헤맨다. 이
토록 거대한 디아스포라의 시대에 제자리를 벗어난out of place 감각
이 분류되고 구분되는 이들에게 얼마나 익숙할지 나는 생각했다.

얼마 전 나는 외모를 보면 아시아인인 한 스웨덴 여성을 만났
다. 캘리포니아에서 학생 신분일 때 그녀는 복통으로 병원에 갔
는데 의사를 만나기도 전에 거의 미칠 뻔했다. 행정 담당자들이
그녀의 겉모습과 그녀가 주장하는 스웨덴 시민권을 도저히 조화
시킬 수 없었던 것이다.

전 세계가 편견을 자동화하려고 서두르는 가운데 그런 고정관
념의 의학적 결과에 관해 많이 생각한다. 초등학교 1학년 때의 한
친구가 생각난다. 그 애는 나를 최고의 흑인 친구라고 부르곤 했
다. 몇 년 후 나는 그렇게 부르는 것을 고치게 했는데 그렇게 평생
에 걸쳐 서로 열심히 노력했음에도 불구하고 여전히 친구는 나를
깜짝 놀라게 하곤 했다.

우리는 배우 제임스 얼 존스James Earl Jones의 감미롭고 울려 퍼지는 바리톤 목소리에 대해 아주 다정하게 대화를 나누고 있었는데 그녀는 이렇게 말했다. "그건 분명히 흑인들의 후두 생김새 때문일 거야. 성대가 소리에 어떻게 영향을 미치는지 들으면 차이가 느껴져." 그녀가 갑자기 근거 없는 집단적 일반화로 미끄러져 들어가는 순간 나는 너무 놀라 말문이 막혔다. 그녀는 내가 당황해하는 것을 알아채고 이렇게 덧붙였다. "그래서 네 목소리가 그렇게 아름다운 걸 거야." 마치 집단적 일반화를 단수로 적용하면 도움이 될 거라고 생각하는 듯.

팬데믹이 낳은 격동과 불안의 지난 몇 년간 그 친구를 많이 떠올렸다. 우리는 모두 코로나19의 파국으로, 상대적 특권이나 지위에 상관없이 기존 경로에서 탈선했다. 또 다른 친구의 묘사에 따르면 마치 차에 타지 않고 세차장을 통과하는 것 같았다. 우리는 우리의 가련하고 자율적인 유기체들이 감당할 수 있는 속도보다 빠르게 물리적, 정치적, 제도적, 재정적 위기들에 매질을 당했다. 착, 착, 착, 착, 퍼덕거리며 때리는 파멸과 죽음의 젖은 헝겊. 맙소사, 뜨거운 왁스가 나온다….

그런데 어떤 집단은 다른 집단보다 명백히 더 큰 타격을 받고, 부담이 덜했던 시기에는 작은 편견으로 지나갔을 일이 이제는 더 위협적이고, 심지어 치명적으로 변한다. 인종적 가정은 우리의 모든 몸을 형성하고, 예측하고, 제한한다. 그 결과는 우스꽝스러운 사회적 상황부터 — 누군가가 내 억양, 태도 등이 '충분히 흑인'처럼 들리지 않는다고 생각하는 것 — 흑인의 생물학적 차이에 대한 왜곡된 두려움에서 비롯된 노골적인 신체적 위협까지 다양하다. 특히 그 두려움을 경찰, 의사, 교사, 정치인이 품고 있을 때는 더욱 위험하다.

코로나19는 무심코 던지는 해로운 사회적 시선조차도 얼마나 큰 영향을 미치는지 절실히 깨닫게 해주었다. 또 우리를 갈라놓는 주거, 건강, 경제의 균열을 너무도 뚜렷하게 드러냈다. 널리 퍼진 전염병은 공중 보건이라는 이름으로 우리를 단결시키기보다는 고립시키고 서로 더 멀어지게 한 것 같다. 공중 보건 정책의 상당 부분은 자기 한 몸 건사하겠다는 태도와 타이타닉 같은 거대한 배의 효율성을 위해 내던져졌다. 우리는 우리 자신의 생존 가능성을 둠스크롤doomscroll, 즉 두려움 속에서 끊임없이 확인하고 있다.

나도 둠스크롤에 빠져 있다가 '흑인 여성도 중요한가?'라는 제목의 기사를 보았다. 나는 **흑인 여성**이기에 그 질문에 대한 답을 알고 싶었다. 브라우저에 그 기사를 표시해두었는데 어쩐 일인지 안 보였다. 구글에서 검색했다. 여전히 찾지 못했지만 대신 흑인 여성이 중요하다고 해도 내가 기대하던 방식은 아닌 수많은 기사가 나왔다.

흑인 여성의 유방에서 초콜릿색 우유가 나오는 이유, 흑인 여성의 머리카락을 만지면 강철처럼 느껴지는 이유, 흑인 여성은 모르는 사람이 허락 없이 머리카락을 만지는 것을 좋아하지 않는 이유, 흑인 여성은 왜 고혈압이 있는지, 흑인 여성은 왜 유방암이나 피부암에 걸리지 않는지, 백인 여성보다 테스토스테론이 많은 이유, 그 남아도는 테스토스테론이 흑인 여성이 그렇게 강한 이유일 것, 그런데 왜 흑인 여성은 당신이 머리카락을 만지는 것을 좋아하지 **않는가**? … 나는 도무지 이해가 안 된다.

온라인에는 허튼소리가 넘쳐난다. 노예제의 추악한 규범적 결과가 생물학적 차이에 대한 완전히 비과학적인 믿음으로 남아 있음을 여실히 보여주는 말들 말이다. 이런 우울한 배경에서 왜 흑인들은 (실제로) 불균형적으로 많이 코로나로 사망하는지, 왜 흑인 여성들은 (실제로) 그렇게 강한데도 백인 여성보다 사망률이 높은지, "어쩌면 그건 다 유전적 이유인데", 그들의 몸은 아주 태생적으로 다르니까…. 이런 논쟁이 있는 것도 놀랍지 않다. 사실 코로나바이러스에 대해 우리가 모르는 부분과 사회적 요인에 대한 단순한 무지가 맞물리는 지점에는 엄청난 모순이 존재한다.[8]

물론 그런 역사도 있다. 인종과 과학이 어떻게 뒤얽혀 우리 미국인들이 서로에게 가르쳐왔는지를 보여주는 대표적 예를 생각해보자. 1925년 테네시주 대 존 토머스 스콥스State of Tennessee v. John Thomas Scopes 사건 말이다. 고등학교 교사였던 스콥스는 "성경에서 가르치는 신성한 창조 이야기를 부정하고 대신 인간이 하등

---

8 Latoya Hill, Samantha Artiga, and Usha Ranji, "Racial Disparities in Maternal and Infant Health: Current Status and Efforts to Address Them," Kaiser Family Foundation, November 1, 2022.

동물의 후손이라고 가르치는 이론"을 금지하는 1925년 버틀러법 Butler Act을 위반한 혐의로 기소되었다.[9]

이 법의 근거는 성경 문자주의가 모든 인간 지식을 초월한다는 근본주의 교리를 전제했다. 스콥스 원숭이 재판으로 잘 알려진 그 재판은 대개 과학과 사이비과학 사이의 싸움으로 기억되지만 인종적 우월성에 대한 신학적 정당화와 세속적 정당화 사이의 싸움이기도 했다. 윌리엄 제닝스 브라이언William Jennings Bryan은 창조론을 지지하는 주 법률을 옹호하면서, 인류가 "미국 원숭이도 아닌 [아프리카, 아시아 같은] 구세계 원숭이로부터 유래했다"고 가르치려는 진화론에 반대했다.[10]

피고인 변호를 담당했던 클래런스 대로Clarence Darrow는 버틀러법에 반대하는 더 진보적liberal 편에서 주장한 것으로 기억되지만 더 깊은 진실은 당시의 세속적 신념이 종교적 교리와 별반 다르지 않았다는 것이다. 스콥스가 가르쳐 고소당한 진화론은 조지 윌리엄 헌터George William Hunter가 쓴 교과서 『시민을 위한 생물학』Civic Biology에서 나왔다.

---

9 The Butler Act, Tennessee Virtual Archive: Public Acts of the State of Tennessee Passed by the Sixty-Fourth General Assembly, Chapter 27, House Bill No. 185, 1925.

10 Clarence Darrow, *The World's Most Famous Court Trial, State of Tennessee v. John Thomas Scopes: Tennessee Evolution Case*—A Complete Stenographic Report of the Court Test of the Tennessee Anti-Evolution Act, at Dayton, July 10 to 21, 1925, Including Speeches and Arguments of Attorneys (Cincinnati: National Book Co.; New York: Da Capo Press, 1971).

헌터는 오늘날까지도 많은 사람이 오해하듯 다섯 개의 뚜렷한 인종, 즉 에티오피아계, 말레이계, 아메리카원주민계, 몽골계, 코카서스계가 존재하고 그것들이 진화와 문명의 상승 단계를 나타낸다고 잘못 믿고 있었다. 그는 당시 급성장하던 미국우생학회American Eugenics Society의 신조와 악명 높은 우생학자 찰스 대븐포트Charles Davenport의 이론에 따라 다섯 인종을 각각 분리하는 것을 열렬히 옹호했다. 다음은 인종적 퇴화를 막는 보루로 인종 간 결혼 방지를 규정하는 헌터의 교과서에서 발췌한 것이다.

인간 개량: 가축의 혈통이 개선될 수 있다면, 지구상의 미래 세대의 남녀의 건강과 활력을 선택의 법칙을 적용해 개선할 수 있는지 물어도 부당하지 않다.

해법: 만약 그런 사람들이 하등 동물이라면 우리는 확산을 막기 위해 죽였을 것이다. 인류는 이를 허용하지 않을 테지만 우리는 남녀를 정신병원이나 다른 시설에 분리 수용하고 다양한 방식으로 결혼을 막음으로써 그런 열등하고 퇴화한 인종이 지속되는 가능성을 차단하는 해결책이 있다.

이 교과서는 또한 "기생과 그것의 사회적 비용"에 대해 경고하면서 "퇴화자"와 "정신박약자"를 맹렬히 비난하고 이들이 "이 나라의 모든 부분에서 질병, 부도덕, 범죄를 퍼뜨리고 있다. 그런 종족의 사회적 비용은 매우 심각하다. 주로 이들을 위해 빈민가와 정신병원이 존재한다"고 주장했다.

클래런스 대로는 소송에서 패소했고, 오늘날에도 우리는 공립학교에서 학생들에게 창조론을 가르칠 수 있는지를 두고 여전히 다투고 있다.

중요한 여담을 하면, 우연찮게도 윌리엄 제닝스 브라이언은 복음 전도자 밥 존스Bob Jones의 친한 친구였고, 브라이언의 권유로 존스는 1927년에 자신의 이름을 딴 밥 존스 대학교를 설립했다. 1971년까지 밥 존스 대학교는 아프리카계 미국인의 입학을 금지하고 다른 소수 인종에게도 제한적 입학만을 허용했다. 그러다 1971년, 민권운동의 압력을 받아 아프리카계 미국인 가운데 기혼자만 입학을 허용하기 시작했다. 계속된 압력 끝에 1975년에는 미혼자도 입학을 허용했지만 여전히 인종 간 교제를 금하고 "인종 간 결혼을 했거나 인종 간 결혼이나 교제를 지지하는 것으로 알려진 지원자"의 입학은 거부했다.

1983년 대법원은 인종차별 정책을 근거로 이 대학교의 면세 지위를 취소했다. 이에도 불구하고 이 대학교는 신이 인종 분리를 명령했다는 주장에 근거해 저항했다. 그리고 수백만 달러의 밀린 세금을 납부하고 수정 헌법 제1조에 따른 표현의 자유를 근거로 배타적 관행을 계속했다. 조지 W. 부시가 밥 존스 대학교에서 대선 캠페인을 시작한 2000년까지 이 정책은 계속됐다. 언론이 거세게 반발하자 총장 밥 존스 3세는 종교적 이유 때문이 아니라 부시의 선거운동에 악영향을 미치지 않기 위해 인종 간 교제 금지를 철회했다.

브라운 대 교육위원회Brown v. Board of Education 판결과 1964년 민권법 이후 미국 법학계는 차별 없이 기본 서비스 접근권을 보장하는 정책을 추구하면서 공적 영역과 사적 영역을 구분해왔다. 공적 수용 개념을 훼손하거나 위협하는 부당한 차별에 연루된 학교, 기업, 기관은 공공 기금이 회수될 수 있다. 밥 존스 대학교의 면세 상태가 철회된 이후 시민권에 대한 싸움은, 종교에 뿌리박힌 차별적 신념이 수정 헌법 제1조 표현의 자유에 근거한 시민권 적용에서 면제될 수 있는가에 대한 싸움으로 바뀌었다.

이런 추세는 2023년 6월 대법원이 판결한 303 크리에이티브 LLC 대 엘레니스Creative LLC v. Elenis 사건으로 정점을 찍었다. 법원은 결혼 알림 웹사이트 제작 사업을 하는 로리 스미스Lori Smith의 손을 들어주었다. 스미스는 동성애가 죄악이라 믿으며 LGBTQ 사람들에게는 서비스를 제공하지 않겠다고 발표했고, 서비스 강요가 수정 헌법 제1조 위반에 해당하는 강제적 표현 행위라고 주장했다. 그녀는 사업장이 콜로라도주, 즉 젠더나 성적 지향에 따른 차별을 명확히 금지하는 법규가 있는 지역에 있음에도 불구하고 이런 주장을 펼쳤다.

대법원은 마음에 들지 않는 고객을 차별하려는 — 한편으로 주정부가 발급한 허가증에 따라 영업하고 있다고 주장하는 — 스미스의 주장을 지지함으로써 편견 없는 공적 수용 법리에 큰 타격을 입혔다. 실제로 그녀의 주장은 흑인들에 대한 분리와 거부를 종교적 신념에 근거해 합리화했던 초기 민권 소송들의 주장을 되풀이한다. 즉 인종 간 결혼은 "하나님의 법에 위배"됐다. 동성애는 종교적으로 "가증스러운 행위"였다. 유대인과 인디언은 "이교도"였다.

스미스는 본질적으로 그런 오래된 주장들을 다시 되살린 것이었다. 편견을 종교의 자유라는 갑옷으로 포장하고, 종교의 자유 주장을 극단적 자유지상주의의 무제한 선택과 개인적 선호 논리와 결합한 것이다.

민권법과 공적 수용의 원칙은 1960년대 이후 먼 길을 걸어왔다. 하지만 303 크리에이티브 LLC 대 엘레니스 사건에서 현 대법원은 부당한 차별 없이 모든 대중에게 서비스를 제공해야 한다는 **조건을 충족해야** 사업 면허를 승인하는 논리를 존중하지 않았다. 그 대신 종교를 거의 모든 다른 가치보다 우선시하여 언론 혹은 표현의 자유가 — 종교적이든 그렇지 않든 — 무기화되는 것을 허용했다. 이는 헌법 윤리를 사적, 그리고 전적으로 개인화된 선택의 모델로 축소한 것이다.

이런 접근 방식은 공적 수용이라는 개념이 파편화돼 배타적인 편견의 작은 영역들로 들어가는 길을 열어준다. 또 민권법의 보호가 점점 더 취약해지면서 식당 창문에 다음과 같은 온갖 거부를 알리는 작은 표지판으로 돌아가는 길을 열어준다. 유대인, 무슬림, 멕시코인, 흑인, 유색인colored, 아일랜드인, 동성애자

homosexuals, 중국인, 일본인, 다인종 커플, 불구자cripples, 맹인은 출입, 서비스, 화장실 혹은 식수대 사용이 불가함.[11]

　이후 이어지는 내용에서 내가 우려하는 바가 바로 이것이다. 우리는 이미 이 길을 가본 적이 있다.

---

11 Susan Schweik, *The Ugly Laws: Disability in Public* (New York University Press, 2009).

10

대리전Proxy Wars

이 땅에는 구체적으로 드러난 흑인의 차이에 대해 터무니없는 속설들이 많이 퍼져 있다. 그들은 몸이 뜨지 않아 수영을 할 수 없다. 그들은 다리에 근육이 더 많아 더 높이 뛸 수 있다. 상상 속 흑인의 몸은 뇌는 더 작고, 엉덩이는 더 크며, 음경은 더 길고, 피는 더 짜고, 발은 더 넓고, 공격성의 유전자가 더 많고, 피부는 더 두껍다. 단지 과거의 일이 아니다. 인종적 차이에 대해 위험할 정도로 비과학적인 믿음들이 오늘날의 약 용량 계산과 점수 기반 의료 알고리즘 계산에까지 깊이 스며들었고, 이는 피부암 발생률에서 당뇨병, 골다공증 가능성, 통증에 대한 내성에 이르기까지 온갖 질병 진단에 영향을 미친다.

그래서 나는 팬데믹 초기에 트럼프 1기의 연방 질병통제예방센터Centers for Disease Control and Prevention에 자문하는 위원회가 (당시에는 아직 개발되지 않은) 코로나19 백신의 우선 접종 대상을 누구로 할지 검토했으며, 흑인과 라틴계가 코로나19에 취약한 집단으로 우선시해야 하는지를 두고 논의했다는 소식을 매우 의심스러운 마음으로 접했다. 그 구상은 결국 시행되지 않았다. 얼마 지나지 않아 백신이 널리 보급되면서 그 문제는 고려할 가치가 없는 것으로 취급됐다.

그러나 인종이 생물학적 차이의 암호로 의심의 여지 없이 사용됐다는 것은 충격적이었다. 이는 코로나19에 대한 우려를 넘어서는 잘못된 행동이다. 점점 더 밀집되고 과열되는 세계를 고려할 때 조만간 인류는 또 다른 치명적 팬데믹에 직면하게 될 터다. 우리는 인종에 기초한 의료 배분의 윤리에 이의를 제기할 수 있어야 하고 건강 결과의 인종적 격차가 생물학적 차이가 아닌 이유를 이해하고 명확히 설명할 수 있어야 한다.

유색인종이 코로나19(및 기타 여러 질병)로 불균형적이고 지독히 높은 비율로 사망해왔다는 것은 의심의 여지가 없다. 2020년 한여름, 미국 공공미디어연구소American Public Media Research Lab에서 분석한 연령 보정 데이터에 따르면 미국인 사망자 중 흑인, 원주민, 라틴계 인구가 큰 차이로 많았다. 코로나19로 인한 흑인 사망률은 백인보다 2.3~3.7배 높았다. 원주민 사망률은 3.5배, 라틴계는 2~3배였다.[1] 카운티별로 나눠 보면 흑인이 주로 거주하는 카운티의 사망률은 백인이 주로 거주하는 카운티보다 여섯 배 높았

---

1 "The Color of Coronavirus: COVID-19 Deaths by Race and Ethnicity in the U.S.," APM Research Lab, April 19, 2023.

다. 실제로 — 아시아계, 라틴계, 태평양제도계를 포함해 — 미국에서 소수 인종으로 분류되는 모든 인종 집단은 코로나19로 사망할 가능성이 백인보다 높다.[2]

실제로는 훨씬 심각할지도 모른다. 최악의 위기 상황에 질병통제예방센터는 확진 사례가 거의 없거나 전혀 없는 지역들을 계산에서 제외하는 방식으로 가중치를 두어 통계를 내왔다. 공교롭게도 그 지역들은 대부분 백인 거주 지역이었다. 『미국의학협회지』 Journal of the American Medical Association에 실린 한 기사에 따르면 이런 가중치 계산은 "흑인, 라틴계, 아시아계의 코로나19 사망자 수를 과소평가하고 백인의 사망자 비중을 과대평가한다"고 한다.[3]

인종이나 민족에 따라 백신 접종 자격을 부여하는 데 따르는 문제는 그런 정치적, 사회적 구성 개념을, 애초에 인종화된 신체를 더 취약하게 만드는 모든 편견과 복잡한 물적 조건들의 대리지표proxies로 사용하는 데 있다. 사실상 인종을 선천적 질병 성향과 신체적 장애를 나타내는 기호로 바꿔버리는 것이다. 소수 집단의 낮은 생존율을 설명할 때 왜 노숙, 과밀 주거, 건강보험의 부재, 불충분한 식량 공급, 그리고 전염의 배양 접시가 돼버린 게토

---

2 "The Color of Coronavirus."

3 Tori L. Cowger et al., "Comparison of Weighted and Unweighted Population Data to Assess Inequities in Coronavirus Disease 2019 Deaths by Race/Ethnicity Reported by the US Centers for Disease Control and Prevention," National Library of Medicine, July 1, 2020, *JAMA Network Open* 3, no. 7 (July 2020): e2016933.

화된 지역의 환경 독소 노출 같은 요인들의 영향을 설명하지 않는지 의문이 든다.

그렇다고 흑인과 황인종이 겪는 차별이 단순히 계급 문제라는 것은 아니다. '살 가치 없는', '쓸모없는 식객'에 관한 우생학적 직관이 드리운 나라에서 인종은 그 자체로 위험하다. 피부색과 인종에 대한 미국의 편견은 인종 간 혼인 금지 및 불가촉이라는 강력하고도 오랜 전통에 뿌리박고 있다. 즉 어두운 피부색의 신체에 가까이 가는 것은 — 때로는 눈을 마주치는 것조차도 — 사회적 오염에 대한 불안과 두려움을 불러일으킨다. 모두 백인인 환경에서 자랐다면 의사에게도 피부색은 본인도 인식하지 못한 혐오의 원인일 수 있다. 이는 마치 마녀사냥처럼 감정적으로 작용해 혐오를 유발할 수 있다.

우선 접종이 어떤 이들에게는 매력적으로 느껴질 수 있다는 것은 이해할 만하다. 흑인과 라틴계 사람들이 평소에 접근하기 어렵다고 여겨지는 자원에 접근할 수 있도록 하는 일종의 악마와의 거래에 불과하더라도 말이다. 하지만 이는 단순히 정점을 지난 듯한 위기 상황의 우선 접종 정책만을 말하는 것은 아니다. 이는 치명적인 전염병에 대응할 때 희소한 자원을 어떻게 관리할 것인가에 대한 문제다.

우리는 인종이나 민족성을 선천적 생물학적 취약성 — 혹은 그 반대로 선천적 면역력 — 과 동일시하는 공중보건 체계를 구축하는 일을 피해야 한다. 스트레스가 많고 인구가 과밀한 세계에서 우리는 자원 경쟁이 혈통blood을 둘러싼 볼썽사나운 경쟁으로 변질되는 데 불을 붙여서는 안 된다.

인종을 문화의 모호성이 아니라 혈통의 대리물로 생각하는 것은 교활하다. 인종은 정확한 도구로 판정할 수 있는 것이 아니다. 인종은 외모인가? 함께 자란 사람? 눈동자 색? 당신의 이름으로 민족성이 결정되는가? 주거지? 현대의 인종 분류는 결국 허술한 DNA 검사 회사에만 이득이 되는 경제적 헛수고가 되지 않을까?

단순한 사실은 누군가의 피부색이나 사회적 위치를 보고 모든 종류의 의학적, 범죄학적, 유전학적 성향을 추정하는 것은 비과학적이라는 것이다. 마찬가지로 유전적 변이를 살펴보고 이를 '히스패닉'이나 '미국 원주민'과 같은 더 포괄적이고 불규칙하며 불안정한 범주로 명명하는 것은 언어적 혹은 문화적 집단화를 유전자에 덧씌우는 일이다.

정확히 이런 점에서 23앤드미23andMe를 비롯해 조상 추적 회사 혹은 [의료기관을 거치지 않는] 소비자 직접 판매 회사들은 인종을 생물학적으로 다시 쓰고 있는 듯 보인다. 일부 유전학자나 생물학자들은 인종의 그 모든 사회적 짐을 게놈에 함부로 지도화하고 있다. 그것은 잃어버린 뿌리와 낭만적으로 재연결되길 바라는 이들에게는 그다지 잘 팔리지 않을 수도 있지만, 대립형질 유전자나 하플로타입 그룹을 나누기 위해 전적으로 새롭거나 다른 상징적 단어를 사용하는 것이 훨씬 안전하고, 온당하며, 과학적일 것이다.

인종 분열이 낳은, 그 뒤얽히고 끊임없이 형태를 바꾸는 사회적 짐을 생물학에 다시 새겨 넣는 것은 새로운 골렘, 즉 우리가 역사적으로 인종이라고 여겨온 것의 도플갱어를 실제로 창조하는 일이다. 그런데 그 형태는 이전보다 훨씬 효율적이고 은밀하게 차이를 특징짓는다.

우리가 아는 한 모든 인간은 코로나19에 취약하다. 우리 종에 처음 등장한 병원체이기 때문이다. 인종을 확산의 원인으로 지목하는 것은 범주 오인이다. 설사 특정 질병이 실제로 특정 인구 집단에서 집단적으로 나타나더라도 그런 집단을 인종적으로 표현하는 것은 잘못된 일이다. 효소 결핍, 고도 내성, 특정 단백질 대사 또는 핵산 구성 능력, 특정 질병에 대한 민감성 같은 조건들은 인류 전체에 널리 있다.

인간은 특정 민족이나 인종만의 특성으로 착각하는 온갖 질병에 걸리기 쉽다. 이를테면 아슈케나지 유대인 후손의 테이삭스병, 일본인 가운데 다소 높은 빈도를 보이는 가와사키병, 적도나 말라리아 관련 질병이 아닌 흑인 질병으로 잘못 알려진 겸상적혈구빈혈증, 그리고 텔레비전에 나온 의사가 흑인은 절대 걱정할 필요가 없다고 한 피부암. 그는 아마도 밥 말리에 대해 들어본 적도 없는 것 같다.

이 모든 것은 높게 집계된 빈도조차도 실제 진단을 대체할 수 없음을 보여준다. 단순한 상관관계는 인과관계가 아님에도 역학 계산은 골다공증과 같은 개별 진단의 대리지표로 너무 자주 사용된다. 예를 들어 메드스케이프Medscape와 같은 웹사이트에서는 ―
골절 위험도를 계산하기 위해 인종값을 할당하는 것을 포함해 ―
위험값을 할당하도록 설계된 방대한 계산 메뉴를 제공한다.[4]

그러나 멜라닌이 적을수록(즉 피부색이 밝을수록) 골다공증 위
험이 높다는 상관관계는 있지만 인종 정체성은 멜라닌(혹은 식습
관이나 운동 등의 위험 지표)을 생물학적으로 나타내지 않는다. 인
종은 정치적으로 지정되는 것이며 그 범위는 국가와 문화에 따
라 달라진다. 백인으로 분류되는 사람도 피부 톤이 다양할 수 있
고, 흑인으로 인식되는 사람들 가운데서도 인류 전체만큼이나 피
부색 팔레트가 다양하다. 피부색이 밝은 흑인 미국인도 노르웨이
출신의 금발 여성만큼이나 골다공증에 취약할 수 있다.

더욱이 인종이라는 질문 자체도 보편적으로 제기되는 것이 아
니라 주로 문화적으로 의미가 부여된 상황에서 제기된다. 영국
셰필드 대학교에서 개발해 국제적으로 사용되는 골절 위험 계산
사이트 프랙스FRAX에는 미국(백인)의 위험도를 흑인, 히스패닉,
아시아계의 위험도와 구별하기 위해 '미국인 전용' 계산이 있다.[5]
사실 프랙스는 생물학적 성향과 국가 정체성을 융합하는 것으로
보이는 듯한 알고리즘의 계산 도구를 사용한다.

---

4 "Calculators," Medscape, https://reference.medscape.com/guide/medical-calculators.

5 "Fracture Risk Assessment Tool," FRAX calculator at https://frax.shef.ac.uk/FRAX/tool.aspx?country=8. It is worth noting that Country=8 is US (Black), while Country=9 is US (Caucasian).

실제로 프랙스 글로벌 지수에서 국가 정체성을 인종 하위 집단으로 나누어 별도로 계산하는 나라는 단 4개국뿐이다. 중국(중국계와 홍콩계), 싱가포르(중국계, 말레이계, 인도계), 남아프리카공화국(아프리카계, 유색인종, 백인). 동일한 인종 분류 논리에 따라 이스라엘은 유럽에 속하는 반면 팔레스타인, 시리아, 사우디아라비아, 요르단, 이집트를 포함한 주변 지역은 중동 및 아프리카에 속한다.

이런 정치적 분류에 따라 어떤 구분이 이루어지고, 약물 용량에 어떤 차이가 생기는지 알기란 불가능하다. 지역적으로 뚜렷이 구별되는 골다공증 발병률 지도를 가정하더라도 미국의 백인Caucasian과 남아프리카공화국의 백인White 사이에 정말로 차이를 계산해 넣었을까? 그렇다면 그 계산의 척도는 무엇인가?

미국에서 흑인으로 구분되는 내 몸은 국경을 넘으면 그저 평범한 캐나다인으로 계산될 것이다. 정치적으로도 말이 안 되지만 의학적으로도 더욱 말이 안 된다. 이 데이터는 마치 차이를 가정하는 방식으로 나뉘는 것으로 보인다. 프랙스의 지표를 설계한 결정권자들은 국가 정체성이 마치 투명한 대체 기호이며 본질적으로 생물학적 차이를 자연스럽게 반영한다는 생각에 집착하는 듯하다.

좀 더 자세히 설명하면 나는 특정 연령대의 여성이고, 의사들은 60세 이상의 여성들의 골감소증이나 골다공증을 검사하는 기준으로 두 지표 — 나이와 성별 — 를 일상적으로 사용한다. 그래서 최근에 나는 정기 골밀도 검사를 받았고 검사 결과는 의사의 책상 위 컴퓨터로 전송되어 내 개인 데이터와 예측 알고리즘을 통해 약물 필요 여부를 판단하게끔 돼 있었다.

의사는 컴퓨터 모니터 뒤에 오랫동안 앉아 있었다. 그리고 마침내 모니터 끝으로 머리를 내밀었다. 그는 목을 가다듬고 "아마도 당신이 흑인이어서" 기계가 계산하지 못하는 것 같다고 중얼거렸다. 짜증이 났지만 굴하지 않고 나는 내가 백인인 걸로 입력해 기계에 사보타주하라고 말했다. 그렇게 간단히 신원만 바꾸자 시스템은 즉시 나에게 추가 질문을 쏟아냈다. 어릴 적에 뼈가 부러진 적이 있는지, 있다면 몇 살 때였는지, 류머티즘 관절염 증상이 있는지, 그리고 가장 중요한 골다공증 가족력, 특히 어머니에게 골다공증이 있었는지 물었다.

만일 내가 흑인으로 분류됐다면 기계가 그런 질문을 하지 않았으리라는 사실은 심오하고도 매우 흥미로운 유형의 '기계 편견'이었다. 실제로 기계는 내 흑인성을 '자기 식별'로 분류한 듯했지만 정작 아무도 내 혈통에 대해서는 묻지 않았다.

분명히 어떤 관리자나 간호사가 미국 문화란 맥락에서 인종이 얼마나 '자명한' 혹은 '명백한' 것으로 집요하게 주장된다는 생각에 근거해 그 공란에 체크했을 것이다. 그래서 멜라닌 유전의 무한한 스펙트럼은 양자택일의 문제로 환원적으로 간주된다. 게다가 잘 훈련된 의사, 인간 전문가의 권위는 비의료 컴퓨터공학자가 프로그래밍한 경로만 담은 블랙박스의 폐쇄적이고 편협한 사고방식으로 대체됐고 그 공학자는 인종을 이분적으로, 맹목적으로 생각하도록 사회화된 듯하다.

내 의사가 기계에 보인 복종은 — 또 우리 대부분이 알고리즘에 부여하는 복종도 — 개별 인간의 전문성을 떨어뜨린다. 블랙박스 의학은 광범위한 패턴을 식별하고 평가하는 데 탁월할지 모른다. 하지만 유난히 혼합되고 디아스포라적 유산이 있는 나라에서는 개개인의 신체적 독특함과 복잡성과 관련해 그런 기계에 대한 복종이 결국 확률을 마치 확정된 사실이나 절대적인 것으로 취급하도록 만들 수 있다. 해당 혹은 비해당, 전부 혹은 전무 같은 식으로 말이다.

따라서 질병의 다양한 생물학적 발현이나 (기근, 고지대, 혹은 근친혼과 같은) 다양한 생태적 조건에 대한 적응은 바로 인간이라는 공통의 주제에 대한 **변이**variations로 생각하는 게 가장 적절하다. 하지만 오늘날까지도 미국의 많은 의대에서는 아프리카계 미국인이 백인보다 근육량이 훨씬 많다고 가르친다. 이는 노예제 시대부터 이어져온 허구지만 오늘날에도 신장 질환 치료 방식에 영향을 미치고 있다. 신장 기능을 측정할 때 크레아틴 수치를 사용하며, 근육량이 많을수록 혈중 크레아틴 수치가 높아질 수 있기 때문이다.

그러나 병원 대부분에서는 개별 환자의 실제 근육량을 측정하기보다는 흑인 환자의 수치를 자동으로 낮추는 알고리즘에 의존한다. 그래서 모든 흑인이 실제보다 더 건강한 듯 보여 치료가 지

연되는 경우가 있다.[6]

마찬가지로 미국심장협회American Heart Association에서 개발 및 승인한 검사도 심부전 위험을 판단할 때 인종을 고려한다. 이 알고리즘은 '비흑인' 환자에게 가산점 3점을 부여한다. 점수가 높을수록 심장병 전문 진료과에 의뢰될 가능성이 커지지만, 흑인이 심장 질환에 덜 위험하다고 판단할 근거는 전혀 없으며 미국심장협회도 그에 대한 어떤 근거도 제공하지 않는다.[7]

말할 필요도 없이 결국 백인과 같은 증상이 있는 흑인 및 라틴계 환자는 전문 치료를 위해 의뢰되는 빈도가 훨씬 줄어든다. 의료 서비스를 제대로 받지 못하는 흑인 환자 가운데 너무 많은 인원이 '갑작스러운' 혹은 '공격적인' 형태의 일반 질병으로 죽음의 문턱에 다다를 때까지 간과된다. 헤아릴 수 없이 얄궂게도 바로 그때 그 외면받던 몸들이 '유전적 차이'의 예외적 표상으로 부각되기도 한다.

해리엇 워싱턴Harriet Washington, 도로시 로버츠Dorothy Roberts, 런디 브라운Lundy Braun, 트로이 더스터Troy Duster, 조너선 칸Jonathan Kahn,

---

6 Dorothy Roberts, *Fatal Invention: How Science, Politics and Big Business Recreate Race in the Twenty-First Century* (New York: The New Press, 2012). 다음도 보라. Jonathan Kahn, *Race in a Bottle: The Story of Bidil and Racialized Medicine in a Post-Genomic World* (New York: Columbia University Press, 2012).

7 Darshali Vyas, Leo Eisenstein, and David Jones, "Hidden in Plain Sight: Reconsidering the Use of Race Correction in Clinical Algorithms," *New England Journal of Medicine* 383, no. 9 (August 27, 2020): 874-82.

애블린 해먼즈Evelynn Hammonds를 비롯해 의료사학자들은 수십 년간 그런 고정관념과 편견을 비판해왔는데 '흑인의 생명은 소중하다' 운동, 지구적 보건 위기, 그리고 적극적으로 목소리를 내는 다양하고 새로운 세대의 의료진 등장, 이 모든 것이 맞물리면서 이 주제가 마침내 진지하게 다뤄지게 됐다.[8]

이런 고정관념을 언급하는 까닭은 코로나19가 흑인, 라틴계 등 유색인종의 몸에 불균형한 해를 입혔고 그에 따라 기저질환에 많은 관심이 쏠린 이 시점에 그런 어리석은 인식이 초래하는 의료적 결과를 숙고하기 위해서다. 신중한 논평가들은 기저질환이 선천적 소인과 같지 않다는 점을 지적할 것이다. 이 코로나바이러스에 인간의 선천적 면역은 확인되지 않았다. 나이와 질병이 병원체에 대한 면역체계의 반응을 약화할 수 있지만 그런 취약성 증가는 단지 확률적 경향일 뿐이며 인간의 선천적 소인이나 자연면역이 있음을 나타내지 않는다.

코로나바이러스에 대한 우리의 보편적 취약성은 그 바이러스가 '신종'이라는 점에서 더욱 강조된다. 스트레스, 당뇨, 천식, 밀집된 주거 환경, 위험한 직종에 과도하게 종사하는 상황 같은 기저의 조건이 더 심각한 피해를 초래하는 직접적 요인이라는 점은 거듭 강조할 필요가 있다. 우리는 이 사실을 이미 알고 있다. 그것은 미스터리가 아니다.

---

8 Lisa Rosenbaum, "Examining Inequity," interview with Marcella Alsan, *New England Journal of Medicine* 388, no. 15 (April 13, 2023): e51.

이를 고려할 때 유색인종의 운명에 대한 주목은 늦은 감이 있지만 양날의 검이다. 즉 불평등을 강조하는 동시에 불평등을 타고난 것으로 강화할 위험이 있다. 예를 들어 미국의 감염률이 다른 국가에 비해 현저히 높은 경우 우리는 일반적으로, 특별히 '미국적인' 생물학적 특성의 선천적 조건을 탓하지 않는다. 이런 수치는 잘못된 정책 결정의 산물임을 안다. 바로 그렇기에 유색인종 지역사회의 높은 사망률을, 아프리카계 미국인이 본질적으로 별종이라는 상상에 기대어 탓하면 안 된다!

아종, 나쁜 피, 방종하는 특성 같은 잘못된 환상들이 넘쳐나는 가운데 우리는 유색인종에게 불균형하게 영향을 미치는 트라우마와 사회적 요인들이 백인의 사망률도 (같은 정도는 아니더라도) 높인다는 점을 잊는 것은 위험하다. 백인들을 밀집되고 유독하며 빈곤한 환경에 가두면 **그들** 역시 죽는다.

인종이나 민족을 질병 취약성 지표로 사용하자는, 다시 기승을 부리는 제안들은 백신 우선 접종이라는 맥락에 한정할 경우 생명을 구할 가능성 때문에 매력적으로 보인다. 하지만 병원에서 중증도를 분류할 때 인종이 어떻게 취약성과 맞물려 있는지는 아직 지켜봐야 한다. 코로나19는 우리 모두를 허약하고 숨을 헐떡이며 하찮은 벌거벗은 몸뚱이로 전락시킬 수 있다.

응급실에 도착하면 우리는 의료 시스템에 '짐을 지우는' 수많은 사람 중 하나로 그저 뼈만 남은 존재처럼 운반된다. 고립된 병동에 익명으로 격리된 채 사랑하는 가족과 친구들 사이에서 소중하고 특별한 존재로 인식되지 못하는 것만으로도 충분히 고통스러운데, 여기에 인종이 나쁜 결과를 예고하는 또 하나의 대체 기호로 쓰인다면 더욱 힘들 것이다. 중환자실 병상이 부족해지면서 그런 기호는 알고리즘에 의해 더욱 가중치를 받는다. 요즘은 알고리즘이 [그리스 신화에서 식물의 성장, 개화, 결실을 관장하는 여신] 호라이Horae보다 효율적이고, 의사들은 요즘 정말이지 눈코 뜰 새 없기 때문이다.

그런 비상 상황에서 발생할 수 있는 인종적 편견의 위험을 인식하고 보건복지부Department of Health and Human Services 산하 민권국Office of Civil Rights은 2020년 3월 28일에 고시를 발표해 "무자비한 공리주의로부터 모든 인간의 동등한 존엄성"을 보호하겠다는 연방정부의 약속을 재확인했다. 그리고 미국장애인법Americans with Disabilities Act과 건강보험개혁법Affordable Care Act에 따르면 사람들은 "장애 유무나 나이를 근거로 한 고정관념, 삶의 질 평가, 혹은 개인의 상대적 가치에 대한 판단 때문에 의료 서비스를 거부당해서는 안 된다."

이런 근본적인 우려는 마이클 힉슨Michael Hickson의 사례에서 잘 드러난다. 그는 흑인 사지마비 환자로, 세인트 데이비드 사우스 오스틴 메디컬센터St. David's South Austin Medical Center에서 코로나 치료를 중단당했는데, 녹음된 대화를 보면 의사가 그의 아내에게 이렇게 말한 후였다. "환자의 삶의 질은 … 거의 없습니다." 아내는 날카롭게 되물었다. "뇌 손상으로 마비돼서 삶의 질이 없다는 건

가요?" 의사는 그렇다고 대답했다.[9]

『뉴잉글랜드 의학 저널』New England Journal of Medicine은 인공호흡기가 부족한 상황일 때 환자 분류에 관한 글을 여러 편 실었다.[10] 다음은 그중 하나다.

분류는 세 단계로 진행된다. 1. 회복 불가능한 쇼크와 같은 제외 기준 적용, 2. 인공호흡기 치료 우선순위를 결정하기 위해 순차적 장기부전 평가SOFA 점수를 활용한 사망 위험 평가, 3. 시간에 따라 반복 평가를 실시해 상태가 호전되지 않는 환자는 인공호흡기를 제거해 다른 환자가 사용할 수 있도록 함.[11]

첫째는 가장 심각한 경우로 거칠게 말하면 생존 가능성이 없는 사람들이다. 둘째인 사망 위험 평가는 우리 중 많은 사람, 즉 나이가 많거나 장애가 있거나 기존 질환이 있는 사람들까지 포함할 수 있다. 또 장기적인 스트레스, 환경오염, 빈곤, 의료보험 부재 같은 조건들은 서로 겹치기 때문에 우편번호와 주거 분리의 역사에 따라 퍼펙트 스톰 수준의 집단적 사망이 발생할 위험이 있다.

---

9 Ariana Eunjung Cha, "Quadriplegic Man's Death from Covid-19 Spotlights Questions of Disability, Race and Family," *Washington Post*, July 5, 2007.

10 Ezekiel J. Emanuel et al., "Fair Allocation of Scarce Medical Resources in the Time of Covid-19," *New England Journal of Medicine* 382, no. 21 (March 23, 2020): 2049-55.

11 Shapiro, 2020.

셋째, 생명유지장치를 다른 환자에게로 옮길지를 두고 하는 '반복 평가'는 감염자와 사망자가 급증하면서 점점 부족해질 의료 자원의 가용성에 좌우된다. 이상적으로는 그런 평가는 위원회가 가족이나 대리인과 대화하고 환자의 심폐소생술 거부 지시서를 고려해 이루어져야 한다.

그러나 팬데믹이나 기타 비상 상황에서는 치료 중단 결정이 단 한 명의 의사, 전공의, 혹은 간호사에 달린 경우가 많다. 달리 말해 환자가 급격히 늘어나는 상황에서 그런 결정을 내리는 사람은 아마도 극도로 스트레스를 받고 과로하며 겁을 먹고 수면 부족에 시달리는 인간일 터다. 당신과 아무런 관련 없는 그 의료인에게 당신은 단지 체온, 산소포화도, 나이와 같은 추상적 수치, 그가 당신의 몸에서 읽어내거나 덧씌우거나 해석한 다른 수치로만 존재한다.

모호하게 정의된 장애가 있는 이들을 향한 차별은 이미 꽤 흔하다. 예를 들어 워싱턴 대학교 의료센터University of Washington Medical Center는 "젊고 전반적으로 건강한 환자의 생존을, 나이가 많고 만성질환이 있는 환자의 생존보다 중요하게 고려해야 한다"고 주장했다.[12] 인종에 덧씌워져 개념을 재구성하는, 즉 개인의 건강을 약화하고 자원을 소모하는 질병 위험 요소는 상황을 악화시킨다. 장애인 권리 운동가들은 이런 문제를 우선순위로 끌어올리기

---

12 Ari Ne'eman, "I Will Not Apologize for My Needs," *New York Times*, March 23, 2020.

위해 힘써왔고, 의회에 "예상되거나 입증된 자원 소모 정도, 치료로 혜택을 볼 가능성이 높은 환자의 상대적 생존 가능성, 그리고 치료 전후의 삶의 질 평가"에 기초한 환자 분류를 금지하라고 촉구한다.[13]

2020년 7월 22일, 텍사스의 장애인권리신장단체Disability Rights Texas는 보건복지부에 북중부 텍사스 외상지역자문위원회North Central Texas Trauma Regional Advisory Council를 상대로 진정을 제기했다. 다양한 기존 질환 및 장애가 있는 사람들을 개별 평가 없이 자동으로 집중 치료에서 배제하는, 경직된 점수 기반 알고리즘 시스템을 사용한다는 게 그 이유였다.[14] 다른 주들도 그런 우려에 대응하여 위기 대응 규칙을 재검토하기 시작했다.

인간 정체성의 복잡성을 외면하는 방식으로, 인종 범주에 대한 환원주의는 여전히 너무 흔하고 너무 오도한다. 소비자에게 직접 유전자 검사 서비스를 제공하는 회사들은 인종화된 '뿌리'와 '정체성'에 대한 약속을 종종 허위에 가까운 방식으로 판매한다. 많은 소비자는 명성, 부, 유명 브랜드를 만들어낸 조상들과의 유전

---

13 Neil Romano, "NCD Chairman Statement on Death of Michael Hickson," National Council on Disability, July 2, 2020.

14 Press Release, "Advocacy Groups and Five Individuals File Discrimination Complaint over COVID-19 Treatment Rationing Guidelines in North Central Texas: Federal Complaint Says North Texas Rationing of Care Guidelines Leave People with Disabilities at Grave Risk," Disability Rights Texas, July 22, 2020.

적 연결을 알아내기 위해 기꺼이 많은 돈을 지불한다. 이를테면 유사 골상학 지식 게임이 유행처럼 번지는 형국이다.

그런 검사가 인류 역사 전반의 광범위한 이주 패턴을 바탕으로 조상을 밝혀낼 수 있다는 것은 놀라운 일이 아니다. 수천 년에 걸친 유전적 돌연변이의 특정 군집은 특정 인구 집단에서 더 자주 발생한다. 예를 들어 멜라닌 농도는 조상이 햇볕이 많은 혹은 적은 기후에 어떻게 적응했는지 보여줄 수 있다. 그럼에도 한 인종을 또 다른 인종과 구별하는 특정 유전 표지는 없다. 외적 차이는 — 머리카락, 피부색, 눈 모양 같은 — 내적 차이와 관련이 없다. 두개골 크기, 더 많은 다리 근육, 음악적 재능에 대한 근거 없는 믿음이 아무리 강할지라도 말이다.

이제는 이 모든 것이 충분히 명확해져야 할 텐데 생물학 유전의 서사에 인종을 다시 새겨 넣으려는 시도는 놀라울 만큼 집요하게 지속되고 있다. 이런 과학은 언제나 가장 고귀한 이유와 가장 숭고한 의학적 이상을 내세워 추구돼왔지만, 역사가 보여준 바가 있다면 그것은 인종이란 개념이 모순적이고 불안정하다는 사실이다. 그런데 우리의 언어에 깊게 자리한 인종에 대한 개념들은, 유전적 비율이 문화와 지위는 물론 경제적, 정치적 속성을 나타내는 대체 기호로 작용하는 맥락으로 또다시 옮겨 가려는 문턱에 서 있는 듯하다.

나는 이것도 궁금하다. 그러니까 DNA가 내가 알베르트 아인슈타인과 얼마나 가까운 친척인지, 특정 질병에 걸릴 가능성이 있는지를 정확히 밝혀줄 뿐 아니라 나의 생물학적, 의학적, 정신적 특이성과 타인과의 차이를 '확립된' **불**평등으로 재구성할 수 있게 됐을 때, 과연 자유주의 그 자체는 어떻게 될까? 이런 능력은 정치적 평등에 대한 우리의 전제에 흥미로운 도전을 제기한다. 왜냐하면 이 능력은 명백한 국가 정책의 형태는 아닐지라도 대중의 '사적'이고 우생학적인 '선택'이라는 방식으로 특정 집단을 다른 집단보다 우대하는 정책들을 이미 부추기고 있기 때문이다.

곧 특정 질병에 걸리기 쉬운 사람들에 대한 사전 격리 혹은 불임 시술, 공격 성향이 있는 사람들에 대한 사전 구금, 사전 채용, 그리고 원하는 특성(사랑받는 특성이 아니라 시장성이 있는 특성)을 갖추기 위한 사전 유전자 조작의 미래가 펼쳐질 것이다. 온갖 선의로 포장한 계층적 장난질, 즉 금발을 위한 소중한 대립형 유전자라든지, '딱 걸렸어'gotcha [하면서 지능지수로 개인의 미래를 재단하는] IQ 수치 등으로 가득한 세상, 이제는 누구도 이웃의 아내를 탐하지 않고 이웃 자녀의 천문학적인 SAT 점수의 시장 가치만을 탐하는 세상 말이다.

왜 전통적인 서사 방식으로 조상의 삶의 교훈을 찾아내려 하지 않고 DNA를 통해 가족사를 추적하려는 것일까? 한 가지 분명한 대답은 노예의 후손인 우리 같은 경우는 우리의 몸 말고는 남은 기록이 거의 없기 때문이라는 점이다. 즉 가족 서사가 고통스럽게 중단되어서 우리는 필사적으로 지식을 추구하고 확실함을 갈망하게 된다. 여러 세대에 걸친 이름 없는 존재와 단절의 경험이 그런 갈망을 불러일으키는 것이다. 동시에 우리는 생물학적으로 과거를 되짚는 일의 한계도 곰곰이 생각해봐야 한다. 우리는 자신을 완성하기 위해 얼마나 많은 무덤을 파헤쳐야 할까? 모든 것을 알고자 하는, 절대적 앎을 추구하는 그 여정에는 피할 수 없는 실망이 도사리고 있지는 않을까?

지난 몇 년 동안 미국의 공영방송 시청자들은 헨리 루이스 게이츠 주니어Henry Louis Gates Jr.의 프로그램 〈당신의 뿌리를 찾아서〉 Finding Your Roots 시리즈를 즐겨 시청하고 있다. 이 프로그램은 역사학적 관점에서 볼 때 특히 흥미롭다. 이 시리즈는 노예제 시기에 걸쳐 혈통을 추적하는 데 따르는 독특한 어려움을 보여준다. 즉 가족관계를 인정하지 않던 인간 매매, 성姓이 없거나 이름조차 없는 경우, 그리고 친족을 찾기 위해 인구조사 기록뿐 아니라 '주인'의 재산 목록까지 들여다봐야 하는 현실이 그것이다. 가족사를 재구성하는 일은 마치 고고학 발굴과도 같다. 세대를 잇는 이야기 전승, 이동 경로 연구, 상업 거래 기록의 복원, 과학이 결합된 작업이다.

요즘 각광받는 과학은 물론 DNA 검사인데, 여기서 내 관심은 싸늘히 식는다. 한편으로 DNA 검사는 특정 종류의 가족관계를 확인하는 데 꽤 유용할 수 있다. 게이츠 주니어가 본인을 대상으로 검사했던 결과는 그에게 아슈케나지계 여성 조상이 있다는 것, 또 그가 어릴 적부터 고조할머니를 임신시킨 사람으로 알고 있던 백인 가부장 새뮤얼 브래디Samuel Brady와 자신이 전혀 관계가 없음을 보여줬다. 구전으로 전해오던 그의 가족 이야기에는 『월스트리트 저널』Wall Street Journal에서 장난스럽게 부른 그의 [유대인 어머니를 뜻하고, 1920년대 대중가요 히트곡 제목과도 같은] "이디시 엄마"Yiddishe Mama에 관한 암시가 전혀 없었다.[15]

마찬가지로 브래디가 직계 조상이 아니라는 사실도 그에게는 전혀 준비되지 않은 일이었다. 실제로 게이츠 주니어의 한 사촌은 검사가 틀렸다고 지금까지도 단호히 주장한다. 만약 검사가 맞다면 진실은 두 가지라고 그는 주장한다. 하나는 자신이 자라면서 들어온 이야기, 다른 하나는 DNA가 말해주는 것.

DNA가 말하는 것과 가족 이야기를 형성해온 것 사이에는 일종의 역사적 거짓말 같은 간극이 있다. 흑인에서 백인으로 비밀스럽게 행세하는 것? 동화되려는 행동이나 열망? 어떤 수치, 강간 같은 것을 숨기기 위한 신화? 자유를 향해 탈출하고자 정체성을 변경하는 것?

가족 이야기가 반복되며 말 그대로가 아닌 서사시처럼 되어가는 데는 매우 인간적인 것, 매우 뭉클한 무언가가 있다. 가족의 비밀은 묻히고, 조상들의 모습은 과장되며, 이주자들은 스스로를 재창조하고, 날것의 야망은 조율되며, 끔찍한 수치스러운 일은 묻힌다. 그런 이야기들은 현실 도피적 조작과 멀게나마 연결돼 있다. 또한 신의 아들이라거나 록펠러 집안의 일원, 혹은 영국 왕위

---

15 Henry Louis Gates, "My Yiddishe Mama," *Wall Street Journal*, February 1, 2006.

의 상속자라고 주장하는 정신질환자나 성격 장애가 있는 사람들의 마법적인 사고방식과 어느 정도 닮았을 수도 있지만 그 차원은 분명히 다르다.

게이츠 주니어의 조사를 통해 드러나는 가족 미스터리 유형에는 ─ 특히 미국의 맥락에서 ─ 어딘가 매우 흔하게 느껴지는 무언가가 있다. 그것은 부분적으로 출신이 어디든 우리 조상들 가운데 매우 많은 이가 신세계에서 스스로를 재창조해온 모습이다. 피츠버그 대학교의 법학 교수 제시 앨런Jessie Allen은 법적 구제의 '마법'을 다음과 같이 묘사한다. "마땅히 그랬어야 했던 일이 과거를 이긴다."[16] 가족 이야기도 흡사한 방식으로 과거를 의례화한다. 이는 부분적으로 콜롬비아 대학교 과학과 종교 연구센터Center for the Study of Science and Religion 소장인 로버트 폴락Robert Pollack 교수가 말하는 '회복의 종말론'이다.

이런 감정적 진실에 ─ 그렇게 불러도 된다면 ─ 가치가 있더라도, DNA가 알려주는 진실과 혼동하지 않는 게 중요하다. DNA는 분명 우리 조사에 관한 어떤 면들을 밝혀줄 수 있지만 내 어머니가 예전에 했던 말처럼 "너는 변호사의 유전자를 갖고 있어" 같은 말을 문자 그대로 받아들이는 것은 말이 안 된다. 물론 어머니는 비유적으로 말한 것이며, 유전자 지도를 사회화의 패턴 혹은 성취해야 할 모델로 비유한 것이다. 하지만 유전자 검사 회사들

---

16 Jessie Allen, "A Theory of Adjudication: Law as Magic," *Suffolk University Law Review* 41, no. 4 (2008): 773-831.

은 비유가 분명하지 않은 방식으로 인종과 국적을 사용하는 경우가 많아 보인다.

백인 우월주의자들은 대륙별 출신을 인종 보증으로 환원하기도 한다. 이를테면 북유럽계 90퍼센트라는 결과를 '나는 백인'이라는 식으로 단순화하는 것이다. 그러나 교육수준을 나타내는 대립형질이 없듯이 백인성을 나타내는 대립형질도 없다. 백인이란 무거운 역사와 느슨한 지리적 경계를 지닌, 유연하고 사회적인 명칭이다. 게이츠 주니어의 아슈케나지 조상들이 오늘날 우리 앞에 나타난다면 백인이라 불렀을지 모르지만 100년 전 동유럽계나 남유럽계 이민자로 미국에 들어왔을 당시에는 그렇게 불리지 않았을 것이다.

나는 오래된 뉴잉글랜드의 역사와 노예무역의 유산이 얽힌 독특한 계보를 지니고 있다. 나는 보스턴에서 자랐고 그 시절에는 학교에서 윈스럽Winthrop, 코튼Cotton, 댄포스Danforth를 비롯해 청교도들의 웅변조 선언문들을 단순히 읽는 것을 넘어 암기해야 했다. 특권은 있지만 기쁨 없는 그 교육은 예외주의만을 표준으로 삼는 세상을 제시했고, 내게 허용된 자리는 좋은 것으로 치장된 '차이' 뿐인 세계였다. **나름의** 공정한 기준도 없고, **나만**의 방은 더더욱 없는 세계였다.

그 경험은 내 정체성과의 관계를 이상하리만치 복잡하게 만들어 미국인으로 깊이 뿌리내렸음에도 학습된 유배 상태에 놓인 듯했다. **또한** 마치 낯익은 곳에 이주해온, 늘 깜짝깜짝 놀라는 이민자 같달까. 너무 친숙한 풍경에서도 여전히 속하지 못하고 닻을 내리지 못하는 상태.

　나는 이 감정을 개인적 궤적의 맥락에서 표현했지만 이는 우리 모두를 자신에게서 약간 벗어난, 그러니까 항상 현재의 순간보다 조금 앞에 혹은 뒤에 있게 하는 미국적 서사의 힘에 관한 이야기다. 이런 구조는 미국학자 색번 버코비치Sacvan Bercovitch가 '특정한 기대의 집합'a specific set of anticipations이라고 부른 것을 만들어내는 설계다. 나는 이것을 배제, 포섭, 예외주의의 상징적 형태라는 관점에서 생각해보려 한다. 그리고 이것들을 법적 언어의 영역으로 가져와 인종, 젠더, 생명윤리, 분배 정의, 법적 주체성, 인격성의 맥락에서 새롭게 보고자 한다.

　나는 2008년 대선 당시 이민자의 서사 관습을 영리하게 활용한 버락 오바마의 독특한 언약적 호소력을 생각한다. 오바마는 이민자 아버지에 대해 이야기했는데 그건 ─ 아메리칸드림을 찾아 유럽에서 이 땅에 온 백인 이민자 아버지가 아니라 ─ 지상의 천국을 찾아 케냐에서 이 땅에 온 흑인 이민자 아버지 이야기였다. 그리고 그의 '싱글맘'은 분명 흑인 여성이리라는 즉각적 고정관념과는 달리 자아를 탐색하고 인습에 얽매이지 않는, 다언어를 구사하는 인류학자였던 **백인** 싱글맘이었다.

　이렇게 의도적으로 또 불편하게 인종적 관념들을 재구성한 방식은 정치권과 언론의 기대를 뒤흔들었고 ─ 적어도 한동안은 ─ 고정관념이 유보되는 유예기간이 있었다. 그사이 오바마는 정치 후보의 매우 주류적인 서사 궤적 안에 자리매김할 수 있었다. 사람들은 그를 어떻게 이해하고 받아들여야 할지 몰랐다. 그런 당혹스러움의 대표적 예는 당시 상원의원이던 조 바이든이 오바마를 두고 정말 "깨끗하고 또박또박 말한다"clean and articulate고 감탄한 반응이다. 그 판단이 유보된 떨리는 순간을 그대로 기억하기란 어렵다. 너무도 빠르게 증발해버렸기 때문이다. 결국 오바마는 단지 이국적일 뿐 아니라 **익숙하면서도 낯선 존재**로 여겨졌다. 그의 출생증명서조차 여전히 어떤 이들에게는 그 이슈를 일소해주지 못하고 있다.

지난 몇 년간 나는 '인간의 정체성, DNA, 그리고 과학 혁명'이라는 세미나에서 공동으로 강의한 적이 있는데, 이 세미나는 법학과 학생들뿐 아니라 의학, 생물학, 저널리즘 등 다양한 분야의 대학원생이 대상이었고 컬럼비아 대학교의 선발된 졸업반 대학생들을 위한 핵심 교과과정이기도 했다. 나는 생물학자, 정신과 의사, 철학자이자 윤리학자인 교수들과 함께 가르쳤다. 우리가 끊임없이 마주했던 문제 하나는 판이한 기준reference 감각이었다. **자연**nature이라는 단어만 해도 생물학자에게는 세포를, 정신과 의사에게는 행동이나 화학/약리학을, 철학자에게는 바티칸법 같은 종교적 자연법 규범에 기초한 도덕적 질서를 떠올리게 했다. 법학자로서 나는 규범적인 사회적 개념으로 들렸다.

또 다른 단어 **인간**human을 예로 들면 생물학자에게는 진화론적 범주였다. 정신과 의사에게는 종으로서 짝짓기 능력에만 머물지 않고 앵무새, 유인원, 돌고래, 코끼리, 문어처럼 도구를 만들고 언어를 사용하는 존재를 포함해 유동적 행위와 지능의 집합체였다. 철학자에게 **인간**은 나약한 존재였다. 법학자인 내게는 존엄성이란 개념을 전제로 한 관습들에서 주로 파생된 일련의 원칙들과 때로는 권리들을 수반하는 지위였다.

미국법에서 **인간**은 실제로 **사람**person보다 덜 중요하다. 사람이란 — 생물학적으로 살아 있거나 상상 속에 존재하거나 가공되거나 죽은 존재일 수 있고 반드시 인간일 필요는 없는 존재로서 — 특정한 종류의 법적 보호가 부여되는 존재다. 따라서 기업, 지방자치단체, 대학도 소송을 제기하고 당할 수 있다는 점에서 사람이 될 수 있다. 그들은 우리의 사법 및 정치 시스템에서 지위, 보호, 인정을 받는다.

그래서 한 법대생이 돌고래의 서식지 보호와 생존권 보장을 위한 소송을 제기할 수 있도록 법적 인격peronshood을 부여해야 한다는 논문을 쓰고 싶다고 했을 때 생물학자는 처음에 완전히 당황했다. 돌고래는 인간이 아니기 때문이다. 그러나 미국법에서 사람만 법적 인격을 가진 것은 아니다. 어떤 학생이 지적 능력을 제한하는 특정 형태의 뇌병증을 가지고 태어난 아기들은 인간으로 간주되지 않을 수도 있다는 의견을 내자 그 대화는 더 격렬해지고 복잡해졌다. 대화는 결국 과학자, 교수, 연구자, 의사들이 유전학의 힘을 어떻게 상상하는지 생각해보는 계기가 됐다.

그때부터 나는 학생들에게 자기 몸속 DNA를 어떻게 상상하는지 만화로 그려보라고 했다. 그런데 과학 지식이 아무리 많을지라도 학생들이 그린 것은 아주 전근대적이었다. 이를테면 피부 아래 돌고 있는 작은 드론 집합, 뱃속 작은 자궁에 완전히 형성된 자아가 태아의 자세로 웅크린 모습, 흉부 바로 뒤편 금빛 상자 안 아주 작은 두루마리(나는 그게 가장 마음에 든다), 작은 엔진이 달린 뇌가 돌아가고 있는 모습, 몸의 방주에 있는 생물학적 토라, 연금술사의 화로 속 호문쿨루스 등. 결국 나는 학생들에게 종이를 접고 그런 낭만적 상상을 접기를 권했다.

우리는 모두 유전자 채취가 밝혀내는 것에 대해 덜 낭만적으로 받아들여야 한다. 아프리카로 돌아가길 열망한다거나, 자신의 이탈리아적 정체성을 느끼고 싶다거나 아시아계 조상이 있다면 새로운 문이 열린 것처럼 느끼는 것이 염려스럽다. 그 열망, 일체감, 새로운 문은 미토콘드리아가 아니라 머릿속에 있다. 그것은 우리가 자라오며 생긴 정체성을, 우리가 거의 될 수도 있었던 '타자'에 대해 문화적으로 내재되고 사회적으로 구성된 상상 위에 덧씌우는 과정이다.

상상은 놀라운 해방감을 주고 활력을 줄 수 있지만, 우화다. 그 이야기를 우리 혈통의 영원성으로 읽으면, 우리의 역사를 생물학으로 환원하면 영원히 우리는 될 수 있었던 우리 자신보다 못한 존재가 될 것이다. 게다가 그 환상을 충족시키지 못하는 이들은 완벽함을 추구하는 시장에서 불량품으로 낙인찍힐 것이다. 우리가 때때로 개와 고양이에게 더 쉽게 베푸는 안락과 수용을 인간의 몸에는 허락하지 않고, 그 몸의 유용성을 평가하는 데 엄청난 문화적 에너지를 소비하는 것은 매우 심란한 일이다. 우리는 종종 동료 인간, 심지어 자식들에게까지 꽤 잔인하다.

지난 몇 년 동안 생명윤리 수업을 진행하면서 나는 '베개 천사'pillow angel로 불린 애슐리 X Ashley X의 사례에 담긴 정책적 함의를 곱씹어왔다.[17] 애슐리는 3개월에 뇌 발달이 멈추는 쇠약성 뇌병증을 앓고 태어났다. 여아인 애슐리는 감각이 있고 미소를 지으며 때때로 가족을 알아보고 음악을 즐기는 듯 보인다. 하지만 혼자서는 거의 움직일 수 없고 말을 배우지도 못할 것이다. 여섯 살이 되던 해 부모는 시애틀 아동병원과 계약을 맺고 일련의 의료적 처치를 시행했다. 이 처치들은 표면적으로는 체구를 작고 들기 쉽게 만들어 욕창 위험을 줄이고 영구적으로 아동 같은 상태로 만들기 위한 것이었다.

이런 목적을 위해 유방 초기 조직을 제거했다. 부분적으로는 유방암 가족력 때문이었지만 직접적인 이유는 몸을 똑바로 세우는 고정 벨트에 맞추기 위함이었다. 부모의 블로그에 따르면 "발달한 가슴은 … 아이를 불편하게만 할 것이다."[18] 애슐리는 맹장염에 걸려도 고통을 호소하지 못할까 염려돼 맹장도 제거됐다. 그리고 성장판을 닫아 키를 제한하도록 에스트로겐이 투여되었다.

---

17 Blog post, "Is the 'Ashley Treatment' Ethical?" Institute of Clinical Bioethics, Saint Joseph's University, May 1, 2013.

18 Pillowangel.org.

그런 용량의 에스트로겐은 혈전 발생률을 높이는 등 위험이 따르지만 부모는 아이를 쉽게 들어 올릴 수 있는 것이 그런 위험보다 중요하다고 생각했다. 자궁도 제거했는데 "생리통이나 강간 임신"의 고통을 피하게 해주려는 목적에서였다.

이 사례에서 더욱 주목할 점은 애슐리를 위한 법정 후견인을 선임하지 않은 채 수술들이 이루어졌다는 점이다. 윤리위원회를 포함해 병원 내 누구도 그런 감독 없이 미성년자를 불임 수술하는 것이 50개 주 모두에서 불법이라는 사실을 고려하지 않았다. 부모는 자녀의 최선의 이익을 염두에 두고 자녀를 대신해 일상적 의료 절차에 동의할 수 있다고 가정되지만 이 상황은 일상적인 상황이라 하기 어려웠다. 게다가 당연히 부담을 갖는 보호자의 이해관계와, 인지 결함에도 불구하고 고통을 전혀 못 느끼는 것은 아닌 애슐리의 이해관계가 충돌하는 사안이었다.

사실 의사결정 능력이 있는 사람 가운데 누가 경련을 예방하거나 강간을 예방하고자 자궁 적출이라는 고통스러운 침습 수술을 받겠는가? 그렇다면 항의할 능력이 없는 사람의 경우에는 왜 그게 허용돼야 할까? 성범죄자의 손에 죽는 게 예정된 운명이라는 가정에서조차 피임약은 왜 사용하면 안 될까?

난 이 사건의 결말이 윤리적으로도, 공공정책 측면에서도 잘못됐다고 생각한다. 이 사건에 대한 전국적인 논쟁 속에서 부모의 동기가 순수했다는 데 많은 사람이 동의했는데, 우리 가운데 누가 무슨 자격으로 판단하느냐는 분위기였다. 그런 정서는 프린스턴의 철학자 피터 싱어Peter Singer가 『뉴욕 타임스』에 기고한 글에서 꽤 고상하게 표현했다. "그녀가 소중한 까닭은 그녀 자신이 무엇이라기보다는 부모와 형제가 그녀를 사랑하고 아끼기 때문이다."[19] 그런 일반적 정서는 장애인 권리 단체 FRIDA에 익명으로 올라온 온라인 게시물에 더 거칠게 표현됐다. ("당신네 단체는 정말 골칫거리다. … 간병하는 사람에게 무슨 일이 생기면 누가 장애인을 돌보겠는가? … 당신네 단체일까, 아니면 신경도 안 쓰는 국가일까?")

나는 애슐리의 부모가 딸을 얼마나 사랑하는지, 그 책임이 얼마나 막중할지 의심하지 않는다. 하지만 이런 수술들이 이루어지도록 — 비공식적으로, 적법한 절차 없이 — 허용한 병원 측은 잘못이 있다. 본질적으로 병원은 부모가 주장하는 사랑에 의심 없이 따름으로써 애슐리의 장기 요양과 안락에 관한 윤리적 질문들을 사적인 영역으로 넘겨버린 셈이다.

병원은 의학적 필요성과는 무관하게 (흔히 돈에 쪼들리는) 보호자에게 유리한 극단적 추정을 만들어냈다. 의학적 필요가 아닌 사랑에 근거해 추정, 판단한다면 충치의 고통을 덜어주기 위해 그녀의 치아를 모조리 뽑지 않은 이유는 무엇인가? 실수로 자신을 할퀴는 고통을 막기 위해 손톱을 제거하지 않은 이유는 무엇인가? 그녀의 건강한 신장 하나를 기증하지 않은 이유는 무엇인가? 그러면 그녀와 세상이 좀 더 가벼워질지도 모른다.

---

[19] Peter Singer, "Opinion: A Convenient Truth," *New York Times*, January 26, 2007.

내가 그녀를 사랑하는 사람이 아니라면 감히 판단할 자격이 있을까? 그런 안이한 반응은 애슐리의 몸이 그녀 자신의 신체적 필요를 해결하기 위해 변화된 것이 아니라 장기적인 사회적 압력에 대한 불확실한 가정을 바탕으로 바뀌었음을 외면하게 한다. 이를테면 가족 행사에 더 참여할 수 있도록, 성폭행범(혹은 아동 성추행범)에게 덜 매력적으로 보이도록, 보호자가 좀 더 쉽게 그녀를 옮길 수 있도록 말이다. 암이나 맹장염의 위험 감소 같은 실질적 의학적 이점은 전적으로 추측에 불과했다(사실 뼈 성장을 멈추기 위해 사용된 호르몬은 암 발병 위험을 높일 수 있다).

애슐리가 받은 수술은 그런 수술로서는 최초였지만 마지막은 아니었다. 뇌병증을 가지고 태어난 다른 아이들도 애슐리 치료법으로 알려진 수술을 받고 있다. 이와 관련된 대중적 논쟁은 규제 감독을 일종의 사생활 침해로 치부하는 경향이 있다.

의료윤리학자 해리엇 워싱턴Harriet Washington은 『메디컬 아파르헤이트』Medical Apartheid에서 프라이버시라는 개념 자체가 젠더, 인종, 계급의 인식틀에 영향을 받는다고 지적한다.[20] 애슐리는 어떤 블로거들이 직설적으로 표현했듯이 "귀엽고", "작은", "백인 소녀"이고 앞으로도 계속 그럴 것이다.[21] 이런 체현은 매우 특정한 사

---

20 Harriet Washington, *Medical Apartheid: The Dark History of Medical Experimentation on Black Americans from Colonial Times to the Present* (New York: Doubleday, 2007; Anchor, 2008).

21 "The Ashley Treatment: 'Her Life Is as Good as We Can Possibly Make It,'" *The Guardian*, March 15, 2012.

회적 반응을 불러일으킨다. 예를 들어 휠체어 하네스에 더 잘 맞도록 남아를 거세하는 데 의사들이 그렇게 순순히 동의할 거라고 상상하기란 어렵다. 마찬가지로 가난한 흑인 아이라면 '베개 천사'로 그렇게 쉽게 낭만화될 수 있을지도 의문이다.

"네가 뭔데 판단하냐?"라는 언뜻 그럴듯한 자유지상주의는 이런 불평등한 사회적 반응뿐 아니라 애슐리 가족 같은 중산층조차도 큰 부담이 되는 미국 의료 시스템의 참담한 상황도 가린다. 우리는 세계에서 가장 부유한 나라임에도 가족이 애슐리의 몸을 바꾸지 않고도 집에서 돌볼 수 있는 기본적인 의료 기기를 제공하지 못하고 있다. 예를 들어 간단한 리프트, 욕창 방지 매트리스, 가정 간호 인력 지원 말이다.

애슐리의 부모는 애슐리가 나이가 들고 몸이 더 커져 다루기 힘들어지더라도 시설에 보내고 싶지 않아서 그런 선택에 내몰린 듯 보인다. 그들은 합당한 이유에서 애슐리의 시설 수용을 두려워했고 그 두려움은 우리의 공중보건 위기가 만들어낸 불안의 일부에 불과했다.

만약 우리가 애슐리의 인간성을 한 가정이 짊어져야 할 사적인 짐 그 이상으로 새롭게 바라본다면 그녀의 쇠약함을, 알츠하이머 환자나 전쟁으로 심신이 파괴된 참전군인의 상태와 연결해 생각할 수 있을 것이다. 그러면 공중보건 문제가 좀 더 분명하게 보일지 모른다. 그러면 공공병원 시스템의 참담한 결함들과 민간병원 시스템의 참담한 비용에 대응하기 위해 그렇게 서둘러 몸을 조각, 절단하는 선택을 하지 않을지도 모른다.

애슐리와 달리 이 남성과 여성들은 외과수술로 몸을 작게 만들 수도 없고 천사 같은 애칭 은유로 미화할 수도 없다. 그들은 성인이고 단순한 존재가 아니며 그 몸들은 슬픔과 결핍으로 무겁다. 어쩌면 바로 그들 덕분에 우리는 더 넓은 의미의 인간 존엄성에 대한 우리 정치체의 의무에 대해 집단적으로 재고할 — 판단을 촉구할 — 수 있을지 모른다.

이것은 단지 건강 그 자체에 관한 문제만은 아니다. 인지적 한계는 있지만 애슐리의 몸은 발달 측면에서 건강했음을 기억하라. 삶의 가치를 평등하게 평가하려는 우리의 헌신은, 인간의 가치를 비용 대비 효율을 따지는 그런 사례들에 의해 심각하게 시험받고 있다. 나는 한 독일 윤리학자를 통해 이 문제를 진진하게 고민하게 되었다. 내가 애슐리 치료법에 대해 말하자 그녀는 "명백한 신체 훼손 사례"라고 표현하며 장애를 — 경제적 장애를 포함해 — 사회적 짐이자 밑 빠진 독으로 여기는 태도라고 말했다.

그녀는 제1차 세계대전 이후 독일이 경제적으로 황폐화한 역사, 그러니까 나치가 본격적으로 독일을 장악하기 직전의 시기에 대해 이야기했다. 병원들은 사람들로 넘쳐났다. 선천적 결함이 있는 아이들은 경제적 부담으로 간주됐다. 빈곤이라는 상태는 국가라는 정치공동체the body politic를 내세우는 우생학적이고 세균공포증적인 법적 입장에 점차 흡수됐다.

'쓸모없는 식객'에 대한 '자비로운 살해'는 점차 '치료'로 불리게 됐다. 병원과 정신병원은 보다 체계적인 살인 관료 시스템을 도입했다. 지속 불가능하다고 간주된 아이들은 서류에 플러스(+) 표시로 처형 대상임이 표시됐다. 그들의 최종 운명은 소독, 청소, 치료로 규정됐다. 이것은 정신과 의사 로버트 제이 리프턴Robert Jay Lifton이 "치료적 생존"[22] 혹은 "자신의 치유 혹은 생존을 위해 '살해하는 자아'가 만들어지는 역설"[23]이라 부른 파시즘적 사고에 의해 정당화됐다. 그리고 이는 결국 우리가 최종 해결책으로 알고 있는 대량학살 기제로 전이됐다.

어쩌면 이는 애슐리의 상황과 관련해 극단적 비교, 과도한 비약으로 보일 수 있다. 그럼에도 곰곰이 생각해보면 다음과 같은 주장과 함께 사고실험으로 작용할 수 있을지 모른다. 그러니까 코로나 상황에서 댄 패트릭과 글렌 벡이 주장한 바, 어떤 인간의 생명은 "경제를 죽인다"면 너무 큰 비용이 될 수도 있다는 신념 말이다. 나는 여기서 편향적으로 이 주장을 펼치려는 게 아니다. 다만 **국가**의 몸체가 고통에 시달리는 인간의 몸체보다 끊임없이 우선시될 때 문화적 폭력이 서서히, 최면에 걸리듯 스며든다는 것을 강조하려는 것이다.

우리는 인지 장애가 단순히 의식 문제를 넘어 생사의 경계에 놓인 경우 감정적으로 고통스러운 온갖 법적 혼란들을 목격한다.

---

22 Robert Jay Lifton, *The Nazi Doctors: Medical Killing and the Psychology of Genocide* (New York: Basic Books, 1986), 499.

23 Lifton, *Nazi Doctors*, 419.

한 극단적 사례로, 텍사스주는 이미 사망한 여성 말리세 무뇨스 Marlise Muñoz에게 생명 유지 장치를 계속 연결해두려 했다. 임신 14주 된 태아의 생존을 유지하기 위해서 말이다. 태아에게 명백한 발달 손상이 있었고 계속 생존할 가능성도 없었다. 텍사스 법은 이렇게 규정한다. "이 조항에 따라 임신 중인 환자에게 생명 유지 치료를 중단하거나 제공하지 않는 행위를 해서는 안 된다."[24]

그런데 무뇨스는 남편이 생명 유지 장치를 제거해달라고 소송을 제기했을 당시 더는 환자가 아니었다. 이미 심각한 뇌출혈로 사망한 상태였고 태아도 이미 상당한 저산소 손상을 입은 상태였다. 남편이 결국 중단 결정을 받아내긴 했지만, 시신에 법을 적용했던 것은 모체와 태아 간의 생물학적 상호 의존성을 완전히 무시한 채 시신을 여전히 환자로 간주하는 기묘한 법적 허구에 의존한 것이었다. 텍사스의 그 병원이 표면적으로는 태아를 만삭까지 유지하기 위해서였다고 주장했지만 실제로는 말리세 무뇨스의 몸에서 사용가치를 강제로 뽑아내려 했다면, 이후 그 아이에게 발생할 발달 문제들에 대해, 애슐리에게 적용했던 것과 같은 효율적이고 공리주의적인 외과적 처리 방식으로 대응했을지도 모른다는 의문을 품지 않을 수 없다.

---

24 Manny Fernandez and Erik Eckholm, "Pregnant and Forced to Stay on Life Support," *New York Times*, January 7, 2014. 다음도 보라. Michele Goodwin, *Policing the Womb: Invisible Women and the Criminalization of Motherhood* (Cambridge University Press, 2022).

아무튼 나는 시애틀 아동병원 경영진이 불임 수술을 포함한 극히 실험적인 수술을 시행하기 전에 청문회를 거치는 것에 왜 그렇게도 무관심했는지 자주 의문을 느꼈다. 내 직관으로는, 점점 더 '의사—환자' 중심의, [환자에게] 해를 끼치지 말라는 치료 윤리를 '서비스 공급자—소비자 선호'라는 선택 중심 윤리로 대체해왔다는 니콜라스 로즈Nikolas Rose와 같은 철학자들의 지적이 매우 타당해 보인다.[25] 10대 딸에게 코 성형이나 가슴 확대 수술을 선물하는 부모 사례나 중국에서 여아를 입양한 뒤 그 아이의 눈을 서구화하기 위해 성형수술을 시킨 가족 사례를 생각해보라.[26]

[필수 의료가 아닌] 선택적 성형수술 이용이 만연한 것은 사회적 낙인의 문제가 계약 문제로 취급되면서 그 본질이 왜곡된 하나의 사례일 뿐이다. 이런 사고방식은 조용하지만 강력한 방식으로 우리의 시선을 돌려놓았다. 인종화되거나 젠더화되거나 규범에서 벗어난 몸을 변장하거나 사과하거나 고통받지 않고도 세상에서 존재할 권리를 지키기 위한 어려운 정치적 싸움에서 눈을 떼게 한 것이다.

미합중국에서 우리는 스스로를 "양도할 수 없는 권리를 가진 존재"라고 생각한다. 그러나 이 이야기들에서처럼 젠더, 인종, 계

---

25 Nikolas Rose, *The Politics of Life Itself: Biomedicine, Power, and Subjectivity in the Twenty-First Century* (Princeton University Press, 2007).

26 Alicia Ouelette, "Eyes Wide Open: Surgery to Westernize the Eyes of an Asian Child," Hastings Center Report 39, no. 1 (January–February 2009).

급이 서로 충돌할 때, 계약이 유동적으로 만들어내는 소외와 헌법 사이에서 긴장이 드러난다. 이는 수행해야 할 윤리적 과제를 가리킨다. 여전히 비판받지 않은 채 남아 있는 착취, 즉 몸, 정체성, 그리고 시민권을 소유물로 취급하는 착취 말이다.

무엇보다 시급한 질문은 다음과 같다. 우리는 어떻게 온갖 종류의 비규범성과 장애를, 혹은 발언권이 없거나 [사회적으로] 번역될 수 없는 목소리를 가진 이들의 침묵을 설명하고 대변할 수 있을까? 우리는 어떻게 그들의 욕망을 대변하고 그들의 필요를 상상하며, 우리가 그들의 '결핍'이라고 여기는 것들을 대신 보상하려는 그런 시도를 어떻게 해야 할까? 혹은 애초에 그런 일을 해야 하는 것일까?

이 난제는 나를 판이한 맥락으로 이끈다. 나는 내면을 들여다보고, 이른 시기에 알츠하이머를 앓기 시작한 친구 L을 떠올린다. 나는 L을 10대 때부터 알고 지냈고 그녀에 대한 나의 동일시는 깊고도 습관적이었다. 우리는 서로 정말 잘 알고 지냈다고 나는 말할 수 있다. 하지만 … 알츠하이머란 맥락에서는 내가 "말하자면"이라고 말하는 것조차 내 마음대로 정당화하는 행동이 돼버리는데, 친구가 나를 알아보았다가 못 알아보는 순간이 반복되기 때문이다.

친구의 이야기는 조각나 있고 틈이 많다. 나는 친구가 되기 위해 한 걸음 물러서고, 미지와 함께 살아간다. 이해의 경계에 아슬아슬하게 서서 일관성 없음을 표준으로 받아들이며 살아간다. 친구에 대한 나의 지식은 더는 당연하지 않고 무지에 양보해야 하며 다시 유동적으로 뒤집어야 한다. 친구의 기억 상실에서 오는 불확실성에 나는 항복하고 그저 흘러간다. 내 친구는 암호다. 내 친구는 해독할 수 없다.

한번은 L을 파티에 데려다주는데, L이 심하게 두려워하며 "저것들"이 "우릴 덮칠 거야"라고 말했다. 친구가 본 것이 무엇인지, 무엇을 말하고자 했는지 이해하는 데 시간이 좀 걸렸다. 친구가 가리키는 것이 도로변에서 자라고 있는 나무란 것을 해독하는 데도 시간이 걸렸다. 또 친구가 나무 **자체**를 두려워해서인지 — 나무들 사이에 어두운 틈이 있고 나무들이 쓰러질지 몰라서 — 아니면 새롭게 바라보게 된 시선 때문인지 알 수 없었다.

마치 아이처럼, 처음으로 무언가를 본 아기처럼, 본 것을 어떻게 규정하거나 받아들여야 할지 모르는 상태였다. 친구가 씨름하던 그 이미지가 걸러지지 않은 날것 그대로의 감각 — 줄무늬 같은 어둠과 위에 떠 있는 초록색 뭉텅이 — 때문이었는지는 알 수 없었다. 그렇게 상상해보면 위험할 정도로 불안정해 보였을지 모르겠다. 마음은 그 본 것을 어디에도 위치시키지 못했을 터다.

친구는 나무를 설명할 단어를 찾느라 애썼다. "길고 좁은 것들." 그리고 계속 말했다. "사이에 어두운 틈이 있고. 저기 있는 것들. 위에 덤불이 있는 것들."

"나무줄기를 말하는 거야?" 내가 마침내 물었다. "그건 나무줄기야."

"응." 친구가 망설이며 말했다. 완전히 안심한 것은 아닌 듯했다.

이 혼란이 안개처럼 퍼진 복잡한 세계와 씨름하면서 나는 우리가 언어를 **통해** 얼마나 온갖 방식으로 망각하는지 곱씹게 됐다. 예를 들어 친구 L은 단순히 나무라는 단어를 잊었을 수도 있다. 친구에게는 나무가 "그 뭐더라" 같은 것이었는지도 모른다. 혹은 친구가 불안해진 이유는 "나무 같은" 것들을 분류해두던 인지적 단어 상자를 잃어버렸기 때문일 수도 있다. 그러니까 나무가 어떤 범주에 속하지 않는 이름 없는 낯선 것이 돼버린 것이다.

말은 익숙한 연상 작용을 통해 세상을 분류하고 마음을 달래준다. 말은 미지unknown를 '인지'known란 이름표가 붙은 찬장 속에 넣어둔다. 말이란 근사한 작은 빨래 바구니들과 같다. 흰옷, 색깔 있는 옷, 링클프리 옷을 따로 담을 수 있는 그런 종류 말이다. 어쩌면 친구 L은 기존과 다른 자신만의 지시 체계를 만들려 했는지도 모르겠다. "어두운 하늘에 떠 있는 초록색 구름, 땅에 꽂혀 있는 가느다란 막대기들, 쓰러질지도 모르는 것들."

아니면 단지 단어만 잃는 것이 아니라 보는 것 자체를 잃는 더 깊은 상실과 싸우고 있었는지도 모르겠다. 별개의 형상을 분리된 대상으로 인식하지 못하고, 슬러시처럼 흐릿한 풍경으로 본 것이다. 어쩌면 경계를 구분하는 능력의 손상이었을 수 있다. 모든 것이 모든 것의 일부로 보이고 모든 것이 그저 어둠과 빛으로 얼룩져 있는 세상. 그녀가 색, 빛과 어둠, 선과 형태로 이루어진, 구분되지 않은 시각 정보 덩어리에서 나무의 부분들을 분리해내는 능력을 잃어버린 것은 아닐까 하는 생각이 들었다. 어쩌면 배경과 전경을 구별하는 능력, 하늘 부분과 연둣빛 부분, 짙은 그림자 부분과 나무껍질색 부분을 구별하는 능력을 잃어버린 것일지도 모른다.

그런 망각을 통한 이탈은 인간의 교감이란 무엇인가에 관한 성찰을 요구한다. 결국 우리는 타인의 불가해함을 어떻게 다뤄야 할까? 어쩌면 최선은 가만히 멈춰 서서 귀 기울이는 것뿐일지도 모른다. 타인의 침묵을 오만하게도 무시한 채 자기 식대로 부고 기사 쓰듯 꾸며내고 싶은 유혹은 강렬하다. 타인의 불가해성 위에 자신의 비극, 상실, 생존, 희망의 서사를 벽지 바르듯 덧씌우고 싶은 충동은 너무도 강렬하다. 그러나 분명히 그런 상황은 관계, 치유, 망각, 그리고 죽음에 관한 끊임없이 변화하는 책임들을 고려하는 윤리를 요구한다.

나를 사로잡고 있는 질문으로 돌아가자. 원한이나 복수심 없이 놓아줄 수 있을 만큼 우리는 과연 충분한 의례로 상실을 치유할 수 있을까? 그때에야 우리는 학자 스베틀라나 보임Svetlana Boym이 말한 "회복적 향수restorative nostalgia", 즉 "다시 고향으로 돌아갈 수 있다고 생각하는 향수, 과거를 정확히 재현해 미래에 강제로 덧씌우려는 시도"를 놓아줄 수 있을 것이다.[27] 그런 회복적 향수

---

27 Svetlana Boym, *The Future of Nostalgia* (New York: Basic Books, 2002), 117.

는 그 과거라는 것이, 그 고향이라는 감각이 디즈니식으로 축소된 판본일 경우, 그러니까 목가적 과거 재현의 갈망을 복잡하게 하거나 그 갈망의 바탕이 될 수 있었던 동시대의 공포들을 쏙 빼놓을 때 더욱 문제가 된다.

11

개 같은 몸뚱이_{Dogsbody}

2023년 11월, 샌프란시스코의 한 고급 미술관 주인이 마치 [미국 인권 탄압의 상징적 인물인] 불 코너Bull Connor를 떠올리게 하듯 미술관 앞에서 자고 있던 노숙인 여성을 쫓아내는 데 호스를 사용했다.[1]

매우 추운 겨울날 아침 6시쯤이었고 그는 흔히 '정원용 호스'로 불리는 것을 사용해 그 여성의 온몸을 흠뻑 적셨고 비키라고 소리쳤다. '정원용' 호스는 부정확한 표현이었다. 그것은 정원이 거의 없는 도시에서 쓰이는 호스였다. 도시 환경에서 빗자루처럼 사용되며 이른 아침 보도를 물로 쓸어내고 낙엽, 토사물, 오렌지 껍질, 맥도날드 포장지, 개똥을 하수구로 밀어 넣는 데 쓰이는 호스, 즉 쓰레기를 쓸어내는 호스였다.

---

1 Christine Hauser, "San Francisco Gallery Owner Is Charged After Spraying Homeless Woman," *New York Times*, January 19, 2023.

그 영상 — 분개한 배달원이 촬영한 — 은 분명 이 사건이 빠르게 퍼지는 데 한몫했다. 영상을 보면 상당한 사회적 지위를 지닌, 귀족처럼 보이는 백인 갤러리 소유주가 다리를 꼰 채 주철 울타리에 편하게 기대어, 정신적으로 아프고 혼란스러워 보이는 흑인 여성을 마치 보도에 들러붙은 찌꺼기인 양 무심하면서도 집요하게 물을 뿌리고 있었다.

이후 이어진 인터뷰들에서 그가 한 변명은 변명의 수준에도 미치지 못했다. "순간 욱했다"고 인정했지만 더 이상의 사과가 필요 없다고 여겼다. **자신**의 문제가 아니라 도시가 해결하지 못한 문제로 봤기 때문이다. 그는 경찰에 여러 차례 신고해 여성을 다른 곳으로 옮겨달라고 요청했었다는 것이다. 아무도 그녀를 그의 시야에서 치워주지 않았다. 그래서 그날 아침 그녀가 "알아들을 수 없는 말"을 중얼거리며 움직이길 "공격적으로" 거부하자 그는 참을 수 없을 만큼 스트레스를 받았다고 했다.

그는 그냥 달리 어찌할 바를 몰랐을 뿐이라고 했다. 그러니까 그녀에게 **친절**을 베풀려는 시도였고, 말하자면 저체온증의 신들을 불러낸 셈이었다는 것이다.[2]

내 생각은 도시의 금융지구 인도 위에 자리를 잡은 한 노숙인 남성에게로 향한다. 그는 플라스틱 컵 하나와 손 글씨로 쓴 종이판을 놓고 도움을 요청하고 있다. 그에겐 개도 한 마리 있다. 턱

---

[2] Dion Lim, "Art Gallery Owner Who Hosed Down Homeless Woman Finds It 'Hard to Apologize,'" ABC Eyewitness News, January 11, 2023.

이 우람한 복서 믹스견이다. 둘은 비가 오나 맑으나 매일 그 자리에 있고, 지나가는 사람 중 누군가는 늘 말을 걸고 있다. 항상 그 개에 관한 이야기고, 때로는 개**에게** 말을 거는 경우도 있다. "안녕 멍멍이!" 하고 밝게 인사를 건넨 뒤 노숙인 남자에게는 날카로운 눈초리를 보이고 묻기 시작한다. 개는 예방접종을 했는지, 겨울 추위로부터 충분히 보호받고 있는지, 정기적으로 동물병원vet에 데리고 가는지 말이다. "나는 참전용사vet예요." 마지막 질문에 노숙인 남자는 비꼬는 내색 없이 진실하게 속삭인다. "나는 내 개를 사랑해요. 잘 돌보고 있습니다."

최근에 나는 워싱턴 D. C.에서 보스턴으로 여행하고 있었다. 뜨개질과 십자말풀이 책을 들고 유니언 역 J 게이트에서 기다릴 준비를 했다. 자신의 모든 옷을 겹겹이 껴입은 듯한 여성이 내 옆 두 칸 떨어진 자리에 앉았다. 그녀는 짧은 드레드락 머리 위에 보풀이 일어난 검은색 니트 모자를 눌러쓰고 얼룩진 오버핏 스웨트셔츠에 고동색 배기바지 차림이었다.

그녀는 얼룩지고 많이 닳은 쇼핑백 몇 개를 들고 있었는데, 그것들을 발치에 반원 모양으로 늘어놓더니 대화를 시작했고 세상의 끔찍한 상황에 대해 안타까워했다. 그녀의 말투는 부드럽고 자연스러웠으며 가벼웠다. 처음에는 휴대전화로 통화하는 줄 알았다. 말 사이사이에 예의 있는 침묵이 있었고, 동의하거나 장난스럽게 반응하는 순간도 있었으며, 들리지 않는 물음에 이성적으로 보이는 대답도 했다. 하지만 통화 중이 아니었다.

그녀는 상원에서 민주적 절차가 사라진 것, 용병 군대와 기업식 영농의 부상, 버터와 세제 생산에서 기업 권력의 집중을 애도했다("진열대에 수천 개의 상표가 있는 듯 보이지만 사실은 한두 개 다국적기업 소유예요"). 그녀는 금융위기의 사회적 결과를 두려워했다. "우리 경제를 지켜주는 것들 … [반독점법으로 소매상을 보호하는] 로빈슨-패트먼 법Robinson-Patman Act … 그들은 무너뜨리는 데만 열중하고 있어요. 그걸 무너뜨리면 우리가 무너질 거예요."

천재일까? 광기일까? 어느 쪽이든 그녀의 발언에 나는 깜짝 놀랐다. 그녀의 말은 매혹적이며 충격적이었고 나를 깨우치게도 혼란스럽게도 했다. 나는 가방에서 아이폰을 꺼내 로빈슨-패트먼 법을 검색했다. 한때는 알고 있던 것인데 지금 보니 딴 세상 얘기 같았다.

미셸 푸코Michel Foucault의 『클리닉의 탄생』The Birth of the clinic에 따르면 "분류의학이 제공하는 최초의 구조는 영속적 동시성의 평면적 표면이다."[3] 내 작고 파란 아이폰 화면이 깜박이며 살아날 때 나는 유니언 역 J 게이트의 대기 구역을 둘러보았다. 거의 모든 사람이 하나같이 자신의 사이버스페이스 성물을 들여다보며 기도하듯 허공에 몸을 흔들었고, 무아지경에 빠져 끊임없이 말을 쏟아냈다. 그 소리들은 높은 돔 천장에 메아리치며 마치 거센 폭포처럼 울려 퍼졌다. 그들은 모두 머리에 눈에 띄는 블루투스 이어

---

3 Michel Foucault, *The Birth of the Clinic: An Archeology of Medical Perception* (New York: Vintage, 1994), 6.

폰을 끼고 있었고 눈은 활기가 없으며 자기에게만 빠진 듯했는데, 내 옆 여성만 달랐다.

35년 전이라면, 이곳은 [뉴욕의 정신과병동으로 유명한] 벨뷰 병원 병동으로 보였을 것이다. 내 맞은편의 잘 차려입은 남자는 핸드볼 경기 일정을 다시 잡아야 한다며 또렷하게 큰 소리로 말하고 있었다. 정리 안 된 물건으로 가득 찬 서류 가방을 든 여성은 어깨와 목 사이에 휴대폰을 고정시키려고, 뭔가를 바라는 스패니얼 강아지처럼 고개를 한껏 기울였다. 그녀는 "응, … 응, … 응, … 응"하며 무의식적인 경련처럼 거듭 중얼거렸다.

포크파이 모자를 쓴 한 대학생은 최근 약혼한 동료를 축하하며 "임마, 팔팔하고 입술 두툼한 창녀들"을 잔뜩 불러 총각파티를 열어주겠다고 약속했다. 후드티에 진흙이 튄 팀버랜드 부츠를 신은 한 남자는 "어떤 인간들"은 "그 뚱뚱한 엉덩이를 떼고 일할 생각을" 안 한다며 신나게 떠들어대고 있었다. 휴대전화를 하지 않는 예외적 인물도 있었다. 열 살쯤 되는 아이는 말랐지만 단단해 보였고 지나치게 반짝이는 눈으로 의자를 돌며 "밥 먹게 1달러만" 달라고 구걸하고 있었다.

요컨대 35년 전만 해도 미국은 여전히 봄날이었다. 현재 우리가 사회가 겪고 있는 것만큼 심각한 정치적 위기를 상상하는 사람은 거의 없었다. 그나마 그런 생각을 했던 이들은 학계의 예리한 — 어떤 이들은 편집증적이라 불렀던 — 인물들이나 늘 차별받던 레드라인 도시 빈민가 사람들 정도였다.

그날 유니언 역 대합실은 자기 정당화, 피로, 부조리가 번갈아 바뀌는 신호등처럼 타오르고 있었다. 나는 그렇잖아도 피로한데 온갖 언어와 말이 대합실 안에 울려 퍼져 머리가 어질어질했다. 내 옆에 앉은, 보풀이 인 모자를 쓴 그 여성은 똑같은 이야기를 반복하고 있었다. 그녀는 상업, 정치, 법 집행, 문법의 종말과 관련해 실망한 내용들을 유려하게 넘나들며 이야기했다("그 문장은 물음표로 끝내야 해요, 아가씨!"). 나는 그녀의 자꾸 끊기고 어그러지는 이야기 속에서 일관성을 파악하려 애썼다.

온화한 인상의 경비원이 천천히 걸어왔다. 그는 여자의 쇼핑백 더미를 신발로 툭 차더니 이동하라고 말했다. 그녀는 소리를 잔뜩 내며 소지품들을 정리했고 그 와중에도 말이 끊이지 않았다. 경찰이 자신을 죽였다는 이야기에는 특히 흥미로운 부분이 있었다. 그 뒤를 이은 것은 부드럽고 지혜로운 듯한 웃음이었다. "그렇지만 친족이 죽이도록 내버려둘 수도 없죠."

그러고는 마음속 인식의 문지기에 여전히 말을 건네듯 수줍게 말했다. "사람들은 당신을 참 좋아해요."

"고마워요." 그녀는 자신에게 밝게 대답하고는 신발을 끌며 물러났다.

워싱턴 D.C.는 미국 내에서 노숙 인구 비율이 가장 높은 지역 중 하나다. 아프리카계 미국인, 재향군인, 정신질환을 앓는 이들이 노숙인 집단에서 불균형적으로 비율이 높다. 팬데믹이 불행의 운동장을 조금이나마 평평하게 만들기 시작했을 때 아프리카계 미국인도 아니고 재향군인도 아니며 명백히 정신적 문제가 있는 사람도 아닌 이들이 기존의 빈곤 서사 — 게으름, 자격 없음, 나쁜 선택 — 와 자신을 구분 짓기 위해 필사적으로 발버둥쳤다.

우리의 기존 [노숙인과 빈곤층을 뜻하는] 내부 실향민 집단과 자신을 구별하는 단호한 태도가 점차 전국적 담론 속으로 스며들었고 이에 따라 일련의 예측 가능한 반감들이 나타났다. 우리, 즉 광범위한 집단의 국민이 공동의 재정적 수렁 속으로 빠져들고 있다는 주장의 가능성은 과소평가됐고, 대신 먼저 바닥으로 굴러떨어진 사람들의 잘못으로 합리화됐다. 폭스뉴스에서 블로그 세계에 이르기까지 그런 분석은 사회 하층부 사람들을 지나치게 무겁고, 부담이 크며, 나머지 사람들까지 끌어내리는 존재로 탓하는 데 집중한다.

푸코는 『광기의 역사』에서 이렇게 썼다. "고전 시대의 비이성을 꿈이나 오류 관계에서, 그 자체로 어떤 가치를 부여하려 한다면, 우리는 그것을 병든 이성이나 상실되거나 소외된 이성이 아니라 단순히 눈이 부셔 제 기능을 못 하는 이성, 즉 눈이 멀어버린 이성reason dazzled"으로 이해해야 한다. 같은 맥락에서 우리가 공통의 운명을 보지 못하는 것은 정신과 논리, 시와 공학, 자비의 복잡함과 법의 질서정연 사이에 존재하는, 위험할 정도로 눈을 멀게 하는 분열을 분명히 보여준다.

며칠 후 나는 모금 및 자선 활동에 관한 콘퍼런스가 끝난 뒤 호화 만찬 참석자 전용 셔틀을 탔다. 참석자 중에는 소수인 우리, 즉 공익 관련 학계 종사자들도 있었지만 세계에서 온 대다수 참가자는 큰 부와 후한 마음을 함께 가진 이들이었다. 그들은 세상을 더 나은 곳으로 만들고자 했고 그들의 자산을 어떻게 분배할지를 연구하고자 이런 행사에 참석하고 있었다. 셔틀버스가 신호등 앞에 멈춰 섰다. 교차로 한가운데 노숙자가 닳은 판지를 들고 서 있었고 판지에는 이렇게 휘갈겨 쓰여 있었다. "도와주세요. 음식 살 돈이 필요합니다."

"와," 일행 가운데 큰손 기부자 한 사람이 말했다. "정말 슬프네요! 미국에서 이런 광경은 좀처럼 보기 힘들지요." 그 기부자는 미국인이었다. 좋은 사람이자 다정한 사람으로 나는 그가 꽤 가까운 친구라 생각한다. 그의 말에 나는 조금 비꼬는 말, 그러니까 지난 20년 동안 집 밖에 나가본 적 없냐고 놀리려 했다. **지하철은 타본 적 있어요?** 머리를 절레절레 흔들고 눈을 굴리며 그렇게 묻고 싶었다. 그 시점에 뉴욕시에는 주거 상실자가 7만 명이 넘었다.[4]

버스에 타고 있던, 내가 잘 모르는 몇몇 사람들 사이에서 동의하는 듯한 중얼거림이 흘러나왔다. 나는 입을 꾹 다물고 아무 말도 하지 않았다. 정말로 나와 급이 다른 세계라는 느낌이 들었다.

---

4 Nikita Stewart, "Federal Report Finds the City's Rise in Homelessness Went Against a National Trend," *New York Times*, Friday, November 20, 2015, p. A25; Annual Homelessness Assessment Report, Department of Housing and Urban Development, November 19, 2015.

처음에는 사소해 보였지만 실은 우리의 경험들이 본질적으로 매우 다르다는 것을 이내 깨달았다. 이 사람들은 정말로 지하철을 타지 **않는** 선한 사람들이었다. 거리를 걷지 않고, 어디든 옥상에서 옥상으로 헬기로 이동하는 사람들. 그들의 세계관은 효율성을 추구하는 삶의 방식에 참으로 제한됐다.

하지만 … 그래도 … 이들은 신문을 읽는 이들이기도 했다. 『뉴욕 타임스』를 구독하는 사람들이었다. 분명 그들도 뉴욕 시민의 약 16퍼센트가 빈곤 속에서 살아간다는 것을 읽었을 터다.[5] 그런 것을 읽었더라도, 길모퉁이에서 구걸할 정도의 절박함으로는 와닿지 않았을 수도 있겠다. 주거비와 출퇴근 교통비를 제하면 한 달 식비로 고작 5달러만 남는 상황을 견뎌야 하는 사람에 관한 기사를 읽을 수 있지만, 그 기사를 쓰레기통을 뒤지는 초췌한 가족의 환영 같은 모습과 연결짓는 것은 또 다른 일이다.

나는 말하고 싶었다. "눈을 들어 세상을 보세요." 하지만 나는 이전에도 이 모임에서 말을 너무 거칠게 한다며, 마치 계급투쟁이라도 벌이는 사람처럼 말한다고 타박을 받은 적이 있었다. 한번 말문이 트이면 나는 선생님, 설교자처럼 말하기도 한다. 어차피 상아탑에 사는 내가 그런 것을 안다고 할 수 있을까? 이런 문제들에 그들을 가볍게 찔러보는 것도 쉽지 않은데, 그들 역시 인간이

---

5 "New Yorkers in Need: A Look at Poverty Trends in New York State for the Last Decade," Report issued by the Office of Policy and Analysis, State of New York, December 2022.

고 상처받기 쉬우며 개인적인 공격으로 받아들이기 때문이다. 그리고 다시 생각해봐도 … **어차피 내가 무엇을 안다고 할 수 있을까?** 우리는 모두 세상에서 순수하고 선한 영향력으로 보이길 원한다. 우리는 모두 자존심이 있다.

누군가에게 당신은 어떤 것과 관련해 맹점이 있다고 말하는 것은 매우 민감한 문제다. 우리는 모두 참 인간적이고 상처받기 쉽다. 우리는 모두 너무도 쉽게 부서진다. 하지만 노숙이라는 심각한 위기에 대한 지속적인 무관심으로 우리는 무감각해지고 눈이 먼다. 노숙인, 거처 없는 사람, 사회의 가장자리에 사는 이들은 단지 '쓸모없다'고 여겨질 뿐 아니라 점점 더 해로운 존재, 즉 '사업에 해가 되는' 존재로 취급된다. 그들은 단지 병든 경제의 징후로 간주되는 데 그치지 않고, 더 심각하게는 그들의 존재 자체가 경제를 병들게 하는 원인으로 간주된다.

이는 결국 치명적 조치를 합리화하는 근거로 사용되는 듯하다. 즉 공중화장실의 의도적 철거, 노숙인들을 사막의 외딴 척박한 지역으로 강제 이주시키기, 사막에 식수를 비축해두는 선한 사마리아인 같은 이들에게 벌금을 부과하거나 처벌하는 법, 일부러 이민자들을 냉기에 떨 정도로 차가운 감방에 가둬 그 수용소를 냉장고나 개집으로 불리게 하는 일까지…. 그곳은 '개 같은 몸뚱이들'dog's bodies을 위한 공간이었다.

12

빼앗긴 사람들 The Dispossessed

트라우마의 한 가지 정의는 어떤 말로도 완전히 담아내거나 설명할 수 없을 정도로 큰 상처라는 것이다. 언어의 한계에 직면한 피해자는 그 끔찍한 공포를 꿈이나 회상, 행동으로 반복해서 겪거나 재현하게 된다.

허리케인 카트리나는 미국 사회라는 몸에 가해진 비할 데 없는 트라우마였고 지금도 여전히 그렇다. 많은 사람이 카트리나가 우리 역사상 가장 큰 자연재해였다고 묘사했지만 그 재해에는 자연적인 것이나 불가피한 요소는 거의 없었다. 그 후 수년 동안 푸에르토리코, 바하마, 버진아일랜드, 플로리다 키스를 초토화한 폭풍들에서 그 폭력성은 계속 커져갔다. 그리고 전 세계에서 탄소 배출이 급증하고 극지방 빙하가 녹으며 아마존이 불타고 기후 파괴가 실질적인 제어 없이 계속되면서 생태 재앙의 위력 또한 기하급수적으로 커져갔다.

하지만 카트리나가 남긴 상처는 기후변화만으로 설명할 수 없는 복잡한 사회적 요인들의 교차점에서 비롯됐다. 수년간 경고가 있었음에도 노후된 상태로 방치된 제방, 폭풍이 닥치기 전에 강제 대피 조치를 취하지 않은 당국의 실패, 지속적으로 무능한 지역 정부를 만들어낸 부패, 본디 비옥한 경작지인 삼각주를 불모의 오염된 땅으로 만든 기업의 약탈, 앙골라로 알려진[노예제 시절 아프리카 앙골라 출신 노예들을 강제로 끌어와 노동을 시킨 플랜테이션이 있던] 루이지애나 주립 교도소의 잔혹하고 비인간적인 수감 환경, 여전히 감옥 산업 복합체처럼 기능하고 있는 학교 시스템까지, 이 모든 것이 복합적으로 작용한 결과였다.

정도의 차이(혹은 단순한 규모의 차이)를 제외하면 이 모든 것은 익숙하다. 사실 너무도 익숙해서 마치 예정됐던 일처럼 느껴질 정도다. 공공 주택과 저소득층 주거지가 기업의 이익을 위해 철거됐다. 임종을 앞둔 노인들은 돌보는 이 없이 방치됐다. 집을 잃은 아이들은 희망보다 더 많은 무기를 지닌 채 살아간다. 뿔뿔이 흩어진 가족들의 디아스포라. 이들은 가족을 찾아 헤매며 만나는 사람마다 묻는다. 우리 엄마 보셨어요? 우리 형제 못 보셨어요? 이건 제 약혼자 사진이에요….

그렇게 되풀이되는 현상이 주는 오싹한 유령 같은 느낌은 단지 과거에 일어난 일 때문만은 아니다. 유령이 가장 무서운 순간은 기억 속에서 떠돌다가 눈앞의 현실로 나타나고 결국 우리 미래를 바라보는 렌즈가 되어버릴 때다. 카트리나가 남긴 참상은 국민적 고통, 방향 없는 이주, 집 없는 삶, 유랑의 서사로 계속되고 있다. 청교도 시대의 예레미야식 애가들이 우리나라를 약속의 땅, 새로운 가나안, 오늘날의 예루살렘으로 그렸다면 21세기의 애가들은 실낙원으로 다시 써 내려간다. 깨진 언약의 이야기, 광야에서의 울부짖음, 붉은 잉크의 바다에 삼켜진 뉴올리언스 시민들의 이야기로. 흔적도 없이, 애도도 없이, 문화적 기억조차 남기지 못한 채로.

허리케인이 지나가자마자 드러난 것은 전국적으로 만연한 약탈적 대출 관행과 대규모 주택 압류 사태였다. 신랄하고 혼란스러우며 철저히 미국적인 서사가 소용돌이치기 시작했다. 종말이 가까워. 넌 완전 호구가 된 거야. 이제 아무도 널 구하러 오지 않아…. 이 영원한 유배에 대비해 짐도 안 쌌다고? 그건 전적으로 바보 같은 네 잘못이지.

에덴 이후 가장 큰 수치는 벌거벗음이 아니라 집 없이 떠도는 것이다. 이런 배경에서 국토homeland, 안보security라는 기이한 표현의 공간은 몸을 웅크리고 숨을 수는 있어도 실제로 살아갈 수 없는 위협받는 영역이 된다. '국토'란 감시받지 않는 통로, 일회용처럼 버려지는 트레일러 주거지, 무분별하게 열려 있는 출입문, 작동하지 않는 방수문으로 이루어진, 구멍이 숭숭 뚫린 스위스 치즈 같은 곳이다. 그런데 동시에 이상하게도 진짜 집houses이나 진짜 가정homes은 없는 곳.

이에 반해 단순한 느낌의 홈home이란 단어는 향수의 장소, 기근이나 홍수, 학살이 일어나기 이전의 고국, 그리고 엄청난 모순, 양가감정과 도피, 뿌리내림과 뿌리뽑힘과 낭만, 마법과 미신이 공존하는 상상의 땅이 된다.

상실의 끔직하고도 숭고한 속성에 대한 이 주제는 우리의 문화적, 정치적 표상을 지배하는데, 이 주제가 다루어지지 않거나 치유되지 않는 한 분명 앞으로도 그럴 것이다. 이것은 티모시 라헤이Timothy LaHaye의 복음주의 작품 『남겨진 자들』Left Behind 시리즈,[1] 윌리엄 루서 피어스William Luther Pierce의 『터너 일기』The Tuners Diaries[2]의 서사 구조이자 토니 모리슨의 『빌러비드』와 롱펠로Henry Wadsworth Longfellow의 『에반젤린』Evangeline[3]에 흐르는 긴장이기도 하다. 그것은 폭스뉴스의 떠들썩한 논조, 〈24〉 같은 텔레비전 드라마, 새뮤얼 헌팅턴Samuel Huntington의 『문명의 충돌』,[4] 종말론적 정치 미래론을 관통한다.

상실은 우리의 국내 치안 관행을 형성하고 우리의 지구적 테러와의 전쟁에도 영향을 미친다. 이는 [이민자들이 백인들을 대체

---

1 Timothy LaHaye and Jerry Jenkins, *Left Behind: A Novel of the Earth's Last Days* (Carol Stream, IL: Tyndale House, 1995).

2 William Luther Pierce, *The Turner Diaries* (Charlottesville, VA: National Vanguard Books, 1978).

3 Henry Wadsworth Longfellow, *Evangeline: A Tale of Acadie* (Boston: Ticknor, 1947; London: Henry Vizetelly, 1850).

4 Samuel Huntington, *The Clash of Civilizations and the Remaking of World Order* (New York: Simon & Schuster, 1996).

한다는 음모론인] '거대한 대체'the great replacement에 대한 극우 세력의 두려움에서도, 줄리아나 대 미국Juliana v. United States[5]과 같은 진보 성향의 소송에서도 나타난다. 이 소송은 아이들이 오염 없는 미래를 누릴 권리를 주장하며 연방정부가 천연자원의 공공 수탁자로서 더 적극적으로 행동할 것을 요구했다.

좌우가 다투는 가운데 우리는 점점 커지는 무력감 속에서 어딘가 묘한 쾌감을 맛본다. 그것은 반복해 겪는 악몽이 주는 소름, 신조, 장광설, 그리스 비극의 합창, 끝없는 탄식, 그리고 어두운 도덕률이 끊임없이 우리를 따라다니는 수난극이다.

허리케인 카트리나 이후 벌어진 인간적 재앙을 생각할 때 내 마음속에 특히 선명하게 남아 있는 두 순간이 있다. 첫 번째는 2005년 9월 2일, 조지 W. 부시 대통령이 미시시피에서 한 기자회견이다. 그는 당장이라도 자리를 뜨고 싶은 사람처럼 양발로 몸을 움직이며 안절부절못했고 얼굴은 시무룩하고 미간을 찡그린 채, 당시 상원의원이었던 트렌트 로트Trent Lott의 소실된 집에 대해 억지스러운 농담조로 말했다. "우린" 그에게 "환상적인 집"을 지어줄 거라고, 그날이 오면 대통령 자신이 그 집 현관에서 흔들의자에 앉아 시간을 보낼 것을 기대한다고 말이다.

두 번째는 이제는 유명해진, 국토안보부 장관 마이클 처토프Michael Chertoff가 미국공영라디오National Public Radio에서 한 인터뷰다.

---

5 *Juliana v. United States, Case* No. 20220304_docket-615-cv01517_response-1.pdf, 2021.

나는 워낙 미디어에 중독된 사람이라 TV와 라디오를 동시에 틀어놓고 있었다. [대피소로 사용된] 컨벤션 센터의 끔찍한 상황들이 — 휠체어에 앉은 채 숨진 가엾은 여성 노인의 시신 장면을 포함해 — 전 세계에 방송되고 있는 동안에도 처토프는 그 센터의 심각한 상황이나 사망자가 있다는 사실을 전혀 알지 못했다고 주장하고 있었다. "우리 기자가 봤습니다"라고 진행자가 주장하자 "당신네 기자가 뭐라고 했는지에 대해 내가 왈가불가할 수 없죠"라고 처토프는 신경질적인 조급함을 드러내며 대꾸했다.

나는 이 끔찍한 상황을 매우 개인적인 시각으로 바라보고 있었음을 고백한다. 그 일은 내가 매사추세츠에 있는, 내가 자란 집이자 어머니가 태어난 집이며 할머니의 집이기도 한, 거의 100년 간 우리 가족의 소유였던 그 집을 정리하고 팔아야 했던 일과 겹쳐 있었다. 그 집을 포기해야 했을 때 느낀 고통은 우리 대부분이 — 처토프는 아닐지라도 — 목격하고 있던 카트리나의 참혹한 장면들과 뒤섞여 있다.

나는 실제로 강제로 쫓겨난 것도, 트라우마를 입은 것도 아니었지만 장소에 대한 감각에 매달리고 있는 나 자신을 발견하게 됐다. 우리 집은 집을 소유한 흑인 가정이 거의 없던 시절에 집이 있었던 아프리카계 미국인 가족이었다. 허리케인 이전에는 루이지애나에서 아프리카계 미국인 주택 소유자가 가장 많았던 구역인 [제9 구역] 나인스 워드의 지속적 참상을 바라보면서 나는 여전히 이 점을 깊이 생각하게 된다.

전에 나는 대학 졸업 사진이나 중학교 1학년 때의 라틴어 노트 같은 것을 옮기려고, 어린 시절을 보낸 그 집을 차로 오가던 중 라디오에서 한 여성이 자신의 동네를 가난과 절망으로 갈라진 지역으로 묘사하는 보도에 얼마나 충격을 받는지 이야기하는 것을 들었다. 그녀는 곧 MBA 학위를 받을 예정이었고 오빠는 이미 MBA를 취득했으며 그들의 대가족은 그곳에 아홉 채의 집을 소유하고 있었다. 그들 모두 보험에 가입돼 있었고, 모두 각자 차가 있어서 그 차로 대피할 수 있었다.

하지만 그곳은 나인스 워드였다. '빈곤에 찌든', '부패한', '마약으로 얼룩진' 지역으로 불리고 있었다. [당시 하원의장으로 공화당 소속인] 데니스 해스터트Dennis Hastert 같은 정치인들은 그 지역 전체를 불도저로 밀어버리자는 말까지 하고 있었다.

이후 여러 해가 지나는 동안 나인스 워드, 젠틸리, 그 외 흑인 거주 지역들이 완전히 불도저로 밀려 사라지진 않았다. 하지만 '돌아갈 권리'에 대한 온갖 말에도 불구하고 그 후 실제로 이루어진 일이라고는 — 적어도 공적 자금이 투입된 재건이라는 측면에서 보자면 — 여전히 비어 있는 건물들 앞에 몇 줄의 잔디를 심은 것이 전부다. 수백만 달러가 [결과적으로 입학이 중산층 이상 백인 가정에 비교적 유리한 공립자율학교인] 차터스쿨 설립에 투입됐고, 특히 교외 지역에 집중됐다. 시 경계 안에 남아 있는 몇몇 공립학교에는 금속탐지기 설치에 수천만 달러가 쓰였다. 한편 도서 예산은 극히 미미했다.

그래서 나는 여전히 생각하게 된다. 내가 추억이 있는 물건들을 비교적 여유롭게 챙길 수 있던 것이 아니라 목숨을 걸고 도망쳐야 했다면 어땠을까 하고. 특히 대피소에서 사람들이 '분류'되는 모습이 기록된 장면들은 깊은 생각거리를 던져준다. 노인들은 가족과, 아픈 이들은 돌보던 사람들과, 갓난아기들은 어머니와 헤어졌으며 남녀 분리 때문에 남편은 아내와, 어머니는 아들과 떨어졌다.

라디오에서 한 지역 당국 관계자가 익명으로 말하길, 사람들을 다른 주들로 대피시키면서 어디로 가는지 알리지 않은 이유는 제멋대로 구는 것을 막기 위해서였다. 또 백인 외국 국적자들이 '비밀리에' 주방위군에 의해 공중 수송되었고 대피소는 그들에게 너무 위험하니 들어가지 말라는 경고를 받았다는 증언들도 있었다. 어느 정도는 이런 분류와 분리가 이미 전국의 많은 노숙인 쉼터에서 일어나고 있으며, 이민자 구금 센터에 있는 비시민의 경우는 그 정도가 훨씬 심하다. 카트리나 허리케인은 그 현실을, 적어도 잠깐은, 억누를 수 없게 만들었을 뿐이다.

그런 관행에 대한 합리화는 아무런 제지도 받지 않은 채 계속되고 있다. 카트리나 대피 절차의 이른바 논리는 몇 년 후 훨씬 잔혹한 방식으로 재현됐는데, 바로 도널드 트럼프 대통령이 불안정한 중미 지역을 피해 탈출한 이민자들에게 시행한 가족 분리 정책이었다. 컨벤션 센터가 혼란으로 들끓은 지 며칠 후, 사회학자 베티 헌 모로Betty Hearn Morrow는 미국공영라디오에서 곤경에 처한 사람들을 비슷한 부류끼리 묶는 것이 그들에게 덜 충격적이라고 의견을 밝혔다.

"그건 인간 본성입니다." 모로는 말했다. 사람들을 집단으로 묶으면 익숙하고 안전하다는 감각을 강화하므로 "배경에 따라" 재배치되어야 한다는 것이다. 그녀는 과테말라와 니카라과 출신 사람들을 나누는 사례를 들어 그런 방식이 평화를 유지하는 데 도움이 된다고 설명했다. 하지만 미국인과 미국인을 분리하는 것이 어떻게 평화를 가져오는지에 대해서는 설명하지 않았다.

시민사회에 대한 이런 해석에 귀가 번쩍 뜨였다. 대피 생황에서 나는 어떤 부류kind로 보일까 궁금해졌다. 당시 열다섯 살이었던 아들은 키가 약 193센티미터였다. 만약 우리가 신분증 없이 도망치던 중이라면 누가 그 아이를 아이라고 믿어주었을까? 우리도 알 수 없는 방향의 버스에 따로따로 태워졌을까? 나는 한물간 법학 교수들을 위한 수용소로 떠밀려 갔을까? 그런 상상이 너무 무섭긴 하지만 과연 나와 배경이 비슷한 흑인 여성들과 함께 끌려가고 울타리에 갇히는 것이 정말 '익숙함'을 제공해 마음을 진정시킬 수 있었을까?

카트리나 이후 미국의 여러 도시는 대피 계획을 수립했다. 당시 시장이었던 마이클 블룸버그Michael Bloomberg에 따르면 뉴욕시는 재난 상황에 대비해 격자 형태로 구획되어 있었다. 사람들은 명령에 따라 집에서 퇴거해야 했고, 필요하다면 강제로 끌려나올 수도 있었으며, 미리 정해진 경로에 따라 이동되어 접수 센터로 집결되고, 그곳에서 사회보장번호로 신원을 확인 후 재배치되게 끔 돼 있었다.

나도 좋은 시민, 재난에 잘 대응하는 질서정연한 체계의 일부가 되고 싶다. 하지만 뉴올리언스의 장면들이 뇌리에 남아 있는 상황에서 대체 누가 자발적으로 대혼돈을 향해 걸어가려 하겠는가? 만약 군중 통제를 위해 가족을 갈라놓을 수 있다면 그에 대해 최소한의 공적 논의가 필요하지 않겠는가? 만약 백인 외국인이 국가에 책임을 다해온 흑인 시민보다 우선순위가 높다면 우리는 도대체 무엇에 충성을 맹세하고 있는 것인가?

국토 안보와 그 끝없는 불안정 속에서 의심스러운 사람들의 새로운 범주들이 부글부글 터져나온다. 인종, 민족, 종교, 그리고 더 말도 안 되는 범주들. 마치 끝도 없이 흘러나오는 주식 시세표처럼 악당으로 의심되는 목록은 실시간으로 갱신된다.

지나치게 깔끔하게 면도한 남자, 수염이 긴 남자, 두꺼운 옷, 밑창이 두꺼운 신발, 큰 모자를 착용한 사람, 큰 핸드백을 든 여성, 지나치게 큰 상자를 든 정체불명의 배달부, 배낭이나 바이올린 케이스를 멘 아이, 땀을 흘리는 사람, 지나치게 침착한 사람, 카메라를 든 사람, 큰소리로 기도하는 사람, 눈을 너무 자주 깜박이는 사람 혹은 너무 안 깜박이는 사람, 허리가 두꺼운 남자, 임신한 척하는 여자, 공공도서관에서 너무 오래 머무는 사람, 장미 향을 풍기는 남자…. 그렇게 의심의 목록은 끝도 없이 이어진다. 최근에는 면도도 하지 않고 씻지도 않고 향수도 뿌리지 않은 사람들, 다시 말해 '어딘가 어울리지 않아 보이는 부랑자들'을 — 부랑자란 말 자체가 암시하는 내용을 굳이 되풀이한 표현 — 조심하라는 지침이 내려졌다. 노숙자, 구두닦이, 노점상, 거리 청소부로 위장한 테러리스트일지도 모른다고 말이다.

한때는 이상적인 곳에 비견되던 우리 도시들에서 이제 거주민들은 위험한 존재로 간주되고 사람들은 가가호호 수색, 조준 사살 정책, '너무 많은' 시민권으로부터의 보호를 운운한다. 사람들은 정치적 올바름에 대해 격렬히 논쟁하지만 이 상황이 계엄령 같은 상황의 시작은 아닌지, 그러니까 경찰이 차별적 행위, 즉흥적 판단, 치명적 실수로부터 사실상 면책되고 있는 것은 아닌지에 대해서는 좀처럼 논의하지 않는다. 카트리나 이후 뉴올리언스에는 **약탈자는 사살하겠다**는 팻말들이 세워졌다.

나는 이 지구적인 '딱 걸렸어' 식의 통제 게임에 대해 곱씹는다. 이는 과거의 폭력을 외상적으로 끊임없이 재현하면서 동시에 다가올 대참사의 전조가 되기도 한다. 이 끝없는 반복 속에서 우리의 시민적 일상은 우리 안의 적에 대한 강박과 적의로 물든다. 그 적들의 목소리는 햄릿의 아버지 유령처럼 들리는데 우리는 그 형상을 예의범절, 법적 절차, 책에서 배운 지식, 경험적 지식을 무시한 채 본능적으로 "안다"고 주장한다.

최근 나는 며칠간 뉴올리언스에 머물렀다. 허리케인(그리고 그 뒤를 잇고 이은 다른 재해들)로부터 수년이 흘렀지만 그 도시는 여전히 애도의 상태이며 여전히 찢긴 채다. 카트리나 이전인 2000년에는 인구가 48만 4,674명이었다. 허리케인 직후에는 절반 이상으로 줄었고 2007년에는 23만 9,124명에 불과했다.[6] 인구의 약 30~40퍼센트는 끝내 돌아오지 못했다. 대부분은 돌아오고 싶지 않아서가 아니라 돌아올 수 없었기 때문이다. 2020년이 되어도 인구는 여전히 38만 3,827명이었다.[7]

고향으로 돌아오려는 세입자들이 타주에서 발급받은 주거 지원 바우처를 내밀었지만 집주인들은 받기를 거부했다. 그런데 뉴올리언스 시의회는 남아 있던 공공주택을 거의 전부 철거했다. 모두 벽돌로 지은 대형 건물로 피해도 최소 수준이었고 창문이 많이 날아가긴 했지만 판단력과 의지만 조금 있었다면 충분히 수리할 수 있는 상태였다. 그러나 세입자들은 자기 짐을 가지러 들어가는 것조차도 허락되지 않았다.[8]

오늘날 로어 나인스 워드the Lower Ninth Ward는 으스스할 정도로 울창한, 슬픔이 우거진 들판이 됐다. 건축가 프랭크 게리Frank Gehry 와 배우 브래드 피트가 진행한 일부 프로젝트에 많은 관심이 쏠

---

6 "New Orleans Three Years After the Storm: The Second Kaiser Post-Katrina Survey, 2008," Kaiser Family Foundation Report, July 31, 2008.

7 United States Census Bureau, https://data.census.gov/profile?g=160XX00US 2255000.

8 Pam Fessler, "After Katrina, New Orleans' Public Housing Is a Mix of Pastel and Promises," NPR, *Morning Edition*, August 17, 2015; and Richard A. Webster, "New Orleans Public Housing Remade After Katrina: Is It Working? *New Orleans Times-Picayune*, August 20, 2015 and July 18, 2019.

아졌지만 실제 복구는 극히 제한적이었고 속도는 참담할 정도로 느렸다. 허리케인 이전에 약 1만 4,000명이 살던 이 지역에 현재는 5,000명도 채 남지 않았다.[9] 실제로 사람이 거주할 수 있을 정도로 제대로 보수된 건물은 수백 채에 불과했다.

주택 압류율은 예측되듯 충격적으로 높았다. 허리케인 이후 나는 몇 차례 뉴올리언스를 방문했는데, 그 광범위한 폐허 위에 흥미로운 장식물 중 하나는 남아 있는 가로등에 붙어 흔들리는 수백 개의 작은 광고 표지판이었다. **조건 간편! 재융자, 우리와 함께 하세요! 재건축을 원하시나요? 선금 없이 시작하세요!** 지역신문들에는 주로 흑인과 가난한 이들이 살던 지역에 여전히 남아 있는 역사적인 연립주택을 보며 군침을 흘리는 부동산업자들과 관련해 심란할 정도로 감상적인 기사로 가득했다. '다음 [뉴욕의 고급 예술, 상업 지구] 소호가 됩니다! 새로운 [뉴욕의 노동계급 지역에서 예술 지구, 부촌이 된] 첼시가 됩니다!'

한쪽은 젠트리피케이션이라 부르고, 다른 한쪽은 빼앗겼다고 느끼는 과정을 가속화하기 위해 도시는 슬럼화 방지 조례를 통과시켰다. 벽만 남은 집들 앞에는 작은 표지판들이 꽂혀 있었다. '이 집 주인이 어디 있는지 아십니까?'라고 쓰인 이 표지판들은 공고문 역할을 한다. 즉 소유자가 확인되면 슬럼화 방지 벌금이 부과되고, 벌금을 내지 않으면 토지가 몰수된다.

---

9 "Lower Ninth Ward Statistical Area," The Data Center, Nonprofit Knowledge Works, May, 2023.

카트리나 발생 1년 뒤, 홍수가 일어나 제방이 또 터졌다. 이번에는 미시시피강 상류에서 발생해 아이오와주 시더 래퍼즈를 진흙탕으로 만들었다. 라디오 평론가 러시 림보Rush Limbaugh(과거에는 충격 발언 전문 진행자shock jock로 여겨졌지만 그의 유산은 이제 미국의 규범이 됐다)는 그 지역의 (대체로 백인인) 주민들은 (암묵적으로 흑인으로 묘사된) 시끄러운 뉴올리언스 사람들처럼 "징징대지" 않는다며 낄낄댔다.

글쎄, 지금 뉴올리언스는 조용하다. 말로 표현할 수 없는 좌절감과 극도의 기진맥진이 뒤섞인 끔찍한 침묵에 뒤덮여 있다. 만약 미시시피 상류의 대체로 백인이 거주하는 지역도 조용하다면, 우리 경제가 이렇게 어려운 상황에서는 이를 좋게 받아들이면 안 된다. 아이오와와 미주리의 무너진 제방들 또한 똑같이 뿌리 깊이 망가진 기반 시설의 징후다. 그런 붕괴를 가능케 한 부패가 뉴올리언스처럼 그렇게 눈에 띄거나 잔인하거나 인종적으로 왜곡되지 않았다 하더라도 말이다.

미국의 [사회·경제적] 유동성은 주택에 쌓인 자산 가치와 합리적인 임대 주택 공급이 주는 안정성에 달려 있다. 지난 반세기 동안 적절한 가격의 주거를 권리로 만들지 못한 실패는 결국 모든 미국인에게 해를 끼쳤고, 그 결과 황폐한 도심 지역과 상점들만 늘어선 교외의 퇴락한 '안식처'를 남겼다.

내가 2008년에 뉴올리언스를 방문했을 때는 우리의 미래를 놓고 두 가지 모델이 거리에서 경합하고 있었다. 첫 번째 모델은 이렇다. 8구역과 9구역을 걷던 중 나는 북미 전역에서 모인 수많은 자원봉사자를 보았는데, 주로 청년들과 대학생들로 구성된 다양한 인종의 연합체였고 해비타트 같은 단체에서 활동하는 이들이었다. 그들은 작열하는 태양 아래 땀을 흘리며, 손에 망치를 쥐고 열심히 일하고 있었다.

두 번째 모델은 다음과 같다. 나는 두 중년 남성이 같은 구역을 부동산 거래를 위해 둘러보는 듯한 대화를 엿듣게 됐다. 첫 번째 남자는 오바마 티셔츠를 입고 있었다. 두 번째 남자가 붙임성 있게 말했다. "오바마를 지지하시는군요." "아니요." 첫 번째 남자가 대꾸했다. 자신은 진보liberal라 했지만 아직 결정하지 않았다고 했다. 알고 보니 그는 양의 탈을 쓴 투기꾼이었다. 그 지역 사람들의 환심을 사기 위해 오바마 셔츠를 입었을 뿐이었다. 물론 **환심을 사다**는 그가 실제로 사용한 단어는 아니었다.

참 딱하다. 우리가 추구하는 길은 정치적으로는 재앙이고, 학문적으로는 틀렸으며, 전략적으로는 허점투성이에다, 통계적으로도 반박된 것일 수 있는데 — 온통 책임 전가와 119에 전화하라는 아우성뿐이다 — 우리의 서사들은 여전히 그 믿음을 계속 고수하라고 가르친다. 알곡과 쭉정이를 가려내야 한다는 설교조의 허튼소리에 계속 홀려 있는 한 우리는 집단적 위험에 벗어나지 못한다.

물론 뉴올리언스는 자본 권력에 의해 재발견되고 되찾아지고 재소유되는 도심 지역 중 노골적인 한 가지 사례에 불과하다. 그러나 뉴올리언스에서 그런 일이 벌어졌고 또 지금도 벌어지는 방식은 특히나 복잡하고 잔인해 보였다.

그래서 여기서 내 생각을 말하려 한다. 아직 구체적인 해결책의 영역으로 옮길 수 있는 것은 아니다. 내가 제시하려는 방식은 그냥 하나의 이야기인데, 이제 설명하려는 그 정치가 나에게 너무 큰 도전이기 때문이다. 사실, 나 자신이 그 일에 관여한 방식 자체가 선의지만 문제적인 진보의 역설을 보여주는 사례일지도 모른다.

최근 나는 내가 일부 관여하고 있는 예술 재단이 주최한 행사에 참석하고자 뉴올리언스를 방문했다. 전국에서 모인 비영리 예술 단체들의 모임 참석자로 간 것이다. 그 행사는 홍수 이후 엄청난 피해를 본 수많은 예술가와 예술 공간을 지원하기 위한 노력의 일환이었다.

내가 참석한 행사 하나는 [랩, 시 낭송, 퍼포먼스가 결합된] 스포큰 워드spoken-word 공연으로, 8구역 공터에 설치된 천막 아래에서 열렸다. 공연은 매우 다양했다. 아이들의 노래 발표, 현대무용 솔로가 함께한 연극의 일부, 자작시 발표 경연, 블루스 느낌의 음악들…. 그리고 한 여성이 일어나 남편의 장례식을 주제로 긴 산문시를 낭독했다. 그것은 사라져가는 전통을 애도하는 시였다.

그녀는 가족의 모든 사람이 안식처를 향하는 길을 그렇게 갔듯 남편의 관이 거리로 나설 때 재즈밴드가 함께하길 바랐다. 하지만 홍수 이후 뉴올리언스시는 5,000달러의 요금을 부과했다.

그래서 거리에서 음악을 연주하려면 허가에 5,000달러가 들었고, 그녀는 그 돈이 없어서 평생 지키고 또 당연히 따르리라 믿었던 온전한 추모 전통 없이 남편을 묻어야 했다.

그녀가 자신이 겪은 고통에 대해 정성스럽고도 유려하게 풀어낸 발표가 끝나자 마치 마법처럼 한 사회 부조 및 축제 클럽의 회원들이 모습을 드러냈다. 깃털 장식에 어깨띠를 두르고 트롬본, 트럼펫, 튜바를 들고서. 그들은 무대에 올라 연주를 시작했다. 그들은 그녀를 둘러싸고 연주를 이어갔는데 그 연주곡은 장송곡이 아닌 기쁨의 퇴장곡이었다. 무대에서 내려온 그들은 그녀를 휩쓸 듯 데리고 거리로 나가 행진했다. 그러자 천막 아래 있던 관객 모두 그들을 따라나섰고 음악에 맞춰 춤추고 몸을 흔들며 경쾌하게 발걸음을 옮겼다.

나는 이른바 [퍼레이드에서 주요 연주자의 첫 번째 행렬을 따라 춤추며 함께하는] 두 번째 행렬에 참여해본 적이 없어서 행운이라 생각했다. 사람들이 집 밖으로 쏟아져 나와 그 행렬에 합류했다. 나는 물결치고 요동치며 서로 부딪히는, 마치 거대한 뱀 같은 유기체 같은 군중 속에 스며들었다. 순식간에 어림잡아 2,000명쯤 되는 사람들이 춤을 추며 놀라운 자발적 행렬 속에 몸을 맡기고 있었다. 여기에 실제로 두 개의 장례 행렬이 합류했고 분위기는 점점 더 강렬하게 달아올랐다. 여성들은 황홀경에 빠진 듯했고 남성들은 격정적으로 몸을 흔들었으며 아이들은 소리쳤다. "그래!" "계속해요!"

아무튼 뜨겁고 흥분되고 최면에 걸린 듯했으며 정말 매혹적이었다. 행렬은 끝없이 계속되고 거리에서 거리로 구불구불 이어졌다. 세상 물정 모르는 뉴요커인 나는 그냥 한 구역만 돌고 천막으로 돌아올 줄 알았는데 낯선 거리들을 따라 금관악기 밴드가 계속 걸어나가자 적잖이 놀랐다. 500미터, 1킬로미터, 1.5킬로미터까지 계속됐다.

한참을 걸어 1.5킬로미터 정도 행진한 뒤, 연주자들이 갑자기 멈춰 서더니 머리 장식을 벗으며 외쳤다. "자, 여기까지입니다. 여러분! 돈이 여기서 끝났네요." 군중 속에서 분노가 터져 나왔다. 여성들은 울고 남성들은 소리쳤다. 모인 사람들 사이에 불만과 분노가 물결치듯 퍼져나갔다.

연주자들은 우리를 경찰의 차단선 바로 앞까지 이끌었다. 나무로 된 작은 방벽과 경찰차들이 길을 가로막고 있었고 건강한 경찰관들이 팔짱을 낀 채 서 있었다.

그 혼란 한가운데서 사람들의 몸이 천천히 흘러가기 시작했다. 군중 속 거의 모든 백인이, 극소수의 유색인이 경찰 차단선을 가로질러 넘어갔다. 그리고 나는 그들 대부분이 낯익다는 것을 깨달았다. 모두 나처럼 예술 컨퍼런스에 참석한 사람들이었고 내게 손짓하며 반대편으로 넘어오라고 말했다.

알고 보니, 나를 뉴올리언스로 초대한 예술 단체가 그 브라스 밴드 공연 허가 비용으로 5,000달러를 이미 지불한 터였다. 모든 것이 사전에 짜인 계획이었다. 우리를 놀래기 위한, 마치 피리 부는 사나이처럼 우리를 공연장에서 저녁 식사 장소까지 이끌기 위한 것이었다.

그리고 아, 그 만찬. 경찰 차단선 너머에는 두 구역에 걸쳐, 그러니까 제8 구역 특유의 아름답고 오래된 역사적 연립주택들 사이에 길게 뻗은 좁은 식탁이 놓여 있었다. 200명을 위한 정찬으로 테이블 한쪽에 100명, 맞은편에 100명이 마주 앉는 형식이었다. 매우 길고 매우 극적인 테이블로 10코스 만찬이 준비됐으며 촛불과 린넨 식탁보, 크리스털 유리잔, 웨이터들까지 있었다. 그 모든 것이 가난한 흑인 주거 지역 한가운데 준비됐고 그곳 주민들은 현관 계단에 앉아 마차 어두운 예언자 유령처럼 그 풍경의 배경이 돼 있었다.

그 만찬은 예술적 '행위'happening, '이벤트', '의식적 연회', '먹을 수 있는 예술'로 홍보됐고, 지역의 한 사업가가 기획한 것이었다. 참 놀라운 장면이었다. 흰빛이 반짝이는 테이블은 마치 소실점을 향해 뻗어나가는 듯 보였다. 그 무한의 끝, 테이블 반대편 끝에는 두 블록 너머 또 하나의 경찰 차단선이 있었다. 내 주변의 모든 사람, 예술가들, 미술관 이사들, 큐레이터들은 "오!", "와" 하고 웅성거렸다.

웨이터들은 분주히 움직이며 손님들에게 현지 자두 글레이즈를 입힌 악어 꼬치구이를 서빙했는데, 상원의원 샘 누네즈Sam Nunez의 후원으로 제공된 것이었다(소문에 따르면 그가 맨손으로 때려잡은 것이라 했다). 손님들의 고블렛잔에는 라르루 펀치가 담겨 있었는데, 오래 숙성한 뉴올리언스산 앰버 럼, 치커리 추출액, 착즙 생강, 신선한 민트, 지역 꿀, 할라피뇨를 섞은 것이라 소개했다.

나는 자리를 뜨기 전 메뉴 한 부를 챙겼다. 거기에 적힌 코스 요리 이름들은 매우 흥미로웠다. '교차로에서'라는 코스는 하트 모양 꽃에 담긴 압생트와 베르무트, 달걀 흰자 거품, 그리고 손으로 길어 올린, 하지의 기운이 담긴 샘물로 구성됐다. '이제 [루이지애나주에서는 주로 프랑스계 이민 자손을 뜻하는] 크리올이 되다'는 나폴레옹 스타일로 구운 집비둘기 요리에 수박의 중심부, 130가지 수도승 비법 허브가 들어간 행운의 검은눈 완두콩, 절인 수박 껍질 콩포트, 팝콘 새싹을 곁들인 구성이었다. '순수 속으로'란 코스는 차갑게 한 아몬드 우유 수프, 탄산을 주입한 포도, 화이트 초콜릿에 담근 사탕수수로 구성됐다.

하지만 앞서 말했듯 나는 자리를 떴다. 그 테이블에 도저히 앉아 있을 수 없었다. 그곳에 실제로 살고 있는 사람들의 무겁고 이글거리는 시선 아래서는 도무지 식욕이 나지 않았다. 그들은 현관 계단에 묵묵히 모여 있었다. 아이들은 롤러스케이트와 자전거를 타며 인도를 오르내리다가 케이터링 직원들에게 시식을 청했지만 거리 위에서 열린 사적인 행사고 음식이 충분하지 않다는 말만 들었다. 나는 알 수 없는 감정으로 떠났는데, … 그것은 이름 붙일 수 없는 그런 감정이었다.

나는 어디에 있는지도 모른 채 다시 경찰 차단선을 넘어갔고 텅 빈 버스, 그러니까 축제가 끝난 뒤 손님들을 호텔로 데려다주려고 대절한 버스 중 하나에 올라탔다. 나는 운전기사를 설득해 나를 먼저 데려다달라고 했다. 어둠 속에서 기사와 이야기를 나누었는데, 그녀는 뉴올리언스 컨벤션 센터의 악명 높은 대피의 밤에 직접 버스 운전을 했던 사람이었다.

그녀의 이야기에 따르면 이 만찬들을 기획하는 여성은 — 전에도 이런 행사를 여러 번 열었다 — 사실 예술가가 아니라 부동산 중개인이며, 그녀의 목적은 예술가들을 제8 지구로 끌어들여 이 지역을 재생시키고 고급 지역으로 탈바꿈시키는 것이었다. 그리고 그곳 주민들 가운데 다수가 그 행사를 KKK 집회에 비유한다고 했다. 그 버스 기사는 자기는 손으로 길어 올린, 하지의 기운이 담긴 샘물을 마시는 사람들을 좋아하지 않는다고 했다.

버스 기사는 그날 밤 대피에 관한 이야기를 들려주었다. 모든 방향으로, 또 어디에도 도달하지 못하는 통탄스러운 디아스포라 같았다고, 어디로 보내졌는지 **아직도** 알 수 없는 이들도 있다고 했다. 그녀가 가장 힘들었던 순간은, 막 숨을 거둔, 아직 씻기지도 못한 신생아를 안고 버스에 타려는 여성을 태울 수 있게 해달라고 주방위군 병사와 실랑이를 벌였을 때였다. 그 병사는 아이의 시신을 계속 생물학적 위험물이라 부르며, 여인이 아기를 버리지 않는 한, 말 그대로 아기의 시신을 내다 버리지 않는 한 버스에 태울 수 없다고 끝까지 거부했다. 버스 기사는 여인이 아이의 시신을 비닐 쓰레기봉투로 싸서 버스 아래 짐칸에 실을 수 있도록 병사를 설득했다고 말했다.

그녀는 호텔로 돌아오는 내내 그런 이야기들을 더 많이 들려주었다. 나는 푹신한 비단 베개들에 파묻혀 잠을 청하려 애쓰면서 강제 이주, 집 잃음, 추방이라는 이 반복되는 국가적 서사에 대해 곱씹었다.

13

날것과 반쯤 익은 것The Raw and the Half-Cooked[1]

"예고됐고 예감된 죽음의 연대기를 죽은 이들의 집단 전기로, 인간 범주에 대한 대항의 역사로, 자유의 실천으로 다시 쓸 수는 없을까?" 사이디야 하트먼은 아름다운 에세이 「두 막의 비너스」 Venus in Two Acts에서 묻는다.

2010년 아이티에서 약 25만 명의 목숨을 앗아간 지진이 발생한 지 약 3주 후 나는 보스턴의 로건 공항에서 한 여성을 만났다. 그녀는 [아이티의 수도] 포르토프랭스에서 막 도착한 참이었다. 우리는 벤치에 앉아 셔틀버스를 기다리고 있었고, 그녀는 나와 대화하고 싶어 했다. 나는 깊은 생각에 잠겨 있었고 그다지 말을 받아줄 마음이 아니어서 그녀는 정말로 애써가며 말을 걸어야 했다. 그녀는 날씨에 대해 물었고 나는 단답으로 대답했다. 셔틀버

---

1 [옮긴이] 레비스트로스의 『날것과 익힌 것』을 변형한 제목.

스 도착 시간을 묻자 나는 가지고 있던 시간표를 건넸다. 그녀는 계속해서 내가 관심을 가질 만한 것들을 흘리며 말을 건넸다. 그녀는 로드.아일랜드에 사는 아들을 만나러 가는 길이었다.

"음음" 하며 나는 반응했다.

그녀는 손주가 셋 있다고 했다.

"참 좋으시겠네요."

그리고 그녀는 자신이 어디서 왔는지 이야기했고, 차마 아이티 섬에서 빠져나오지 못할 뻔했다고 했다.

그제야 나는 온전히 귀를 기울였다. 그녀가 넌지시 흘리는 말들을 따라 적절한 질문을 던지자 그녀의 마음은 와르르 터져나왔다. 슬픔의 강이 흘렀고 수많은 영혼이 쏟아졌으며 죽음의 눈사태가 터져나왔다. 너무 많은 사람이 죽었어요, 너무 많이 죽었어요, 그녀는 계속 그렇게 말했다. 그녀는 그저 가족을 위해 밖에 나가 음식을 하려 했을 뿐이었다. 화덕에 불을 붙였는데 땅이 뒤틀렸고 건물들이 무너졌다. 그녀는 그 이야기를 계속 반복했다.

고기가 반쯤 익었을 때 그녀는 마당에 앉아 있었고 땅이 순간 뒤틀렸고 건물들이 무너졌다. 그녀는 같은 이야기를 여덟 번, 아홉 번이나 반복해 들려주었고, 할 때마다 구체적인 내용이 새로 덧붙었다. 고기에 양념을 했고, 꽃들이 활짝 피어 있었으며, 막내딸은 숙제를 하고 있었다. 그러다 어깨 너머를 돌아봤는데 땅이 움직였고 집이 무너졌으며 모두가 죽었다. 와르르, 한순간의 거대한 굉음에 전부 쓸려갔다.

갑자기 그 여인은 의례처럼 반복하던 그 끔찍한 이야기를 멈추더니 예기치 않게 이야기의 방향을 틀었다. "무슨 일이 있었는지 알아요?" 그녀는 목소리를 낮추며 속삭이듯 말했다. "지진 전날 밤, 아홉 살짜리 여자아이의 장례식이 있었어요. 그런데 예배 도중에 그 아이가 관 속에서 일어나 '너무 더워요'라고 하는 거예요. 그러더니 교회를 세 바퀴 돌고는 밤 속으로 사라졌어요."

그 말과 함께 그녀는 입을 다물었다. 그리고 우리가 헤어질 때까지 한마디도 하지 않았다.

"이건 진짜면서 진짜가 아닌 이야기란다." 우리 할머니는 가장 기막힌 이야기를 들려줄 때마다 그렇게 시작하곤 했다. 그런 식으로 나는 그 여인의 이야기를 들었다. 사자의 서에서 나온 이야기인지, 죽은 자들의 날에서 나온 것인지, 아니면 할머니 말씀대로 눈eyes 없는 밤에서 나온 것인지도 모르겠다.

자궁과 무덤이 무너져 열리고, 유령들이 땅 위를 배회한다. 그녀가 말한 다른 어떤 사실적 이야기보다도, 관 속에서 일어난 작은 소녀의 초현실적인 이미지가 포르토프랭스에서의 그 지옥 같은 밤의 공포와 이루 말할 수 없는 두려움을 피부로 느끼게 했다. 가족들이 끝내 찾지 못한 채 이름 없이 남겨진 시신들, 한 세대를 꺾고 부러뜨릴 만큼의 혼란, 기록되지 못하고 공동의 기억이나 우리가 역사라 부르는 의식 속에 도달하지 못할 상실들, 논리와 비논리, 살아 있는 사람과 죽어가는 사람, 능동적인 존재와 수동적인 존재, 이 모든 것이 이해할 수 없을 정도로 뒤집힌 상태였다.

그녀의 이야기를 우화처럼 듣기 시작하자 완벽한 일관성이 느껴졌다. 그러니까 그 이야기는 인간의 법칙과 자연의 법칙이 뒤집혀 생긴, 시간 속의 거대한 공백을 가리켰다. 죽은 자가 살아나고 산 자가 식사를 준비하던 그 순간에 죽게 되는 시간의 구멍 말이다. 그 마법 같은 장면은 정치, 언론, 통계가 제시한 모든 설명 ─ 그 모든 것을 합친 것 ─ 보다도 더 생생하게 우리가 마주했던 현실을 전달해주었다. 그러니까 우리는 그날 저녁으로 들어가 밖에 나와 불을 준비하고, 고기는 날것과 반쯤 익은 상태 사이 어딘가 있고, 세상은 갑자기 정지된다.

내가 그런 정지의 순간에 가장 가까이 갔던 때는 코로나19가 세계를 강타했을 때다. 이제 사망자가 1,500만 명이 넘은 지금 그 초기의 나날들을 돌아본다. 지인들 가운데 처음으로 코로나로 세상을 떠난 이는 오래된 소중한 친구였고, 2020년 3월 23일 월요일이었다. 그 충격은 정말 주먹으로 한 방 얻어맞은 느낌이었다. 두 번째 사망 소식은 일주일도 채 지나지 않아 찾아왔다. 애도할 시간조차 없었다. 이후 장례식에서 장례식으로 이어지는 계절에 갇혔다. 아마 내가 뉴욕에 오래 살아서, 당시 뉴욕시가 진원지여서 그랬을 터다.

하루도 나쁜 소식 없이 그냥 지나가는 날이 거의 없었다. 나는 오랜 친구와 함께 줌Zoom에 접속해 있었고 그때 그녀는 어머니의 시신을 '생중계 시청'이라는 잔인한 이름의 의식으로 지켜보고 있었다. 곧이어 아버지까지 ─ 그녀는 24시간 동안 두 분 모두 잃었다.

나는 1956년에 하버드 로스쿨을 졸업한 최초의 아프리카계 미국인 여성인 [2020년 4월 4일 코로나 합병증으로 사망한] 릴라 펜윅 Lila Fenwick을 밤 깊이 추모했다.[2] 1991년 컬럼비아 대학교에서 강의를 시작했을 때 나는 교수진에 합류한 첫 아프리카계 미국인 여성이었다. 어느 날 그녀가 불쑥 내 사무실에 나타나 자신을 소개했다. 그녀는 내가 외로울지도 모른다고 생각해 아주 조용히 곁에 있어주었고, 심지어 내 수업을 청강해주기도 했는데 결코 말을 많이 하지 않았다. 그저 그 자리에 있어주었다. 나를 지지해주고 영감을 주며 고개를 끄덕여주었다. 정말 내게 필요한 것이었고, 존재 자체가 매우 후한 선물이었다.

그리고 그것이 무엇보다 가장 힘든 일이 됐다. 이제 그녀는 부재하기 때문이다.

철학자 주디스 버틀러는 주목받지 못하고 "애도받지 못하는 죽음들"에 대한 "부인된 애도"에서 비롯되는 "국가적 우울"national melancholia에 대해 썼다.[3] 정말이지 그 답답한 고립감은 견디기 어려웠다. 나는 재택근무를 했고, 억지로라도 매일 사람들과 줌으로 소통하려 애썼다. 그러나 화면 속 존재감은 그 자체로 감각을 무디게 한다. 줌을 통해서는 기분이나 분위기를 느낄 수 없다. 그 매

---

2 Penelope Green, "Lila Fenwick, Who Broke a Barrier at Harvard Law, Dies at 87," *New York Times*, April 13, 2020.

3 Judith Butler, *Frames of War: When Is Life Grievable?* (Brooklyn: Verso, 2009).

체의 수동성에 나는 무기력해졌다. 플랫폼이 제공하는 기계적인 가면을 통해 가르치고, 말하고, 소통하는 것이 몹시 싫었다. 물론 그것들이 없으면 미쳐버릴(어쩌면 그 이상으로) 거라는 것을 알았지만 말이다.

집에 혼자 있을 때 나는 온라인으로 줌바를 하고 온라인으로 요가도 했으며 온라인으로 음식을 주문하고 온라인으로 친구들을 위로했으며 철학과의 주간 '해피 아워'(그 시간 동안 우리는 행복의 실존적 의미에 대해 침울하게 토론했다)에도 참석했다. 나는 일주일에 한 번 다녀오는 우편함과 쓰레기 소각장 이상으로 멀리 가는 것이 무서웠다. 그럴 때 비닐로 만든 부르카 같은 옷을(그런 복장이 갑자기 아주 그럴듯하게, 실용적으로 보였다!) 입었고, 다녀와서는 옷을 모두 벗고 집에 세탁기와 건조기가 있어 공동세탁실을 쓰지 않아도 된다는 것에 감사했다.

제정신을 지키려고 애썼다. 초록색을 길러보려 허브 키트를 주문했다. 지루함을 떨쳐내려고 수채화 세트도 샀다. 머리에 (물로 지워지는!) 파란색, 분홍색 하이라이트 염색도 넣었다. 내 작은 공간에 피아노가 있다는 게 참 고마웠다. 연주는 엉망이어도 불안을 해소하는 데는 매우 효과적이었다. 집중하기 힘들었지만 매일 글을 쓰려 애썼다. 치료사와는 줌으로 이야기했고, 로스앤젤레스의 유월절 행사에도 줌으로 참석했으며, 몬트리올의 명상 모임도 줌으로 참여했고, 교황과 함께하는 미사에도 참여했는데 텅 빈 성 베드로 광장에서 줌으로 중계되는 미사였다.

극히 이상한 나날이었다. 유월절 행사를 치르고 밤에 꿈을 꾸었는데 내가 [어린이 프로그램 〈세서미 스트리트〉Sesame Street에 나온 새 캐릭터] 빅 버드 같은 옷을 입고 『유월절에 못된 짓 하는 치킨 리틀』이란 어린이책의 주인공이 돼 있었다. 나는 날개를 퍼덕이며 꽥꽥 소리를 질렀다. "이번엔 홍해가 안 갈라질 것 같아!" 마지막 쪽에선 치킨인 내가 지붕 위에서 이렇게 쓰인 팻말을 들고 서 있었다. **도와줘요! 물이 차오르고 있어요!**

내 치료사는 이 꿈을 해석하는 데 전문 지식이 크게 필요하지 않았다고 말한다. 그리고 아주 (**아주**) 인내심 있게 결국 이것이 바로 유월절 이야기임을 상기시켜 주었다. 나의 뇌는 믿음의 서사와 현실의 비상사태를 의식 속 판이한 두 영역에 저장해둔 듯 보였지만 두려움을 그 이야기에 비추어 다시 생각하니 위안이 되었다(시도해볼 게 여전히 많긴 하다.).

요즘 나는 우리 가족의 아카이브에 대해 자주 생각한다. 내가 떠난 뒤 무엇이 '나의 것'으로서 다른 이들에게 받아들여질까에 대해서도. 나는 유언이라기보다 우연히 — 방치, 때 이른 죽음, 혹은 그저 다락방 정리를 깜박한 탓에 — 친구들과 조상들의 유품을 소유하게 됐는데 그와 관련해 그들의 삶을 전면에 드러내거나 배경으로 밀어두는 일의 윤리에 대해 생각한다. 나는 지금 일기, 편지, 사진, 스크랩북, 티켓, 소원 목록, 리본, 눌러 말린 꽃을 소유하고 있다. 그리고 어떤 것들은 너무 내밀한 것이다. 그것들을 망각으로부터 구해낸 것인지, 아니면 도굴 같은 일을 그럴듯하게 꾸민 것은 아닌지 확신이 서지 않는다. 어떤 친구들은 아카이브를 팔라고 조언했다. 아프리카계 미국인 가족사에 대해 관심 있는 사람들이 많기 때문이다. 나는 그 자료를 모아서 기증하기로 결정했다.

타인의 생각이 담긴 이 보물을 소유하는 것은 한 사람의 몸을 소유하는 것과 같다. 그것은 강력한 것, 그러니까 편집하거나 말을 하게 하고, 가치를 부여하거나 내던지며, 기억 보관소의 전체 사건을 잘라낼 수 있는 능력이다. 살아 있는 사람은 죽은 이에게 무엇을 빚지고, 또 어떤 상황에서 그런 빚이 생길까? 죽은 이는 살아 있는 사람의 삶에 어떤 영향을 미칠 수 있어야 할까? 몸의 온전성은 유언장, 계약서, 그리고 기업을 하나의 법적 인격으로 포함하는 법적 구조란 맥락에서 과연 어떤 의미를 지닐까? 우리는 타인의 평판에 대한 통제, 내밀함에 대한 조절과 제한, 그리고 기억의 진실성 대 비용편익 욕망과 관련해 서로에게 어떤 종류의 존중을 보여야 할까?

이제 일흔을 넘긴 나이에 나는 미래가 걱정스럽다. 내 죽음을 말하는 게 아니라 내가 알고 있는 이 세계의 미래 말이다. 내가 자라난 바닷속에서 한때 넘쳐나던 조개와 갑각류들이 사라져가는 것이 걱정된다. 내 작은 빨간 모이통들을 찾는 벌새들의 수가 점점 줄어드는 것도 걱정스럽다. 벌과 박쥐, 칠면조와 사슴도 걱정된다. 죽어가는 나무들도 — 보리수나무, 물푸레나무, 단풍나무, 참나무 — 걱정된다. 풍부한 샘물에서 나던 냄새, 이끼 내음 가득

했던 맑은 물의 맛이 사라지는 게 걱정된다.

세월이 흐르며 내 감각이 무뎌진 탓만은 아니다. 대멸종이 너무 급속히 일어나기 때문인데, 우리 가운데 제법 나이 든 이들은 — 지질학적 시간에서는 나이가 많은 게 아니긴 하지만 — 사라져가는 것들의 냄새를 맡고, 작은 생명 하나하나, 작은 야생의 것 하나하나, 사라지면 영영 되돌아오지 않을 작은 생명이 서서히 사라지는 것을 숨 쉬고 맛볼 수 있다.

우리 할아버지는 1880년대에 노예 출신 증조부모님에게서 태어났다. 할아버지는 90세 넘게 오래 건강하게 사셨는데, 아마도 사소한 일에 연연하지 않는 성격 덕분이었을 것이다. 우유를 쏟았다고? 그럴 땐 이렇게 코웃음을 치며 이렇게 말씀하시곤 했다. "그걸 100년 뒤에 누가 기억이나 하겠니?" 그런 말씀을 자주 하셨는데, 내가 반골 기질이 발동해 모든 것을 최소 100년은 기억하겠다는 다짐을 하게 할 정도였다.

그래서 할아버지가 들려주신 젊은 시절 이야기를 꼭 붙들고 있었다. 자동차도, 플라스틱도, 라이트 형제도, 파나마 운하도, 심지어 짐 크로 법조차 없던 시절. 할아버지는 1980년대에 돌아가셨고 인생의 매 순간을 즐기며 사셨다. 비행기 여행을 좋아했고 카메라와 복사기 같은 신기술도 즐기셨다. 그리고 마틴 루터 킹의 말을 들으면 크게 기뻐하셨다.

아버지는 1915년에 태어나셨고 무려 다섯 번 — 진짜 다섯 번이다 — 뇌졸중을 겪고도 99세로 세상을 떠나기까지 여전히 생기 넘치고 유쾌한 분이셨다. 메인프레임 컴퓨터 시절, 그러니까 포트란과 코볼이 신기술 덕후들의 공용어로 쓰이던 시절에 기술 문서 편집자로 일하셨다. 할아버지처럼 아버지도 사소한 일쯤은 대수롭지 않게 넘기며 툭 내뱉듯 말씀하시곤 했다. "100년 뒤에 누가 신경이나 쓰겠니?" 내 아들에게 옛날 자동차 이야기를 들려 주며 즐거워하기도 하셨다. 손으로 시동을 걸어야 했던 차들, 뒤 편에 있는 덜컹거리는 보조 좌석, 옆에 발판이 달린 자동차 이야 기들을. 아버지는 어린 시절 일상적이었던 린치 사건들을 기억하 셨고, [1948년 미국 트루먼의 명령으로 시행된] 군대 내 인종 통합, [제2차 세계대전 중 이탈리아] 안치오 해안 상륙 작전, 그리고 단어 **스모그**smog의 어원에 대해서도 이야기했다.

마지막까지도 아버지는 잉크 리본을 구하기조차 힘들었는데 도, 잘 눌러지지 않는 오래된 스미스 코로나 타자기로 편지를 타 이핑하셨다. 나는 새로 나온 맥 프로로 글을 쓰면서 시간과 세대 간 교감이 주는 힘에 감사한다. 나는 흑인 여성 법학 교수고, 이는 내 할아버지라면 100년, 아니 100만 년이 지나도 가능하리라고 상상도 못 했을 일이다. 이제 막 이 글을 편집자에게, 눈에 보이지 않는 사이버 공간에서 쉭 하고 보내려는 참인데, 이는 기술자였 던 아버지가 그 기반을 마련했지만 정작 보지는 못한 것이다.

내가 앉아 있는 식탁 맞은편에서 아들은 화석 연료에 대해 걱 정한다. 단지 휘발유나 난방유 문제가 아니에요, 아들은 불안한 듯 말한다. 아들은 석유로 만든 것들을 하나하나 짚어낸다. 전화

기부터 폴리에스터 바람막이 옷, 전기 플러그, 우유 통, 볼펜까지. "인류는 어떻게 살아남을 수 있을까요?" 이렇게 묻는 아들의 눈빛은 불안에 깜박인다.

아들처럼 나도 우리가 서 있는 갈림길에 대해 걱정하지만 나는 이제 사태의 흐름이 얼마나 빨리 변할지를, 물론 나빠질 수 있지만 의지만 있다면 나아질 수 있음을 깨달을 만큼의 나이가 됐다. 빈 게토레이 병을 쓰레기통에 던지려는 아들에게 나는 재활용 통을 가리키며 이렇게 상기시킨다. 100년이라는 시간은 내연기관보다 겨우 몇십 년 젊을 뿐이란다.

아버지가 살아계셔서 그 첫 스모그 경보를 기억할 수 있다면 언제가 내 아들은 뿌연 대기가 걷히고 다시 맑은 하늘이 드러나는 날을 볼 수 있을지도 모른다. 부디 그렇게 되기를 나는 기도한다. 인간의 정신은 놀랍게도, 예상 밖으로 회복력이 있다. 부디 육체도 그러하길 희망한다.

아들과 나는 대화를 나누고, 이야기와 침묵이 어우러져 희망이라 할 수 있는 것이 빚어진다. 시간 속에 미래로 이어진 것이나 말하지 않은 채 남겨진 것은 정제되어 선문답, 경구, 기억, 기념비, 지식, 서사시, 신화로 남는다. 가장 공식적인 의미에서 그런 정제는 우리의 가장 창조적으로 생산적인 — 또한 창조적으로 파괴적이기도 한 — 의식, 예식, 그리고 반복적으로 행해온 거룩한 행위들의 근원으로 드러난다. 이야기들과 그 이야기에서 말하지 않은 생략들은 기억과 망각의 의식, 원한을 용서하는 의식이 되기도 하고, 복수의 연료, 나는 남과 다르다는 정체성을 방어하는 분열의 사용설명서가 되기도 한다.

『망각을 위한 입문서』A Primer for Forgetting에서 학자이자 에세이스트인 루이스 하이드Lewis Hyde는 가족의 혈통에 대해 설명한다.[4] 하이드는 "당신이 누구인지에 대한 진실은 나무의 뿌리가 아니라 오히려 수천 갈래의 가지 끝에 있다"고 말한다.[5] 그는 할머니가 쓴 출판물을 언급하는데, 거기서 그의 할머니는 조상을 추적하다가 1610년에 태어나 1633년에 미국 식민지로 온 윌리엄 하이드William Hyde까지 거슬러 올라간다.

나는 윌리엄 하이드와 열두 세대 떨어져 있다. 내게는 부모가 둘, 조부모가 넷, 증조부모가 여덟 있다. … 1610년에는 조상이 아마도 2,048명이었을 것이다. 할머니의 책은 윌리엄 하이드는 기억하지만 윌리엄의 아내를 포함해 2,047명은 잊고 있다. 전복적으로 족보를 쓴다는 것은 단 하나의 선조에 대한 이상화를 잊고 이 수천 명을 기억하는 것이다. 그 기억을 통해 자신이 누구인지에 대한 감각을 늘리고 또 늘리다 보면 결국 그 감각은 사라져버린다.[6]

---

4 Lewis Hyde, *A Primer for Forgetting: Getting Past the Past* (New York: Farrar, Straus and Giroux, 2019).

5 Hyde, *Primer for Forgetting*.

6 Hyde, *Primer for Forgetting*, 29.

그래서 하이드는 사라짐이란 그 개념을 단순히 기억에서 억압된 것으로 보지 않고 치유의 한 형태로 회복시킨다. 그는 더는 중요하지 않아서 기억에서 놓아버릴 수 있는 상황뿐 아니라 너무 충격적이어서 사회 전체가 '절대 잊지 않기'의 중요성을 신성화하는 상황까지도 살핀다. 이런 의미에서 사라짐은 어떤 것을 끝까지 사유하는 헌신적 행위이며, 어쩌면 선禪과도 같은 수행으로서 그 중심에는 조용한 영혼, 번민 없는 마음, 평온한 삶의 일상적 즐거움이 있다.

미셸 푸코는 권력에 대해 이렇게 말한다.

권력은 단지 우리에게 '안 돼'라고 말하는 힘만 부과하는 게 아니다. 그것은 사물들을 관통하고 생산하고, 쾌락을 유도하며, 지식을 형성하고, 담론을 생산한다. 권력은 억압으로 기능하는 부정적인 것으로만 간주하기보다는 사회 전체를 관통하는 생산적 네트워크로 간주해야 한다.[7]

그런 순환에서 가장 위험한 생산물은 상징적 행위 — 말, 생각, 글쓰기 같은 — 와 집단학살 같은 실제적 행위 사이에서 슬며시 옮겨가는 유혹적인 전이다. 실제로 프로파간다의 — 라틴어로

---

[7] Michel Foucault, *Power/Knowledge: Selected Interviews and Other Writings 1972-1977*, edited and translated by Colin Gordon et al. (New York: Pantheon, 1980), 119.

'퍼뜨려야 할 것'을 뜻하는 — 어원 자체가 성급한 행동을 강권한다. 프로파간다는 우리에게 행동을 촉구하는 언어 혹은 메시지다. 프로파간다는 복수는 빠르고 치명적이어야 한다고 설득한다. 불의는 관행practice이다.

법에서 사면과 공소시효는 복수심을 중단시키거나 잠재우고자 고안한 두 가지 장치다. 법학 교수 마사 미노Martha Minow는 공소시효 또한 일종의 망각이라고 말한다. 사면은 단순한 용서를 넘어 인내이기 때문이다.[8] 한나 아렌트는 "용서할 수 있는 능력"이 "되돌릴 수 없는 상태"로부터의 어떤 구원을 제공한다고 믿었다. 즉 그것은 우리에게 똑같은 대응이 아니라 외려 "새롭고 예상치 못한 식으로" 행동할 것을 요구한다. 그리고 "사람들이 자기 자신을 넘어서, 대립이 아닌 다른 상태로 들어갈 수 있는" 공간을 만들어낸다.[9]

그러므로 불의의 관행을 되돌리기 위해서는 관행을 거스르는 행동이 필요하다. 즉 행동하지 않기, 생각을 위한 멈춤이 필요하다. 이는 우리가 '정당한 법적 절차'라 부르는 과정이 이루어질 수 있는 중단의 틈을 요구한다. 이런 맥락에서 "잊기란 행위의 부재지, 사고의 부재가 아니다."[10] 루이스 하이드가 힘써 강조하길, 우

---

8 Martha Minow, *When Should Law Forgive?* (New York: Norton, 2019).

9 Hannah Arendt, *The Human Condition* (Chicago: University of Chicago Press, 1958), 237.

10 Hyde, *Primer for Forgetting*, 66.

리가 말하는 법적 사면의 개념은 단순히 용서나 잊기에 관한 쉽고 상투적인 말이 아니라 "사고와 행동 사이의 반사적 연결"을 끊어내는 고된 작업에 뿌리 박고 있다.[11]

할머니는 늘 이렇게 말씀하시곤 했다. "너무 많이 보려 하지 마라." 이 말은 아이 양육과 품위 있는 친구 관계에 대한 조언이었고 "잊어버려"라는 말의 부드러운 표현이었다. 사소한 일에 얽매이지 말고 자제하라는 할머니만의 충고였다. 또한 그 말은 타인의 어리석음만 보는 게 아니라 타인이 자유롭게 행동할 여지를, 과오만 보는 게 아니라 용서해줄 수도 있어야 한다는 당부였다. 세월이 흐른 지금 그 표현이 "남 일에 관심 꺼"라는 식의 일종의 꾸짖는 훈계로 들릴까 두려운데, 할머니는 남의 일에 관심 끄는 것을 일종의 잊기, 관용의 한 형태, 정말 중요한 일에 기꺼이 주의를 돌리려는 태도로 이해하셨다.

하이드에게도, 할머니에게도 공동체를 만드는 것이란 함께 모이는 데서 의미를 찾는 일일 뿐 아니라 놓아주는 것을 선택하는 일이기도 했다. 이는 상호적 과정으로, 잊지 않음으로써 서로 존중하는 것과 사면함으로써 서로 존중하는 것 사이의 균형이다. 기억하기가 정의 실현에서 중심적인 보존 행위라면 문자 그대로 해방으로서 잊기도 그러하다. 하이드의 말처럼 "잊기란 붙잡고 있는 것을 놓는 것, 사고의 손을 펼치는 것이다."[12]

---

11 Hyde, *Primer for Forgetting*, 66.

12 Hyde, *Primer for Forgetting*, 13.

참 사랑스러운 표현이다. 사고의 손을 펼치다니.

"매장에는 두 가지 종류가 있다"고 하이드는 쓴다. "하나는 차마 직면할 수 없어서 숨겨버리는 것이다. 다른 하나는 다 마무리 지어서 묻는 것이다. 드러났고 살펴봐서 이제 덮거나 영원히 놓아줄 수 있게 된 것이다. 이 후자는 참된 매장, 즉 충분히 주의를 기울이고 장례 의식도 치른 후에 하는 매장이다."[13] 하이드의 구상을 보면 절망과 죽음이 전례 없는 수준의 지구적 디아스포라를 떠받치고 있는 세계를 어떻게 바로잡을지에 대한 통찰을 격렬히 갈망하게 된다. 제대로 된 매장을 가정한다면 오직 현재만을 따르는 잊기는 어떤 기능을 할까?

나이 든다는 것은 때때로 아무도 관심을 가지지 않는 기억의 수호자가 되는 것과 같다. 단지 삶이 스쳐 지나가는 것을 보는 것이 아니라 의도적으로 지워져 가는 것을 지켜보는 것과 같다. 아버지를 잃었을 때, 그러니까 100번째 생일을 몇 주 앞두고 돌아가셨을 때 바로 그런 느낌이었다. 아마도 이런 절망감은 아버지를 애도하는 내 마음의 일부였으리라.

아버지는 정말 신실할 정도로 예의 바른 분이셨다. 아버지와 나눈 마지막 대화에서 아버지는 자신이 지내는 양로원 직원들의 무례함에 몹시 화가 나 있었다. 아버지가 말한 것들은 비교적 사소한 것이었고, 직원들은 전혀 눈치채지 못했을 일들이었다. 이를

---

13 Hyde, *Primer for Forgetting*, 50.

테면 아버지한테 [성이 아닌] 이름을 부르고, '부탁합니다', '감사합니다' 같은 말을 하지 않는다든지, 몸은 쇠약했지만 정신은 또렷한데 아기 다루듯 말한다든지, 아버지가 좋아하는 정장 대신 세탁비가 덜 드는 운동복을 입힌다든지 하는 것들.

어머니 생의 마지막 해, 나는 낙상으로 병원에 계신 어머니를 병문안했다. 어머니는 침대 옆에 호출 버튼이 있어 참 좋다고 하시면서도 결코 누르지 않겠다고 하셨다. 어머니는 누군가 와서 침대에서 일으켜주고, 휠체어를 태워주고, 손이 닿지 않는 잡지를 가져다줄 때까지 기분 좋게 기다리셨다. "그분들도 돌봐야 사람들이 얼마나 많니!"

어머니는 다정한 감사의 마음, 자신을 낮추는 태도로 그렇게 말씀하셨다. 민폐를 끼치고 싶지 않았던 것이다. 아무에게도 아무것도 부탁하지 않았다. "네 아버지가 그러셨잖니. 아침에 일어나 숨을 쉬고 있고 해가 떠 있으면, 아멘." 어머니는 평온하다고 하시고, 때가 되면 화장만 해달라고 하셨다. "그게 무난하고, 환경에도 좋잖니."

하지만 나는 부모님 가운데 누구도 떠나보낼 준비가 전혀 돼있지 않았다. 부모님의 조용하고 주목받지 못한 퇴장은 너무 이상하게 느껴졌다. 마치 내가 부모님을 지어낸 사람처럼 느껴졌다. 부모님은 내 머릿속에 있는데 어디에도 존재하지 않았다. 내 뇌는 돌보는 이 없는 성유물함 같다. 부모님의 삶에 대한 기억을 오롯이 나 혼자서 유지하는 일은 더는 감당할 수 없다.

어머니는 돌아가실 무렵 거의 100세에 가까운 연세였고 매우 연약하셨다. 골다공증이 있어서 움직이는 일은 언제나 위험했다. 청력도 너무 약해져서 더는 전화로 통화하기 어려웠다. 시력도 아주 나빠서 책을 읽으려면 큰 확대경을 써야 했다. 하지만 정신은 끝까지 또렷하셨다. 어머니의 말에는 영리하고 재밌고 고상하고 재치 있고 아이러니한 말들이 한가득했다.

마지막이 가까워졌을 무렵, 나는 어머니와 내 아들이 서로 팔을 감싼 채 나란히 앉아 웃으며 추억을 나누는 모습을 바라보곤 했다. 아들은 할머니의 귀에 외치듯 말해야 했지만 그 접촉 덕분에 어머니는 놀라운 정도로 수다스러워지셨다. 어머니는 손자에게 손자가 어렸을 적 이야기들을 들려주셨고, 손자는 밝게 웃으며 "기억하고 있어, 할머니", "할머니가 내 제일 친한 친구야"라고 말했다.

어머니는 아들과 나에게 자신과 아버지의 유골을 어떻게 할지에 대해 아이디어를 주셨다. 지시가 아니라 어디까지나 제안으로, 늘 정중하셨던 어머니다운 방식이었다. 사랑하는 이와 함께 있는 것에는 마법 같은 힘이 있다. 아버지가 돌아가신 후 아들, 어머니, 나 모두 서로를 만졌고, 이 순간 역시 마지막이 될지도 모른다는 것을 깊이 의식한 채였다. 감각이 희미해질수록 누군가의 존재를 느낄 수 있다는 것이, 그저 만질 수 있다는 것만으로도 선물 같다. 그런 순간에는 몸으로부터 무언가가 나온다. 방에 머무는 마법 같은 무언가가.

나는 이야기를 마치 교향곡처럼 풀어내는 사람들과 더불어 자랐다. 모두가 보태고, 모두가 목소리를 냈다. 아기들도, 인지력이 떨어진 이들도 [가장 마지막까지 살아남는 뇌 부위인] 뇌간이 조금이라도 남아 있으면 함께 흥얼거리거나 박수를 칠 수 있다. 사람들은 자리에 앉아 귀 기울여 듣다가 차례가 오면 멜로디에 맞추거나, 멜로디를 감싸듯 더하거나, 대위법적으로 화음을 얹었다.

그런 까닭에 나는 노래를 잘 부르지는 못하지만 합창을 좋아했고 춤을 잘 추지는 못하지만 라틴 댄스, 아프리카 댄스, 줌바를 사랑하게 됐다. 그것은 단순히 운동이 아니다. 기쁨에 찬 감각적 공동 표현의 한 형태다. 요즘에는 그런 것을 할 기회가 정말 없는 듯하다.

나는 지금 변화하는 세상과 잘 맞지 않는 사람일지도 모르겠다. 나는 몇 세대를 거슬러 올라가는 긴 이야기와 서사의 흐름을 좋아한다. 하루 24시간 쏟아지는 7초짜리 짧은 생각들, '단절된' 교육과정, 140자에 잘리는 말들은 좋아하지 않는다.

아무튼 지금 나는 창밖을 바라보고 있다. 이곳은 값비싸고 사람들이 선망할 정도로 전망이 좋은 곳이다. 굴뚝 18개, 100대는 족히 되어 보이는 자동차들이 빼곡히 들어선 옥상 주차장, 한없이 이어진 벽돌과 강철, 타설 콘크리트가 보인다. 건설 크레인이 세 대, 공항을 향해 줄지어 나는 비행기 다섯 대, 바람을 타고 있는 믿기지 않을 정도로 통통할 갈매기 한 마리, 커다란 회색 가스탱크와 컨벤션 센터의 뒷면처럼 보이는 건물 사이로 살짝 드러난

푸른 항구의 한 조각이 보인다. 믿기 힘들 정도의 고도에서 오른쪽에서 왼쪽으로 이동하는 아주 작은 버스도 보인다. 분명 멀리 있는 주차장의 고층을 달리는 것 같다. **자동차 할부는 지긋지긋해**라고 적힌, 타투를 한 힙스터의 광고판도 보인다.

창밖으로 실제 사람은 한 명도 보이지 않는다. 아버지도 어머니도, 그리고 머지않아 나도. 이것이 우리 모두 그 속으로 사라져 갈 풍경이다.

나는 독일어 발트아인잠카이트Waldeinsamkeit를 생각한다. 숲속에 혼자 있는 느낌, 자연과 더불어, 자신보다 무한히 거대한 생명의 힘과 더불어 하나가 되는 느낌을 뜻하는 말이다. 이 무한의 감각은 단순히 바람, 나뭇잎, 새가 주는 즉각적인 감각적 즐거움에 관한 것은 아니다. 나는 이것을 시간과의 연결이라 생각한다. 일종의 경외감이다.

그랜드캐니언의 천길만길을 내려다보거나 별이 총총한 하늘을 올려다볼 때의 황홀한 느낌, 행성의 관점에서 작고도 찰나 같은 자신의 생을 자각하는 감각, 부드러우면서도 무심한 광활함에 안긴 느낌, 겹겹이 쌓인 창조의 복잡함, 그러니까 그 총체성이 우리 존재의 가장 깊은 곳에서 너무도 완전하게 말하고, 울려 퍼져 우리는 지워지고, 압도되는 복잡함.

사람들은 시선으로부터 숨은 듯하면서도 자기 주위의 것들과 매끄럽게 융합된 느낌을 받는다. 이런 의미에서 압도당한다는 것은 우리가 우리의 말과 우리 자신을 잊고, 장엄하고 광대한 별들의 형상 속 기이한 분자쯤으로 느끼게 됨을 의미한다. 이 감정은 명성, 거울, 24시간의 셀럽 문화로 가득한 시끄러운 세상 속에서는 좀처럼 느끼기 어렵다. 셀카를 찍는 순간과는 정반대의 것이다. 이 감정을 느끼려면 아주 조용히 멈춰 서서 귀를 기울이고 루이스 하이드가 말한 "완벽하게 쓸모없음"에 기대어 쉬어야 한다. 그것은 우리가 스스로 고요 속으로 사라지는 일이다.

14

영혼들을 모으다Gathering the Ghosts

2018년 겨울 『래드클리프 매거진』Radcliffe Magazine 표지에 내 사진이 실렸다. 지난 몇 년 동안 나는 우리 가족의 100년이 넘는 사진들을 하버드 대학교의 여성사 자료 보관소인 슐레진저 도서관Schlesinger Library에 기증해왔다. 나는 노예제 시절에 태어난 증조부모 세 분의 사진을 가지고 있다. 제2차 세계대전 당시 전선의 삶을 묘사한 삼촌의 편지도 있다. 1930년대에 이모, 고모, 삼촌들이 했던 보스턴 공립학교의 숙제도 있다. 어머니가 에머슨 칼리지Emerson College에서 받은 졸업장도 가지고 있다. 열아홉 살에 석사 학위를 받은 이모에 대한 신문기사 스크랩도 있다. 또 1920년대에 있었던, 공식적으로 언급되지 않았던 인종 간 결혼에서 오간 연애편지도 있다. 어떤 미국인 가정이든 그런 보물을 간직하고 있는 일은 드물고, 아프리카계 미국인 가정이라면 더더욱 그렇다. 나는 정말이지 행운아다.

그 표지에는 작고하신 어머니의 사진을 품에 안고 있는 나의 모습이 담겨 있었다. 꽤 뜻밖에도, 아무렇지 않아 보이는 사진 한 장이 기억을 보관하는 기획의 중심에 놓인 수많은 윤리적 딜레마에 내가 정면으로 마주하는 계기가 됐다. 우리 가족이 그렇게 영예롭게 다뤄졌다는 것은 분명 매우 의미 있는 일이었지만 짙게 화장한 내 얼굴이 그 잡지의 광범위한 독자들에게 퍼졌다는 사실은 어딘가 이상하게도 개인적으로 탈육체화의 감각을 불러일으켰다.

그건 [대상으로서] '나'me였지만 '나'I는 아니었다. 그리고 내가 들고 있던 사진 속 어머니는 지금의 나보다 어릴 때의 모습이었다. 그래서 이 연출은 아카이브를 구성하는 일에 얽힌 여러 층위의 감정들을 불러일으켰다. 왜냐면 무언가를 질서 있게 배열하는 행위에는 일종의 양적 마법이 있기 때문이다. 즉 상상에 따라 이미지들을 모으고 배열하는 일, 덧없는 조각들을 한데 모으는 이 행위에는 죽은 이들에게 생기를 불어넣으면서 동시에 모든 생을 정지 화면처럼 고정한다.

그렇게 나는 캠퍼스 여기저기 눈에 띄는 곳들에 배치된 잡지 표지 위에 자리하고 있었다. 그런데 이 사진, 특히 어머니의 사진, 세상에 나와 있으면서 또한 맥락 없이 놓여 있는 어머니의 사진을 보는 것은 마음이 어지러웠다. 어머니의 얼굴이 담긴 액자를 감싼 내 손은 어머니를 드러내면서도 동시에 보호했다. 사적이면서도 공적인 느낌이었다. 마치 살아 있는 것처럼 느껴졌다.

그런데 이 객체로서의 내가 다른 목적으로 쓰이는 것을 보는 일에는 혼란스럽게 뒤섞이는 감각이 뒤따랐다. 예를 들어 어둡고 폭풍우 치던 어느 저녁, 하버드 스퀘어에서 노숙인이 이 표지로 자신의 판잣집을 덧대는 모습을 보았다. 반들반들 보정된 내 얼굴은 잡지의 형체, 무게, 촉감, 내구성 속으로 흡수돼버렸다. 그 고급 용지의 실질성은 나의 삶을 하나의 맥락 안에 넣었다. 즉 내 얼굴은 커튼처럼, 내 페르소나는 하나의 세부 장식물로 사용됐다. 기이하게도 어울리는 조우 같았다. 그러니까 이 책을 쓰며 고찰하는 과정 내내 나를 따라다녔던 탈육체화의 감각이 결국 나를 이 마지막 관문, 말 그대로 종이들의 사후 세계로 이끌었으니 말이다.

그 일로 나는 지식 생산과 보존의 어떤 근본적 어려움들에 대해서도 생각하게 됐다. 이 아카이브의 많은 부분은 부모님 집이 — 우리 가족이 100년 넘게 살던 — 매물로 나왔을 때 그 집을 연출하기 위해 고용된 성실한 부동산 관리팀이 쓰레기통에서 내던진 것 속에서 건져낸 것이다. 나는 쓰레기 더미를 직접 뒤져서 내 아파트로 옮겼다. 그 일이 있은 후 내 아파트는 수많은 상자로 꽉 찼다.

이 상자들을 정리하는 일은 내 안의 모든 법률가적 재능, 해석력과 판단력, 신중한 재량권을 불러냈다. 너무 뻔한 차원에서는 이 자료들이 W.E.B. 듀보이스 W. E. B. Du Bois가 말한 유능한 10퍼센트의 또 다른 이야기로 보일 수도 있다. 하지만 이 안에는 부르주아적 성취나 [백인 주류 사회에] 동화된 만족감만 있는 게 아니다. 그 다락방에 내던져진 이유가 있던 물건들도 있다.

그래서 여기엔 여러 개의 쓰레기통이 작동하고 있다. 첫 번째는 말 그대로 물리적 쓰레기통으로 부모님 댁 밖에 놓여 있었고 저장 강박 방지팀이 2층에서 물건을 마구 던지던 통이다. 또 하나는 이 자료 중 일부가 보여주는 자기 검열의 쓰레기통이다. 그 안에는 비밀과 수치가 묻혀 있다. 비밀스러운 갈망, 백인 행세racial passing, 불륜 같은 것들 말이다.

물론 내 마음속에도 쓰레기통이 있다. 슐레진저 도서관에 무엇을 넘길 것인지, 어떤 소중한 존재들bodies을 이 '종이 무덤'paper graveyard(사진 예술의 축적과 그것이 현대사회에서 수행하는 역할에 대한 학자 에두아르도 카다바Eduardo Cadava의 탁월한 성찰이 담긴 그의 책명에서 표현을 빌려왔다[1])에 맡길지에 대한 깊은 불안이 있다. 죽은 뒤에 남겨지는 난제들 가운데 어떤 것을 아카이브 유물함에 비밀스럽게 남겨두어야 할까? 내가 죽은 뒤 먼 훗날, 존재의 외피 가운데 어떤 것을, 내가 없는 자리에서, 뒤적이고 만지게 내버려두어야 할까? 나는 무엇을 넘기지 말아야 할지 진지하게 고민해야 했다. 무엇을, 만약 있다면, 검열할지를. 물건 하나하나를 마주할 때마다 머릿속을 스치는 질문은 이렇다. 어쩌다 여기까지, 망각의 아가리라는 쓰레기통까지 왔을까?

---

1 Eduardo Cadava, *Paper Graveyards* (Cambridge, MA: MIT Press, 2021).

내게 근원적 쓰레기통은 노예제다. 수많은 생이 별 흔적도 없이 사라져버린 그 공백. 생각해보면 내 조상들의 아카이브는 노예 해방 선언에서, 그들의 속박이 법적으로 금지된 바로 그 시점에서 시작된다. 바로 그때 나의 고조부모는 어떤 기술들에 접근할 수 있게 됐다. 바로 그때 문해를 금지하던 법이 중단됐고, 아프리카계 미국인이 읽고 쓰는 법을 배우는 것이 더는 불법이 아니게 됐다. 바로 그때 사진도 일반 대중에게 보급되기 시작했다.

바로 그때 나의 조상들은 자신들을 기르고 가두었던 그 장소들, 플랜테이션에서 쏟아져 나왔다. 그들은 거짓말하거나 구슬리거나 느리게 걷거나 빠르게 달려, 그렇게 어떻게든 최남동부를 빠져나와 노예제 폐지 운동의 중심지였던 보스턴으로 향했다. 처음에는 몇 명이었지만 곧 물결처럼 몰려들었다. 그들은 스스로를 해방하기 위해 최고로 기지를 발휘하는 존재가 되었고 펜, 종이, 타자기를 집어 들고는 형언할 수 없는 자신들의 존재를 기록하기 시작했는데 마치 본격적인 복수를 펼치듯 스스로를 기록하고 표현했다.

아카이브archive라는 단어는 그리스어 아르케리온arkheion에서 유래했다. 그 뜻은 공공 행정관의 집, 즉 통치, 목록, 기록, 규칙 제정이다. 나는 아무튼 법률가이니, 아카이브를 꽤 실증주의적이고 질서 정연한 방식으로 사고하기도 한다. 즉 그것은 충분한 테이프, 핀셋, 아주 큰 확대경이 있으면 '무슨 일이 일어났는지'를 재구성해낼 수도 있는 투명한 증거의 보관소다. 나는 이른바 '역사의 시녀'는 아닐까? 내 역할이란 서류에서 먼지를 털어내 유리를 덮은 표본처럼 예쁘게 배열하는 데 그치는 게 아닐까?

많은 철학자가 — 에이브리 고든Avery Gordon, 사이디야 하트먼, 자크 데리다 — 아카이브의 사회적 생명력, 유물에 담긴 분주함과 소란스러움에 관한 글을 썼다. 그 사회적 생명력은 업보의 아이러니로 가득해서, 2017년 10월 3일 어머니가 돌아가셨다는 소식을 들은 것도 다름 아닌 슐레진저 도서관 아카이브실에서였다. 갑자기 나는 꽤 압도적이고 신비한 방식으로 사후 세계를 살고 있었다. 이 문서들은 하나의 모임, 친밀함, 얼굴들이 모인 둥지, 문장들로 이루어진 가족, 해지고 손때 묻은 감각 기관, 영혼을 비추는 거울이 됐다.

그리고 목소리들이 있었다. 가족을 잃는다는 것은 그런 것 같았다. 온갖 목소리들이 내 안에서 피어올랐고, 나를 넘어서도 퍼져나갔으며, 마치 부드러운 기운 같았다. 그건 마치 퍼즐을 다 맞췄다고 생각했는데 갑자기 수천 개의 새로운 조각이 또 있는 것을 본 느낌이었다. 그것은 경계도 없고 조합 방식도 끝이 없는 아상블라주가 됐다. 그것은 헨젤과 그레텔이 겪은 일, 마치 이런 목소리 같았다.

여기 빵 부스러기 길이 있어요, 그들이 말했어요. 이 길을 따라오면 우리를 찾을 수 있어요. 이건 과거로 가는 길이에요. 이건 미래로 가는 길이에요. 우린 바로 이 나무 뒤에 있어요. 공터에서 기다리고 있을게요. 아침이 되면 우리를 볼 수 있을지도 몰라요. 찬

장 속에 숨은 교훈을 찾아보세요. 그리고 … 침대 밑에는 꼭 알아야 할, 절대 깨지지 않는 법칙이 숨어 있어요._

나는 언제나 현실이란 현재형이라고 생각해왔다. 하지만 아카이브에서 현실은 시간의 지형 전체로 번져 있었다. 내 마음속에서 시간은 노예 해방으로부터 시작된다. 하지만 궤적을 그리는 시간의 흐름은 메리 대고모의 통치 시기와 공존한다. 케임브리지 사촌들의 지배 시기와도 나란히 하며, 아버지의 오랜 다스림 시기와도 겹치며, 여전히 메아리치는 어머니의 목소리와도 함께한다. 이 각각의 시간선은 판이한 세계다.

이 모든 것에 나는 많은 구멍이 뚫려 불안정해진 느낌, 내 것이라 여겨왔던 일관된 정체성을 잃은 느낌이다. 그런 느낌은 소설가이자 선禪 수행자인 루스 오제키Ruth Ozeki가 명상에서 영감을 주는 질문으로 자주 인용하는 선문답에 생생한 의미를 부여한다. "네 부모가 태어나기 전에 너의 얼굴은 어떠했는가?"

나는 최근 아카이브와 지식 생산이 어떻게 교차하는지 오랫동안 생각했다. 대체 이 모든 문서가 — 내가 슐레진저 도서관 깊숙한 곳에 계속 퍼 옮기고 있는 이 물건들이 — 무슨 역할을 할까? 우리는 살고, 또 죽고, 인생이란 그런 것. 먼지에서 시작해 낯선 노숙인 텐트의 젖은 누더기가 됐다가 다시 먼지로 돌아간다. 이것은 재현의 문제다. 한 사람의 삶에서 사후에 어떤 부분이 문서로 계속 살아남게 될까? 어떤 이야기가 생겨날까? 미래로 이어지는 어떤 통로가 생겨날까? 사이디야 하트먼은 아카이브 방식을

"비판적 허구화"critical fabulation라 부르고 "그 질문은 — 당신은 누구인가? — 그 사람이 사회적 문제로 간주되는 지위와 분리될 수 없다"고 말한다.

『래드클리프 매거진』이 나를 아름답게 보이게 만들었다면 1996년 『데일리 메일』Daily Mail은 "노예 후손", "흑인 미혼모"라고 비난했다(내 사진을 전립선 건강 보조제 프로스텍스 병 위에 배치한 것을 보라. 프로스텍스 "전액 환불 보장").

진지하게 말하자면 그것은 고통스러운 재현이었다. 슐레진 저 보관소에 남기지 말까도 고민했다. 마치 메리 대고모가 마음에 들지 않는 사진을 처리한 방식처럼 말이다. 대고모는 손톱 가위로 사진에서 조심스럽게 오려냈고, 머리가 있던 자리에는 하얀 빈 네모만 남았다.

나는 그렇게 하지 않기로 결심했다. 적어도 원칙적으로는. 바로 그런 식으로 역사가 쓰레기통에 버려지기 때문이다. 궁극적으로 바로 그런 억압은 우리를 분명 계속 따라다니며 괴롭힐 공백을 남긴다. 자크 데리다는 명저 『아카이브 열병』Archive Fever에서 우리에게 미래를 기억하라고 말한다.

그럼에도 우리는 모두 주지 않음으로써 망각을 가능하게 하는 행위에 연루돼 있다. 실제로 아카이빙이 사회사적 행위가 되는 까닭은 바로 그런 작고 계산된 잊기 행위 때문이다. 기록을 남길 것인가, 남기지 않을 것인가는 정보 관리의 의식이다. 저장소로 보낼 것인가, 거부할 것인가, 곧 문지기의 정치다. 달리 말해 결정해야 하는 선택들이 존재하며, 나에게도 마찬가지다. 나는 어떤 이야기를 없앨까? 아무도 눈치채지 못하도록 조금 도려낼까?

상자들 어딘가에는 아버지가 어머니가 아닌 다른 여성에게 보낸 귀중한 연애편지들이 있다. 아버지가 왜 보관했는지 나는 전혀 모른다. 그 편지들은 꽤 아름답게 쓰여 있다. 그러니까 아버지의 상당한 허영심 때문에 간직했는지도 모르겠다. 나는 아버지의 허영과 부정을 포함시켜야 할지 고심하고 있다. 아버지의 기억을 배신하는 행위일까, 아니면 아버지를 더 복합적인 인간으로 보이게 하는 것일까? 혹은 탐욕에 대한 고정관념을 부추기는 것일까? 아니면 아버지가 생전에 지키고자 했던 사생활을 침범하는 것일까?

이런 재현 윤리의 도전들을 헤쳐나가기란 쉽지 않다. 이는 단순히 편지나 사진만이 아니라 이미지와 목소리, 교신과 문화, 기질과 시간이 얽히며 만들어내는 온갖 복잡한 모습들에 관한 것이다.

몇 년 전 나는 내가 쓴 회고록 『오픈 하우스』Open House의 오더블닷컴용Audible.com 오디오북을 녹음하기 위한 오디션에 떨어졌다.[2] 『오픈 하우스』 오디오북 CD 포장지에는 이렇게 적혀 있다. "[퍼트리샤 J. 윌리엄스의] 목소리는 강렬하고 도발적이며 심히 매력적이다." 하지만 사실 그건 내 목소리가 아니다. 나를 대신해 말하는 역할은 아주 재능 있는 전문 성우가 맡았다. 그녀는 잘했고,

---

2 Patricia J. Williams, *Open House: On Family, Food, Friends, Piano Lessons and the Search for a Room of My Own* (New York: Farrar, Straus and Giroux, 2004).

아마 내가 했더라면 그보다 훨씬 못했을 것이다. 그런데 나는 그녀를 통해 나 자신을 듣는 법을, 나의 말이 이렇게 전달되는 것을 받아들이는 법도 배워야 했다. 듣기로 내가 오디션에서 떨어진 이유는 내 목소리가 "흑인처럼 들리지 않는다"는 것이었다.

항상 내 것으로만 들리는 것은 아닌 그 목소리는 디지털로, 또 나와 단절된 채로 나를 너머 울려 퍼진다. 나는 항상 [타인의] 마지막 말을 반복해야 했던 요정 에코를 생각한다. 에코는 표현할 수 없고 반복할 수밖에 없는 저주로 결국 죽음에 이르렀고, 그녀의 마지막 말은 타인의 입을 통해 반복되었다.

내가 쓰레기통 보물창고에서 발견한 가장 소중한 사진 두 장은 노예로 태어난 친척들 사진이다. 그중 한 사람은 피터 윌리엄스Peter Williams, 아버지 쪽 증조부로 90세 후반 사진인 것 같다. 100세 넘게 사셨다.

증조부는 노예 신분으로 태어났고, 플랜테이션을 떠난 것은 70세가 넘어서였다. 너무 천천히 걸어서 아무도 눈치채지 못했다. 우리는 그를 걸어 나간 노예라 불렀고 우리 아들은 그의 이름을 따서 지었다. 증조부모는 특별한 힘이 있었는데, 오늘날 많은 흑인 남성이 좋든 나쁘든 배워야만 하는 능력이기도 하다. 바로 세상에 존재하면서도 눈에 띄지 않도록 스스로 단련하는 능력이다. 갑자기 움직이면 안 되고, 정말, 정말 조용히 그 길을 가면서 그저 주변에 섞여야 한다(이것은 우리가 흔히 생각하는 것과는 다른 종류의 행세passing일지도 모른다).

아무튼 올드 피터는 자유를 향해 걸어나가 목재 공장을 세웠다. 자유는 그에게 잘 어울렸다. 증조부는 일흔 후반에 결혼했고, 여든이 넘어서 글을 배웠으며, 여덟 명의 자녀를 두었는데 그중 맏이가 내 친할아버지였다. 증조모의 사진도 있는데, 그러니까 올드 피터의 아내다. 나는 그 이름을 모른다.

나에게는 엄마 쪽 증조모 사진도 있다. 이름은 매티 로즈 밀러 Mattie Rose Miller로 역시 노예로 태어났다. 그 사진은 오래돼 바스라질 듯한 상태다. 증조모는 어머니에게서 '가사 노예'로 길러졌다. 해방돼 자유롭게 됐을 때 증조모는 여전히 아이였다. 또 다른 사진은 1890년대나 세기의 전환기쯤 찍은 것 같고 그때 증조모는 서른이나 마흔 즈음이었을 것이다. 사진관에서 촬영한 전문 초상 사진인데 증조모는 엄숙하면서도 풍요로워 보인다. 세련된 자수 장식이 있는 드레스에 목까지 올라오는 레이스 칼라, 머리에는 빅토리아 말기 혹은 에드워드 시대의 커다란 모자를 쓰고 있다. 또 당시 유행하던 양산, 우산 겸용 앙투카를 들고 있다.

매티 로즈의 어머니는 소피라는 이름의 노예였고, 소피는 내 책 『인종과 권리의 연금술』The Alchemy of Race and Rights의 주제이자 출발점이다.[3] 소피는 열두 살에 매티 로즈를 낳았다. 매티 로즈 의 아버지는 오스틴 밀러Austin Miller라는 백인 변호사이자 판사 였다. 그는 소피를 법적으로 소유했던 사람이었고, 우리 가족은

---

3 Patricia J. Williams, *The Alchemy of Race and Rights: Diary of a Law Professor* (Cambridge, MA: Harvard University Press, 1992).

그를 친족이 아닌 주인으로 기억하고 있다. 그는 30대였고, 켄터키 어딘가에서 소피를 사들였다. 그때 소피는 열한 살이었다. 그는 소피를 사들이자마자 지체 없이 번식의 도구로 삼았다.

나는 오스틴 밀러에 대해 많은 것을 알고 있다. 그와 관련한 문서들이 ─ 토지 소유 내역, 판사로서 업적, 백인 아내와 백인 자녀의 이름(그의 적출legitimate 가족) ─ 워싱턴 D.C.의 국립기록보관소National Archives에서 보존돼 있기 때문이다. 그 모든 설명에 따르면 그는 부유하고 존경받는 인물이었다.

나는 그 아이, 그러니까 어린 시절의 소피에 대해 아는 것이 거의 없다. 사진 한 장조차 남아 있지 않다는 게 애석하다. 그녀를 애도하며 나는 그녀를 존재하게 만들기로 결심한다. 그녀를 대신해 흔적을 남기고, 형태와 얼굴을 부여하고, 내 기억이라는 비 국립기록보관소에 소중히 간직하려 한다. 그래서 나는 그녀를 꿈꾼다. 그러나 그녀는 상상할 수 없는 존재다.

미셸롤프 트루요Michel-Rolph Trouillot는 『과거 침묵시키기』Silencing the Past에서 이렇게 썼다. "상상할 수 없는 것이란, 가능한 대안의 범위 안에서는 결코 개념화될 수 없는 것, 질문이 제기된 전제 자체를 거스르기 때문에 모든 대답을 왜곡시키는 것이다." 하지만 내 마음속에는 소피를 위한 자리 하나가 있다. 나는 고조할머니의 얼굴을 상상하는 일이 억누를 수 없는 것이면서도 사실 너무 쉽고, 지나치게 감상적인 태도라는 것을 안다. 그녀는 사실 내 부모님이 태어나기 전부터 내 얼굴이 이미 닮았던 얼굴이다.

한번은 영화감독이자 이론가인 트린 T. 민하Trinh T. Minh-ha가 프로젝트 접근 방식에 대해 이야기하는 것을 들은 적이 있다. "우리는 눈에 보이는 이들과만 함께 걸어서는 안 됩니다. 사라진 이들과도 함께 걷는 법을 배워야 합니다."

한편 소피의 딸, 그러니까 외증조할머니 매티 로즈는 윌리엄 로스William Ross라는 남성과 결혼했다. 로스는 노예로 태어나지 않았고 캐나다 어딘가, 아마 퀘벡에서 자란 것으로 추정된다. 그는 매우 훌륭한 음악가였고 밴드 일원으로 멤피스까지 연주하러 왔다가 외증조할머니를 만나게 됐다. 그들은 일곱 자녀를 두었고 그중에는 1884년에 태어난 나의 외할머니도 있었다. 두 아들 리처드Richard와 루퍼스Rufus 또한 음악가로서 W. C. 핸디W. C. Handy의 블루스 밴드에서 연주하며 경력을 쌓았다.

다행히도 나는 이 증조부모들에 대해 많은 이야기를 들으며 자랐는데 내 보물상자들을 뒤져보기 전까지는 그들의 얼굴을 본 적이 없다. 사진 가운데 이상하게도 친숙한 이목구비, 얼굴들이 유령처럼 불쑥 나타났을 때 깜짝 놀랐고 정신이 번쩍했으며 마법 같기까지 해서 이따금 지금도 환각을 보고 있는 게 아닌가 하는 느낌도 든다. 마치 그들의 이미지가 스크랩북에서 연기처럼 피어올라 내 몸속으로 들어온 것만 같다.

그들의 존재는 내 안에서 피어났고, 부드러운 기운처럼 나를 넘어서 퍼져나간다. 이 영혼들과의 조우에서 느끼는 섬뜩함에는 어둡고 불가해하면서도 선명하게 빛을 밝혀주는 무언가가 있다. 나는 오래전 사라진 그들 존재의 단편들에서, 찻잔 바닥에 남은 찻잎 무늬로 미래를 그리듯 그들의 삶을 읽어내려 애쓴다. W. C. 핸디의 〈세인트 루이스 블루스〉Saint Louis Blues를 들으며 피아노, 바이올린, 기타에 귀 기울인다. 외할머니의 형제들이 연주한 악기들이었다. 오래된 사진첩과 옛날 뉴스 영상을 들여다보며 그들의 모습을 찾아내려 애쓴다.

하지만 사진들을 샅샅이 찾아봐도 많은 것은 이미 사라진 상태였다. 어머니가 돌아가시기 전 질문들을 건네고 있었지만 모든 답을 들은 것은 아니다. 그 아카이브에는 질문들과 확인할 수 없는 얼굴들로 가득하다.

예를 들어 나는 삼촌 칼Carl의 빛바랜 사진 한 장이 있는데, 아주 어린 시절 모습으로 타원형 액자에 담겼고 1900년대 초에 찍은 것 같다. 이미 세상을 떠난 사촌 마거릿Marguerite이 이 아이가 누군지 내게 알려줬다. 이 사진을 바라보며 지구상에 이 아이가 누구인지 기억할 사람은 아무도 없음을 깨닫는다. 말 그대로 지금도 알고 있는 사람은 나 하나뿐이다. 그 사진은 나와 아주 가느다랗게, 우주에서 나와만 연결돼 있다.

이렇게 세대를 넘어 회복적 연결을 바라는 갈망, 더는 존재하지 않는 육신의 메아리를 살아 있는 몸에서 찾으려는 이 아픔은 망자들이 무덤에서 일어나 살아 있는, 사랑하는 이들과 함께 음식과 술을 나누는 날, 즉 죽은 자의 날 같은 문화적 현상으로 의례화되는 것이리라. 그 영혼들이 살아 있는 이들에게 잊히고, 그들의 이야기가 현실 세계에서 더는 들리지 않는다면 그들은 사라진다. 당신의 기억을 간직해줄 사람이, 유물함을 만들어 당신의 사진을 보관해줄 사람이, 살아 있는 이들과의 교감을 상징하는 음식을 차려줄 사람이 더는 남지 않았을 때, 바로 그때 비로소 영원히 사라진다.

나는 설명도, 이야기도, 서사나 역사도 없는 사진들을 오랜 시간을 들여 생각한다. 홀로 남은 이미지들이 낯선 이, 표면적인 프로필, 그저 떠도는 기표, 풍경이 돼버릴까 두렵다. 보는 이들이 항상 보이는 대로 자기 생각을 투사해버리기 때문이다. 그것이 본질적으로 좋은 것인지 나쁜 것인지 하는 문제는 내게는 무거운 질문이다. 사진은 그 자체로 의미를 지닐 수 있을까? 그래야 하는 것일까?

이론가 프레드 모튼Fred Moten은 묻는다. "이미지에 선행하는 소리"란 무엇인가? 정말 그렇다. 하나하나의 이미지 속에, 또 그 주변에 음영과 배경, 소리 풍경과 이해를 써 넣을 수 있을까?

1942년 사진에는 친할아버지와 마거릿 고모, 로니 삼촌, 그리고 가족의 친구 한 분이 나란히 서서 수박을 먹고 있다. 나는 이 사진이 전시되는 것이 불안하다. 내가 해석해주어야 한다. 대중이 이 사진을 보고 흑인들이 대충 줄지어 서서 수박을 먹으며 웃고 있다고 볼까 ─ "실없이 바보같이 히죽거리고 있다"grinning고 말할지도 모른다 ─ 두렵다. 흑인들이 [원래 흑인들의 생계와 자립의 상징이었으나 백인 우월주의자들에 의해 조롱의 상징이 된]

이 과도하게 의미가 덧씌워진 과일을 아무렇지 않게 먹고 있다고 말이다!

하지만 나는 이 사람들을 알고 있었고 그 배경 이야기도 알고 있었으며 그들의 목소리를 들으며 자랐다. 이는 네 명의 의사가 그 고정관념을 비웃는 사진이다. 사진에서 할아버지가 스리피스 정장을 입고 있음에 주목하라. 할아버지는 품위 있게 손끝으로, 그러니까 외과의사로서 우아한 손으로 수박 조각을 들고 있다.

자세히 보면 그들은 모두 아주 잘 차려입은 우아한 전문직 종사자들이다. 네 명의 흑인 의사는 그 힘겹게 얻어낸 지위를 단호하고도 끈질긴 자부심으로 당당히 드러내고 의사라는 그 호칭의 품위를 누구도 잊지 못하도록 한다. [노골적인 인종차별과 KKK 미화로 유명한 영화] 〈국가의 탄생〉The Birth of a Nation과 [흑인의 얼굴을 검게 칠해 과장되게 묘사한] 블랙 페이스 디즈니 만화의 조롱에 조롱으로 맞서고 있다. 가족들 사이에서는 이 사진이 웃을 수 있는 소재지만 아카이브에서는 사진 홀로 남을지도 모른다.

나는 이 과거의 사진들을 미래를 위한 선물로 건넨다. 하지만 너무 많은 것이 번역이 필요하다. 이 사진 역시 삶을 즐기는 법, 체통을 강요하는 규범을 뒤집는 법, 금기시된 과일, 불명예의 과일인 [수박의 학명] 시트룰러스 러네이투스Citrullus lanatus를 가지고 즐기는 법에 관한 풍자적 선언으로 읽기 위해서는 맥락이 필요하다. 그들은 늘어짐, 게으름, 욕심 같은 구제 불가능한 여가의 행위들을 흉내 내고 있었다. 그래서 단지 사진 속 인물이 누구인지 밝히는 것만이 아니라 이 사진들의 소리와 인상, 상황을 전달하는 게 무겁게 다가왔다.

몸과 몸의 일부를 알아보는 패턴 인식은 아카이브의 또 다른 놀이다. 사진들에는 반복되는 자세와 주제, 그리고 가족 간 닮은 모습이 많다. 1922년경 마거릿 고모가 인형들과 함께 찍은 사진이 그렇다.

어딘가, 시간 속에 잊히고 보관함의 뒤죽박죽 더미 속 파묻힌 곳에 세 살 무렵의 내가 인형들과 함께 찍은 사진이 있다. 고개를 갸웃한 정도, 햇빛을 향해 눈을 찌푸린 내 표정은 수십 년 전 마거릿 고모의 자세가 기묘하게 되풀이된 모습이다. 심지어 인형조차도 똑같다. 어린 시절의 우리 모습을 바라보며 나는 이 사진들 속에서 오랫동안 세대를 거쳐온 역사를 본다. 작은 흑인 소녀들이 오직 백인 인형들과 놀아왔던 역사를. 하지만 우리를 바라보며 나는 내가 고모의 얼굴을 하고 있다는 것을 본다. 마치 우리는 시간을 여행하는 쌍둥이 같다.

마찬가지로 마법 같은 방식으로 어머니는 돌아가신 직후 완전히 다른 사람이 됐다. 내가 알던 어머니는 사라졌다. 그 대신 죽은 어머니는 외할머니와 외증조할머니의 얼굴을 하고 있었다. 마치 두 분이 내려와 어머니의 몸속에 들어온 듯이. 두 분은 어머니를 통해 나를, 시간과 세대를 거슬러 살펴보았다. 철학자 에마뉘엘 레비나스Emmanuel Levinas는 타자와 마주하는 것이, 타자에게 베풀고 타자를 섬기게 되는 근원이라고 썼다. 그것은 필연적으로 "타자의 얼굴 앞에서 자기 자신을 의심하는, 일종의 비판적 태도를 수반하기" 때문이다.

어머니는 탁월한 이야기꾼이었다. 어린 시절 어머니의 이야기는 늘 우리 몸 바깥에 존재하는, 방 안에 있는 마법 같은 것이었다. 우리를 도깨비로부터 지켜주고, 안심시키고, 웃게 해주는 것. 마치 우리가 그 이야기들을 들어 올려 몸에 걸칠 수 있고, 그것을 입고 있는 한 그 이야기들은 영원히 살 것처럼 느껴졌다. 그 이야기들은 아른아른 빛났다. 함께 나누는 이야기들은 우리를 만들어냈고, 우리를 뿌리내리게 했으며, 우리를 한결같고 충만하게 만들어주었다.

이런 의미에서 아카이브 속 복잡한 시각적 형상들은 사랑, 슬픔, 치유, 영웅성을 품은 놀라운 비밀 요원처럼 내 안에서 자리를 잡고 살아가고 있다. 그 형상들은 내 안에 스며들어 앞으로 나아가게 하는 뼈대, 마음과 가슴을 위한 용감한 상상력의 뼈대가 됐다. 그들은 트라우마, 분노, 잔혹, 죽음이 스며들어 남긴 일그러짐 속에서 윤리적 기준점이 되었다. 그들은 비유적으로 말한다. 그들 목소리의 메아리는 치유의 계시이며, 길을 잃은 아이들에게 다가올 세계에 그들의 자리에 대한 확신을 준다.

일본 [이와테현] 오쓰치에는 바람의 전화로 불리는 것이 있다. 2010년, 72세의 이타루 사사키라는 남성이 사촌을 잃었다. 슬픔을 달래고자 그는 바다가 내려다보이는 언덕 위에 전화 부스를 설치했다. 그 안에는 '어디에도 연결되지 않은' 다이얼식 전화기가 있다. 전화선이 없기에 사사키는 바람이 산 자의 목소리를 실어 죽은 자에게 전한다고 말한다. 수만 명의 사람이 바람의 전화로 죽은 이와 마음을 나누고자 찾아왔다. 이는 슬픔에 잠긴 사람들과 세상을 떠난 사람들 사이의 초현실적인 연결, 그리고 연결이 끊어졌음에도 연결되고자 헌신하는 의지다.

초현실주의는 그런 혼란과 도피의 상태를 예술로 만들고자 고안된 운동이며 비합리적인 것, 표현할 수 없는 것에 의미를 부여하려는 노력이다. 바로 그런 점에서 아카이브 또한 초현실적이다. 아카이브에는 말하는 사물들, 수많은 이야기를 써 내려가는 침묵, 말없이 증언하는 삶이 깃들어 있다.

나는 물건들을 넣으면서 이 친밀한 몸의 표현들을 불확실한 미래, 곧 시대정신 속으로 흘려보낸다는 마음으로 그렇게 한다. 나를 한참 넘어서는 시대정신. 나는 그것들을 통제하길 갈망한다. 때때로 나는 기록하는 자의 특권에 이렇게 우쭐하기도 한다. *죽은 자는 내 것이다. 나는 기록함으로써 그들을 존재하게도 하고 없애기도 한다. 나는 그들 위에서, 그들 뒤에서, 그들을 통과해 말한다. 그리고 그들은 내게 말을 건넨다. 그들을 나를 통해 말한다. 심지어 그들이 나에게 완전히 무관심할지라도.*

그런 것이 아카이빙을 사회적 과정으로 여기는 발상이다. 나는 미래의 존재들이 나를, 그리고 나의 위대한 선조들을 봐주기를 간절히 바란다. *우리 모두 여기에 있었다!* 그들이 이 행성에서 살았을 때보다도 더 충만하게 사회적 상상 속에서 살아가길 바란다. 그러니 나는 설명해야만 한다. 나는 끊임없이 설명하고 있다. 적확한 단어, 적절한 억양, 완벽한 비유, 가장 매끄러운 일치, 마음으로 느껴지는 연결 고리, 인간으로 인식하게 되는 정신적 오르가슴을 촉발하는 연결점을 나는 항상 찾고 있다. 나는 이 과업에 거듭거듭 투신한다. 이는 프로메테우스적인 행위로 집착적이고, 강박적이며, 마음을 어지럽히는 일이다. 하지만 원칙 있는 어리석음, 도덕적 고집, 그리고 오랜 시간에 걸친 재구성과 치유의 기억을 위한 애씀이라고도 생각하고 싶다.

이 책은 긴 시간 동안 고르지 못한 궤적을 따라 진화해왔고, 팬데믹 봉쇄 전후 충격적 단절의 수년을 가로질러왔다. 오랜 시간 나의 에이전트로 함께해준 게일 호크먼Gail Hochman을 비롯해 이 단절의 시기에 나를 지지해준 많은 친구, 동료, 기관에 빚을 많이 졌다. 그 가운데 가장 먼저 감사드리고 싶은 사람은 다이앤 왓첼Diane Wachtell이다. 뉴프레스의 창립을 이끈 탁월한 편집자로, 열정과 믿음으로 이 프로젝트의 실현에 힘써주었다. 그리고 레이첼 베가-데세사리오Rachel Vega-DeCesario는 무한한 인내와 편집 노동으로 이 책을 (그리고 나를) 다듬고 틀을 잡아주었다.

더불어 뉴프레스의 다른 분 에밀리 알바릴로Emily Albarillo, 모리 보튼Maury Botton, 프랜 포르테Fran Forte, 니아 아브람Nia Abram에게도 감사를 전하고 싶다. 도판에 관해 귀중한 길잡이가 되어준 [로펌] 에이킨 검프Akin Gump의 캐롤 켑차Karol Kepchar에게도 감사드린다.

비범한 재능이 있는 연구 조교였던 줄리아 멘도사Julia Mendoza에게도 감사하다. 그녀가 끊임없이 보내준 멋진 피드백, 멋진 아이디어, 멋진 유머는 수년간 내가 이 작업을 이어가게 해주었다. 친절하고 너그러운 강의 조교 아나 수프랑Ana Souffrant, 『더 네이션 매거진』 The Nation Magazine의 눈부신 편집자들 카트리나 반덴 휴벨Katrina vanden Heuvel, 돈 구텐플랜Don Guttenplan, 아토사 아락시아 아브라하미안Atossa Araxia Abrahamian, 슈자 하이더Shuja Haider에게도 고마움을 전한다.

통찰력 있는 친구이자 『에이라인 저널』A-Line Journal의 편집자인 리처드 블린트Richard Blint, 『더 워싱턴 스펙테이터』The Washington Spectator의 현명한 발행인 해밀턴 피시Hamilton Fish, 로기셔 판타지 랩Logische Pantasie Lab과 함께하는 뛰어난 학자들, 특히 공동 디렉터 다니엘라 간도르퍼Daniela Gandorfer, 주레이커 아이유브Zulaikah Ayub, 탄야 트락슬러Tanja Traxler에게도 감사의 말을 전한다.

오랫동안 영감을 주고받은 컬럼비아 대학교 전 동료들에게도 감사드린다. 특히 엘리자베스 에먼스Elizabeth Emens, 마리안 히르슈Marianne Hirsch, 로버트 폴락Robert Pollack, 에이미 폴락Amy Pollack, 마르시아 셀즈Marcia Sells, 켄달 토머스Kendall Thomas에게 감사를 전한다. 노스이스턴 대학교의 현 동료들도 고맙다. 그분들 덕분에 이곳에서의 강의는 큰 기쁨이다. 특히 마거릿 번햄, 제임스 해크니James Hackney, 애덤 호세인Adam Hosein, 조너선 칸Jonathan Kahn, 로리 레프코위츠Lori Lefkowitz, 앙헬 니에베스Angel Nieves, 웬디 파멧Wendy Parmet에게 감사하다.

예술 분야의 다양한 친구 및 멘토들은 미디어, 시각 문화, 그래픽 디자인, 미학에 관해 많은 것을 가르쳐주었다. 그중에서도 특히 조쉬 베글리Josh Begley, 데이비드 버킨David Birkin, 에두아르도 카다바Eduardo Cadava, 멜 친Mel Chin, 테주 콜Teju Cole, 피터 굿리치Peter Goodrich, 맥스 하우튼Max Houghton, 부슈라 칼릴리Bouchra Khalili, 브래들리 맥컬럼Bradley

McCallum, 린다 밀스Linda Mills, 니콜라스 미르조에프Nicholas Mirzoeff, 안나 디버 스미스Anna Deavere Smith, 오텀 워맥Autumn Womack에게 감사의 말을 전하고 싶다.

또한 함께 정기적으로 만나 글을 쓰며 집중력을 유지할 수 있도록 도와준 글쓰기 동료들인 모야 베일리Moya Bailey, 크리스틴 부밀러Kristin Bumiller, 퍼트리샤 에윅Patricia Ewick, 앨리스 허스트Alice Hearst, 김은성, 마사 미노, 수전 실비Susan Silbey, 마사 엄프레이Martha Umphrey에게도 감사의 말을 전한다.

마찬가지로 감사의 마음을 전하고 싶은 이들은 나의 특별한 '걸고 말하기' 친구들로, 두서없는 작은 호기심에서 시작된 대화가 어느새 반짝이는 통찰의 순간으로 이어지곤 했다. 그런 대화 속에서 값진 사유의 연결이 이루어졌다. 제시 앨런Jessie Allen, 리처드 R. W. 브룩스Richard R. W. Brooks, 트로이 더스터Troy Duster, 신시아 드워크Cynthia Dwork, 미셸 굿윈Michele Goodwin, 샌드라 그림스Sandra Grymes, 이블린 해먼즈Evelynn Hammonds, 아니타 힐Anita Hill, 작고한 위대한 셸던 크림스키Sheldon Krimsky, 캐럴라인 라이트Caroline Light, 제인 립슨Jane Lipson, 오사기 오바사기에Osagie Obasagie, 콘스턴스 세인트 루이스Constance St. Louis, 앤 스톨러Ann Stoler에게 감사한다.

마지막으로, 다음 기관 및 단체들의 지원이 없었다면 이 책을 끝마칠 수 없었을 것이다. 앤디 워홀 재단The Andy Warhol Foundation, 뉴욕 대학교의 법·정치·사회 철학 콜로키움Colloquium in Legal, Political and Social Philosophy, 뉴욕 대학교 산하 예술과 시민적 대화 연구소Institute for Arts and Civic Dialogue, 뉴스쿨의 비판적 사회 탐구 연구소Institute for Critical Social Inquiry, 더 네이션 인스티튜트The Nation Institute, 노스이스턴 대학

교 인문학 연구소Humanities Institute, 프린스턴 아틀리에Princeton Atelier, 래드클리프 고등연구소Radcliffe Institute for Advanced Study, 그리고 리치먼드 대학교 법학부 교수 콜로키움Law Faculty Colloquium에 깊은 감사의 말을 전한다.

이 책의 저자인 퍼트리샤 J. 윌리엄스는 미국 법학계에서 독보적이고 독특한 위상을 지닌 학자다. 그녀는 1970년대 로베르토 웅거를 위시한 남성 법학자들이 세운, 법은 중립적 규범이 아니라 권력의 도구라고 주장하는 비판법학의 토대에서 성장하면서도 거기서 간과된 인종, 젠더 문제를 중심 의제로 끌어내 비판적 인종 이론의 기틀을 마련했다. 또 법전 속 추상적인 언어와 형식적 논리 대신, 미국 사회에서 흑인은 물건을 구매하는 중산층 고객이 아니라 잠재적 범죄자로 취급되는 현실에서 베네통 매장에서 출입을 거부당한 경험 같은 개인적 이야기를 논문과 저서에 비중 있게 다루며 기존 법학 서술 방식에도 도전했다.

윌리엄스는 주류 비판법학자들이 권리를 환상이라고 공격할 때, 흑인처럼 온전한 권리를 가져보지 못한 이들에게는 권리가 사물의 지위에서 인간의 지위로 옮겨가는 승차권이 된다고 역설했다. 단순히 법을 해체하는 데 그치지 않고 소수자의 인권을 실질적으로 보호하고 확장하는 실천적 무기로 삼은 것이다. 무엇보다 그녀는 차별이 인종(흑인)이나 젠더(여성)라는 개별적 요소들의 단순 합이 아니라 이들이 서로 얽혀 판이한 유형의 억압을 만들어낸다는 점을 강조하며 법적 담론에 교차성과 위치성 개념을 적극 끌어들였다.

　이와 같은 문제의식을 견지해온 윌리엄스는 『검은 다리의 기적』에서 성화 속 다리가 절단된 인물처럼 신체가 소모품과 상품으로 간주되는 이들, 온전한 인간 혹은 시민으로 인정받지 못하는 이들을 옭아매는 그물망을 법, 인종, 젠더, 계급의 렌즈에 교차적으로 투과시켜 그 얽히고설킨 층위들을 드러낸다.

　먼저 인간의 몸을 동산으로 규정한 노예제의 유산이 현대 계약법에서 어떻게 작동하고 있는지, 존 우드의 다리 소송 같은 인상적인 예를 들며 분석한다. 노예제의 법리는 법전을 넘어 사회의 전 영역에 스며들었고, 과거 인간 전체를 소유물로 삼았던 논리를 넘어 이제 유전자 정보와 생체 데이터를 파편화해 거래하는 방식으로도 진화했다. 법은 더는 인간을 대놓고 물건이라 부르지 않지만 알고리즘 분류 시스템으로 특정 집단의 신체를 여전히 결함 있는 상품이나 관리 대상으로 전락시키고 있다. 예컨대 우편번호를 기준으로 가석방 여부를 결정하는 알고리즘 사례에서 드러나듯 현대의 데이터 기술은 과거의 인종적 편견을 객관적인 수치로 둔갑시켜 노예제의 논리를 재생산한다.

　이처럼 진화하는 신체의 사물화와 차별 메커니즘은 공적 가치가 사적인 이윤 논리에 잠식되는 공공성의 사유화와 궤를 같이한다. 흑인 아기를 "잘못된 출생"에 따른 손해배상액으로 환산하고, 부유한 여성들이 아이비리그 여학생의 난자를 5만 달러짜리 상품으로 '기증'

받으며, 요금 납부를 깜박하면 화재가 발생해도 소방차가 와서 구경만 하는 일련의 사태는 모두 인간의 존엄을 보호해야 할 공적 영역이 시장의 논리에 항복했음을 보여주는 증거다.

윌리엄스는 존 우드의 다리가 매매할 수 있는 사물이 아니라 그 존재에서 분리해 생각할 수 없는 일부이듯이 우리 인간도 서로에게 생물학적으로나 사회적으로나 연결된 존재임을 강조한다. 그리고 인간과 시민으로서 온전성의 회복, 사회 공동체의 복원을 위해 돌봄의 윤리를 강조하고, 의료, 교육, 복지를 포함한 사회 전 영역에서 공공성을 회복하며, 마지막으로 인종, 젠더, 계급이 교차하는 차별의 역사를 지우고 심지어 논의 자체를 막는 시도에 맞서 그 고통스러운 기억과 현실을 직시해야 한다고 역설한다.

한국 사회에서 '검은 다리'는 어디에 있을까? 배달하다 교통사고로 다쳐도 "다친 데 없으세요?"가 아니라 "배달 가능하신가요?"라는 질문을 받아야 하는 플랫폼 노동자, 정권이 바뀌어도 여전히 단순한 이동 자체가 권리가 아니라 투쟁인 이동장애인, 공기업에서조차 비수도권 대졸자나 여성이라는 이유로 서류전형에서 탈락시킨 사건, 최근 대구 성서공단에서 불법체류 단속을 피하다 추락사한 베트남 출신 유학생이자 이주노동자 25세 뚜안 씨의 죽음까지, 다 열거하자면 끝이 없다. 퍼트리샤 J. 윌리엄스의 『검은 다리의 기적』은 이처럼 한국 사회도 폭주하는 트럼프의 미국과 다를 바 없이 경제 성장과 소비자 편의라는 기적을 위해 검은 다리를 끊임없이 만들고 있는 것은 아닌지, 우리에게 묻는다.

출판사 뉴프레스의 누리집을 훑어보던 중 책 표지의 강렬함에 이끌렸다. 법학은 관심 분야가 아니어서 선뜻 손이 가지 않았으나 내용도 표지만큼이나 인상적이고 흥미로웠다. 법학 교수의 대중 강연 같다가도 자전적 에세이 같기도 했고, 통찰력이 돋보이는 사회 칼럼, 흥미로운 문화 비평, 친구와의 즐거운 수다, 할머니가 들려주는 듯한 이야기까지 장르를 자유롭게 넘나드는 느낌이었다. 신기하게도 이 상이한 형식들이 '개인적인 것이 정치적인 것이다'라는 명제 아래 하나의 직물처럼 촘촘히 연결된 책이었다. 역자로서는 책 곳곳에 스며 있는 위트와 유머, 유려하면서도 시적인 문체의 여운을 온전히 전했는지 걱정이 남는다. 이 역서를 시작으로 윌리엄스의 다른 저작들도 번역되길 기대한다.

아마도 이 책이 내가 번역하는 마지막 책이 될 것 같아 지금껏 도움을 주신 분들께 이 자리를 빌려 감사의 마음을 전하고 싶다. 기초 영문법도 헷갈리는 수강생을 인내심을 가지고 다년간 번역을 가르쳐주신 정병선 선생님께 감사드린다. 열 권의 책을 내면서 베테랑 편집자들을 만났다. 나에겐 행운이었고, 편집자 선생님들께는 뒷목 당기는 야근이었을지도 모르겠다. 다시 한번 죄송하고 감사한 마음을 전한다. 교정지에 늘 베테랑의 능숙함과 작업자에 대한 따뜻한 배려가 묻어 있는 김순영 편집자님께 깊이 감사드린다. 그리고 며칠을 붙잡아도 도무지 모를 때마다 마지막 전화 찬스가 되어준 친구 현웅에게 고마움을 전한다.

마지막으로 언제나 물심양면으로 응원해주시는 성남 가족, 연희동 식구들에게 감사드린다. 무릎에서 함께 교정지를 보던 아기였는데 어느덧 초등학교도 얼마 안 남은 딸내미 이음, 한결같은 내 벗이자 사랑하는 아내 민정에게 미안함과 고마움을 전한다. 여기에 다 적지 못했지만 힘이 돼주신 한 분, 한 분을 마음속에 떠올려본다. 모두 정말 고맙습니다!

어느덧 초등학교도 얼마 안 남은 딸내미 이음, 한결같은 내 벗이자 사랑하는 아내 민정에게 미안함과 고마움을 전한다. 여기에 다 적지 못했지만 힘이 돼주신 한 분, 한 분을 마음속에 떠올려본다. 모두 정말 고맙습니다!

검은 다리의 기적

인종, 인체, 그리고 법 정신에 관한 노트

초판 1쇄 발행 2026년 3월 30일

지은이 퍼트리샤 J. 윌리엄스

옮긴이 박광호 **편집** 김순영
펴낸이 허민정 **주소** 서울시 서대문구 연희로 37길 51 104동 302호
인스타그램 @presssteppingstone **전자우편** friendpublisher@gmail.com
발행처 동무출판사 **출판등록** 2013년 10월 28일(제2019-000077호)

ISBN 979-11-86323-77-9 03300